U0487367

国家出版基金项目

"喜马拉雅深处的面孔"
民族口述影像志

喜马拉雅的艺术之花

——夏尔巴人口述影像志：2005—2016

范久辉 著

西南交通大学出版社
·成都·

图书在版编目（CIP）数据

喜马拉雅的艺术之花：夏尔巴人口述影像志：2005-2016 / 范久辉著. -- 成都：西南交通大学出版社，2024.10

（"喜马拉雅深处的面孔"民族口述影像志）

国家出版基金项目

ISBN 978-7-5643-9792-0

Ⅰ.①喜… Ⅱ.①范… Ⅲ.①夏尔巴人 – 民族历史 – 2005-2016 – 摄影集 Ⅳ.①K350.8-64

中国国家版本馆 CIP 数据核字（2024）第 075010 号

国家出版基金项目

"喜马拉雅深处的面孔"民族口述影像志

Ximalaya de Yishu zhi Hua：Xia'erbaren Koushu Yingxiangzhi：2005-2016

喜马拉雅的艺术之花：夏尔巴人口述影像志：2005-2016

范久辉　著

出 版 人	王建琼
策 划 编 辑	易伯伦　张慧敏
责 任 编 辑	吴启威
责 任 校 对	张地木
书 籍 设 计	曹天擎
出 版 发 行	西南交通大学出版社 （四川省成都市金牛区二环路北一段 111 号 西南交通大学创新大厦 21 楼）
营销部电话	028-87600564　028-87600533
邮 政 编 码	610031
网　　　　址	http://www.xnjdcbs.com
印　　　　刷	四川玖艺呈现印刷有限公司
成 品 尺 寸	170 mm × 240 mm
印　　　　张	23.5
字　　　　数	293 千
版　　　　次	2024 年 10 月第 1 版
印　　　　次	2024 年 10 月第 1 次
书　　　　号	ISBN 978-7-5643-9792-0
定　　　　价	89.00 元

图书如有印装质量问题　本社负责退换

版权所有　盗版必究　举报电话：028-87600562

凡 例

一、本书图片中没有特别标注摄影者的,都为范久辉所摄。

二、对书中图片的解释有两种,一种只写图片说明,即为范久辉根据相关资料与采访总结而成;另一种是在有口述者的情况下,即为范久辉采访此人后整理而成的文字。

三、口述者个人资料附于书后。

目　录

第一章　夏尔巴人生活习俗 ⋯⋯⋯⋯⋯⋯⋯⋯⋯⋯⋯⋯ 1
　　生活习惯 ⋯⋯⋯⋯⋯⋯⋯⋯⋯⋯⋯⋯⋯⋯⋯⋯⋯⋯ 2
　　酒　俗 ⋯⋯⋯⋯⋯⋯⋯⋯⋯⋯⋯⋯⋯⋯⋯⋯⋯⋯⋯ 50
　　服　饰 ⋯⋯⋯⋯⋯⋯⋯⋯⋯⋯⋯⋯⋯⋯⋯⋯⋯⋯⋯ 76
　　歌舞及藏戏"嘛呢" ⋯⋯⋯⋯⋯⋯⋯⋯⋯⋯⋯⋯⋯⋯ 142
　　年　节 ⋯⋯⋯⋯⋯⋯⋯⋯⋯⋯⋯⋯⋯⋯⋯⋯⋯⋯⋯ 175

第二章　夏尔巴人人生礼仪 ⋯⋯⋯⋯⋯⋯⋯⋯⋯⋯⋯⋯ 193
　　诞生礼仪 ⋯⋯⋯⋯⋯⋯⋯⋯⋯⋯⋯⋯⋯⋯⋯⋯⋯⋯ 193
　　婚姻礼仪 ⋯⋯⋯⋯⋯⋯⋯⋯⋯⋯⋯⋯⋯⋯⋯⋯⋯⋯ 207
　　丧葬礼仪 ⋯⋯⋯⋯⋯⋯⋯⋯⋯⋯⋯⋯⋯⋯⋯⋯⋯⋯ 261

第三章　夏尔巴人宗教艺术 ⋯⋯⋯⋯⋯⋯⋯⋯⋯⋯⋯⋯ 287
　　陈塘的喇嘛 ⋯⋯⋯⋯⋯⋯⋯⋯⋯⋯⋯⋯⋯⋯⋯⋯⋯ 288
　　洛本法师的宗教仪式及艺术 ⋯⋯⋯⋯⋯⋯⋯⋯⋯⋯ 310
　　堪卓玛的仪式 ⋯⋯⋯⋯⋯⋯⋯⋯⋯⋯⋯⋯⋯⋯⋯⋯ 332

口述者资料 ⋯⋯⋯⋯⋯⋯⋯⋯⋯⋯⋯⋯⋯⋯⋯⋯⋯⋯ 359
后　记 ⋯⋯⋯⋯⋯⋯⋯⋯⋯⋯⋯⋯⋯⋯⋯⋯⋯⋯⋯⋯ 369

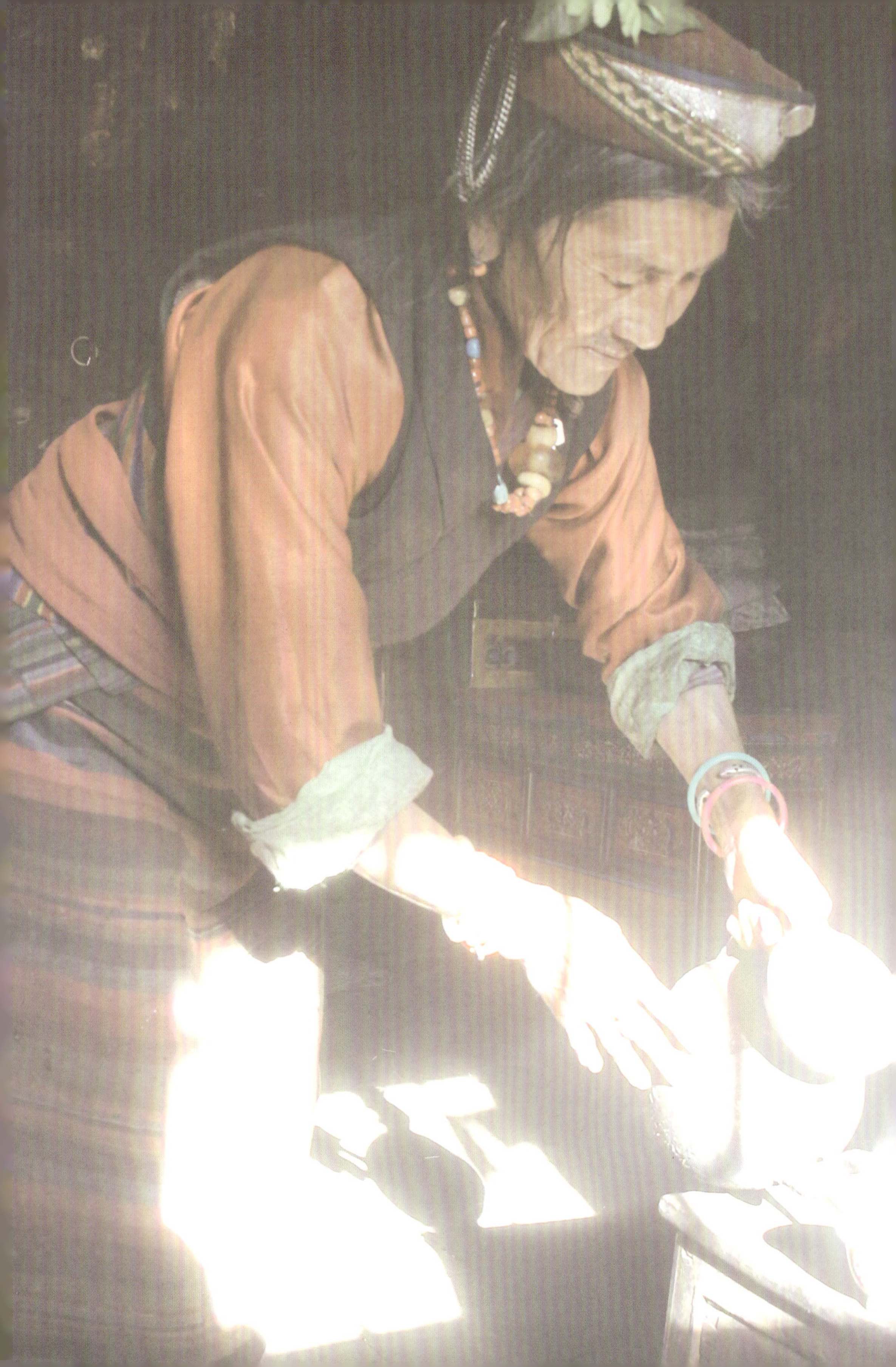

第一章
夏尔巴人生活习俗

陈塘夏尔巴人与藏族在语言文字、生活习俗、人生礼仪、宗教信仰等方面，都有着非常密切的关系，是倾向于藏文化综合体的族群共同体的典型，比如通用藏文，喝酥油茶，吃糌粑，敬哈达，表演藏戏。女性的服装——藏袍、上衣、"邦典"围裙几乎与藏族女性服装一模一样。他们喝鸡爪谷酒的方式，与远在千里之外四川的羌族、嘉绒藏族也几乎一模一样——用竹管大伙儿一起"吸"。这样的喝酒方式叫"咂"酒。

陈塘夏尔巴人在漫长复杂的历史过程中，始终顽强地保持着自己独具特色的民俗文化。由于自然环境、社会条件、经济水平的差异，夏尔巴人在生活、服饰等方面形成了独特的习惯。

生活习惯

虽然陈塘夏尔巴人是倾向于西藏文化综合体、族群共同体的典型，但在漫长的历史长河中，由于受陈塘独特的自然条件和相邻民族的影响，他们在生活习俗以及人生礼仪等方面发生着微妙的变化。

【照片档案001】
图片说明：戴哈达的老人
拍摄时间：2017年2月
拍摄地点：陈塘镇
口述者：尼玛

【照片口述】
　　哈达是夏尔巴人中最通行的一种礼物。以前的哈达特别短窄，像块小布条：长不到半米，宽不足二十厘米。献哈达时，献者一手拿着哈达的一端，递给受者；受者一只手接过后，再自己围上。陈塘人开玩笑说，陈塘的哈达太短了，只能这样献出去。如今随着生活水平的提高，这种短小的哈达慢慢消失了。

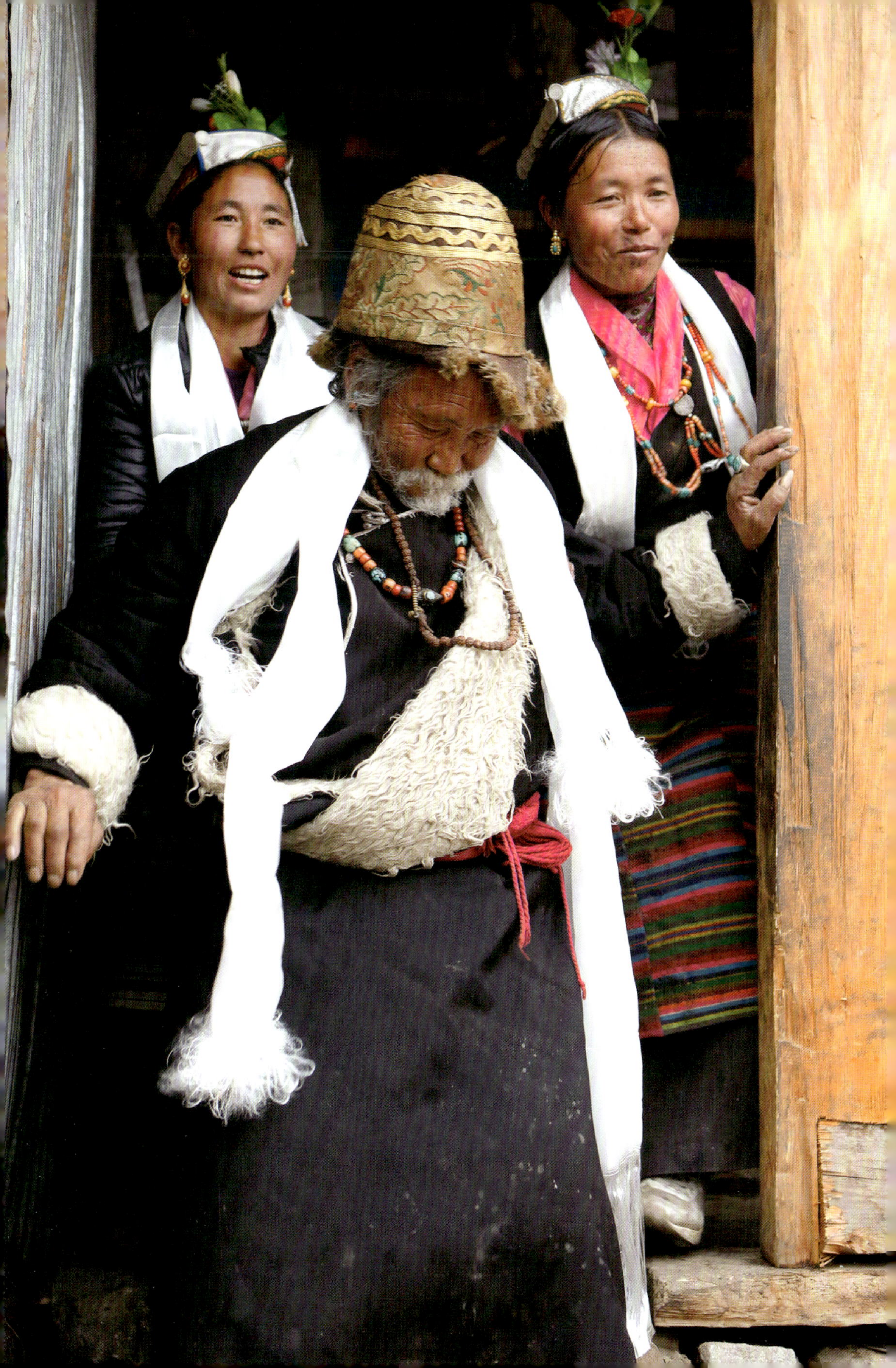

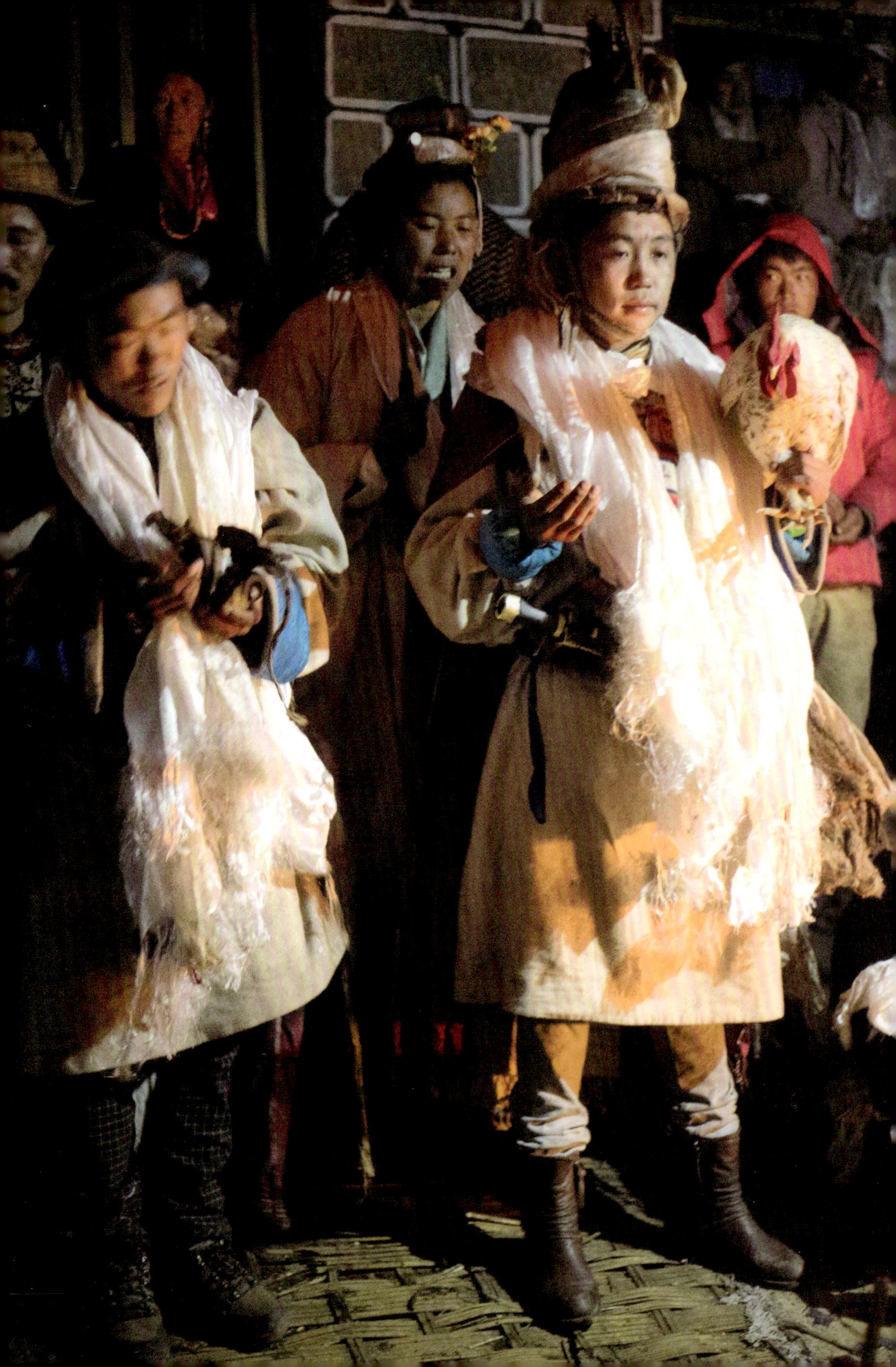

【照片档案 002】
图片说明：仪式上戴哈达的男子
拍摄时间：2015 年 2 月
拍摄地点：陈塘镇

【照片口述】
　　除了生活中的日常往来，在夏尔巴人举行的各种法会仪式中，给法师等参与者敬献哈达也是他们的一个习惯。哈达大多为白色，也有黄色、蓝色等其他颜色。

【照片档案003】

图片说明：用哈达打金刚结

拍摄时间：2015年2月

拍摄地点：陈塘镇

口述者：拉巴丹增

【照片口述】

　　在法会仪式上，有的法师对于敬奉哈达的信众，会在哈达上给他们打个金刚结。打着金刚结的哈达，要放在房屋内的高处，信众认为它的加持力能护佑人畜平安。

【照片档案004】

图片说明：煮食的火塘
拍摄时间：2014年4月
拍摄地点：陈塘镇
口述者：尼玛

【照片口述】

　　虽然如今生活条件有了很大的改善，但很多陈塘人还是一日两餐，早上十点、十一点与下午七八点各一餐。早上的一餐相对简单，很多时候是土豆蛋子、糌粑、面条或是昨晚剩下的食物；下午为正餐，有主食及配菜。

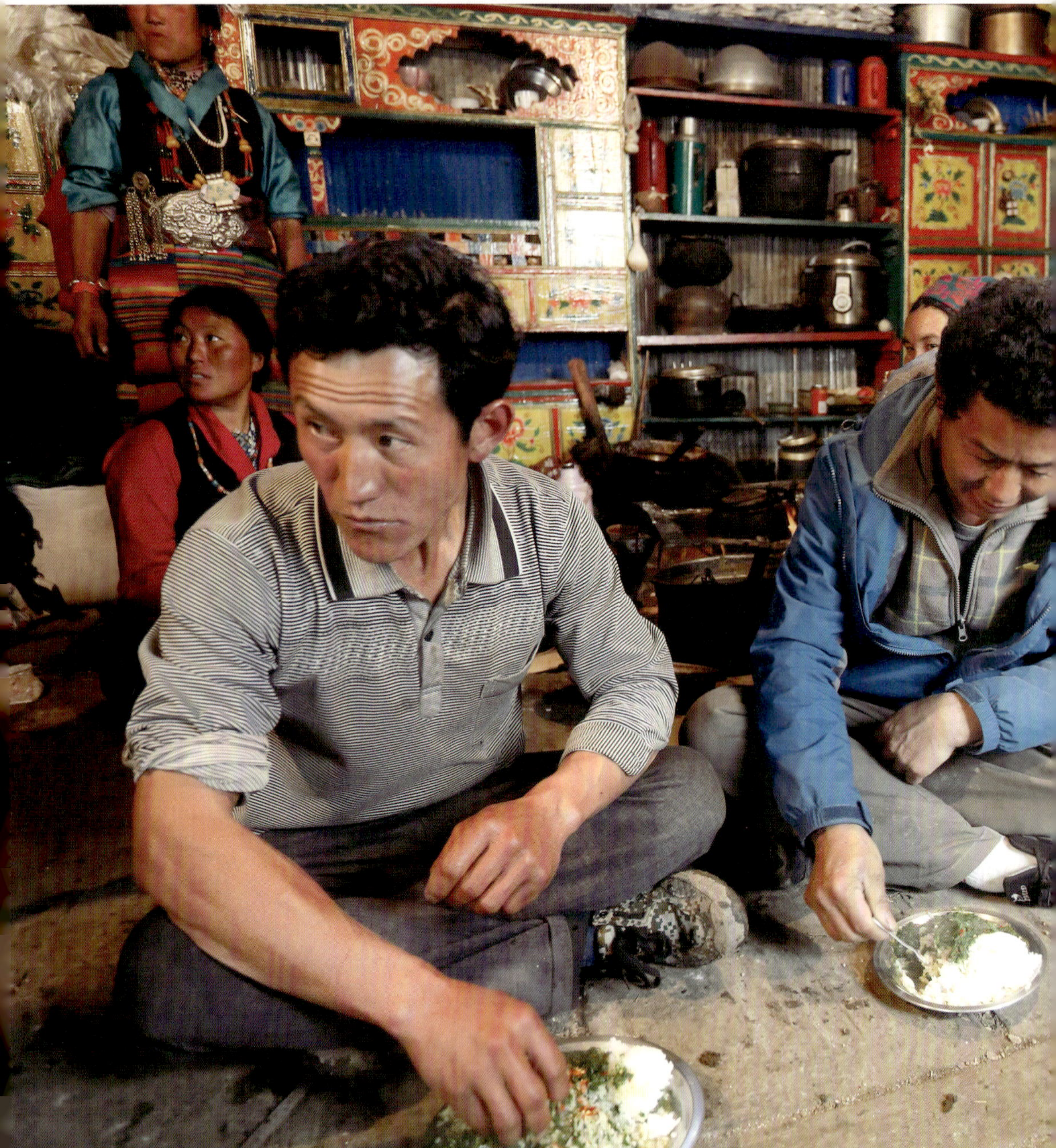

【照片档案005】

图片说明：用手抓饭
拍摄时间：2015年2月
拍摄地点：陈塘镇
口述者：尼玛

【照片口述】

　　以前夏尔巴人吃饭没有用勺、筷、叉等餐具的习惯，而是用菜配着食物装在盘子中，用右手抓食。夏尔巴人常用左手干脏活，认为左手脏，所以吃东西不用左手。如今受汉族的影响及对卫生的考虑，使用碗筷的家庭越来越多了。

【照片档案006】

图片说明：分餐制

拍摄时间：2014年1月

拍摄地点：陈塘镇

口述者：尼玛

【照片口述】

　　在食物的分配上，夏尔巴人实行分餐制，即由主妇把制作好的菜及主食按人数的多少进行分配，再根据地位等情况先后送给每位就餐者。食物将要吃完之前，主妇要主动给客人添加。地位高的客人其中的"干货"可能会多一点，地位低的人其品种也不会少一样。

　　虽然陈塘不产大米，但现在它却是陈塘夏尔巴人最重要的主食之一，这些大米大多是政府发放的救助粮。最贫困的家庭每人每年能收到五袋大米。

【照片档案 007】

图片说明：尼泊尔高压锅
拍摄时间：2013 年 7 月
拍摄地点：陈塘镇
口述者：尼玛

【照片口述】

　　夏尔巴人做饭时，常用尼泊尔产的铝制高压锅。它的锅盖不是盖在外面，而是伸入锅内，受热后产生的蒸汽就把锅盖顶起。我国生产的高压锅锅盖的边缘凸出于锅体，架在火塘的柴火上，经常会把高压锅的垫圈烧坏。而尼泊尔生产的高压锅就避免了这个问题，所以深受陈塘夏尔巴人的喜爱。

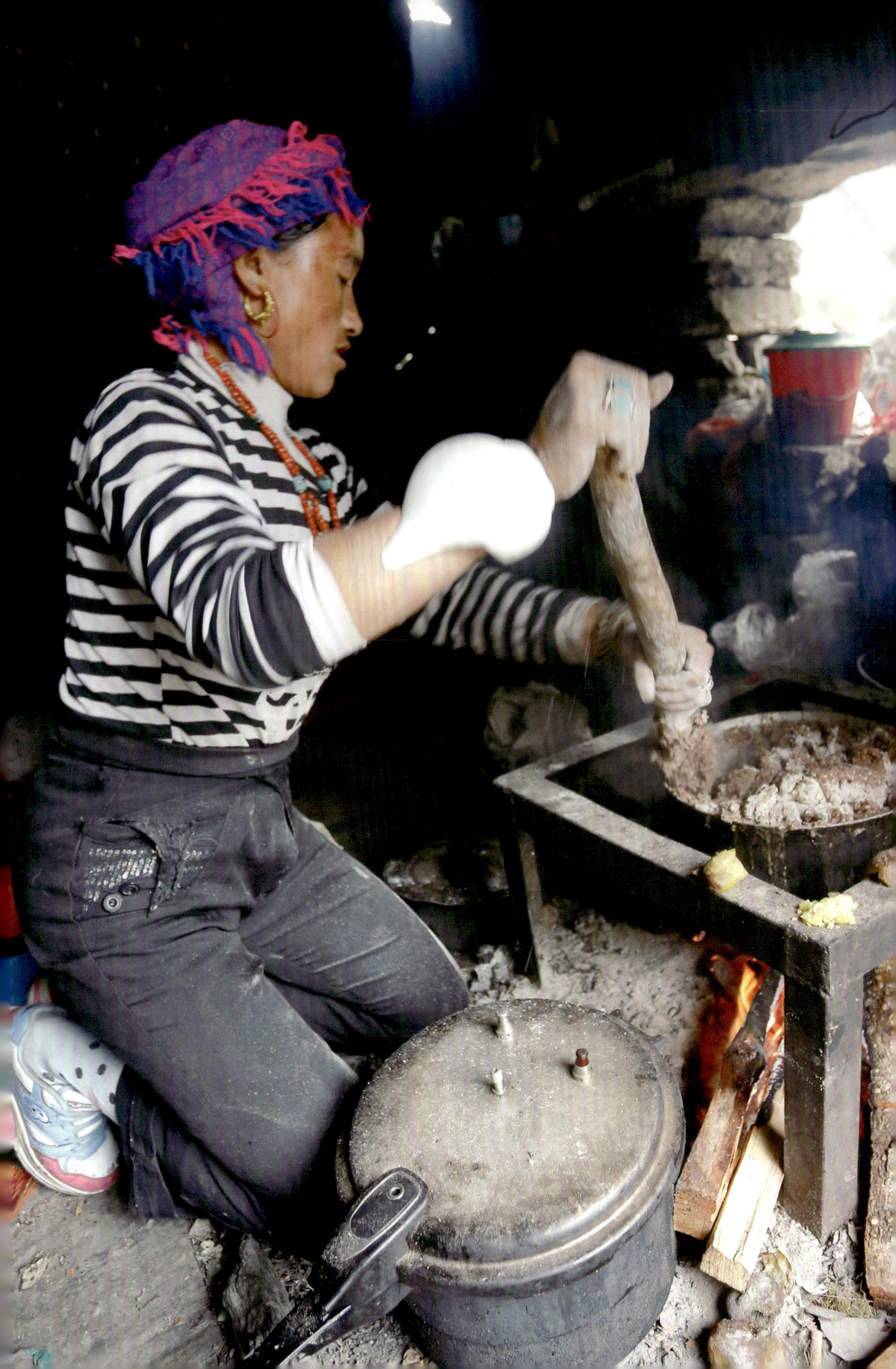

【照片档案008】

图片说明：做面糊

拍摄时间：2015年3月

拍摄地点：曲真玛温泉

口述者：昂给

【照片口述】

  以前的主食"彭内给度瓦"糊如今似乎成为法会、庆典中充满着"仪式性"的食物了。它的原料是鸡爪谷粉。人们把铁锅加水架于火上，然后在水面上撒些鸡爪谷面，不盖锅盖，开口观察水的热度；水将开时倒进适当的鸡爪谷面，两手用木铲反复搅拌，防止结成疙瘩，当稠度达到手能抓起时，就可食用。人们用木铲将它盛入铜或铝质的盘中，佐以肉汤、菜汤及辣椒酱、盐等调料食之。在陈塘举行的各种法会中，供给法师、信徒及工作人员的主食大都以它为主。病人及妇人坐月子时，必须给他们提供这种食物。

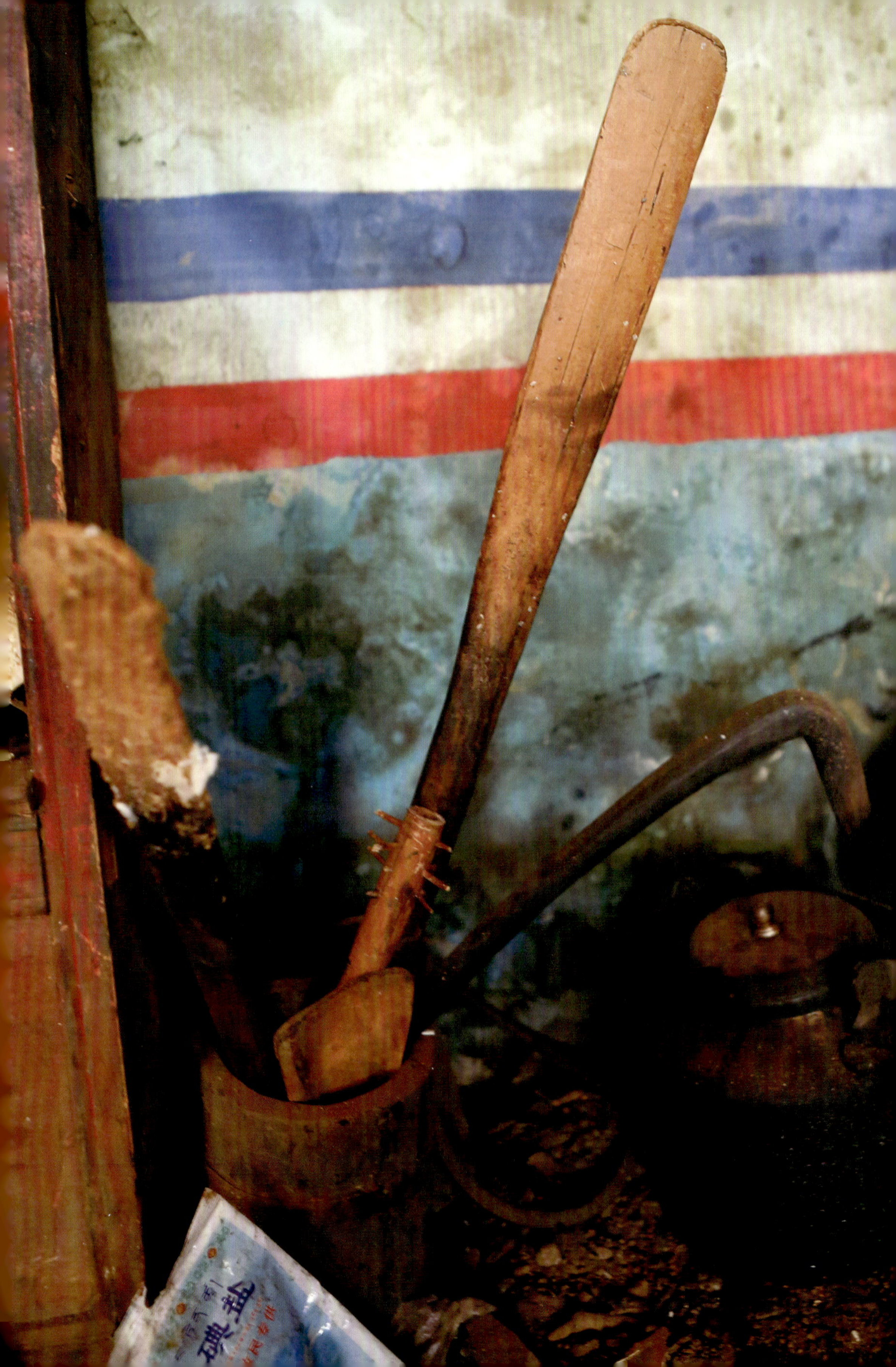
碘盐

【照片档案 009】

图片说明：炊具
拍摄时间：2017 年 2 月
拍摄地点：陈塘镇
口述者：尼玛

【照片口述】

　　糌粑也可以用做面糊的方法做成软硬适中的糌粑糊。鸡爪谷粉及糌粑经过这种加工后，就像大米蒸熟后膨胀，能"增加"食物的供给量。

　　这是夏尔巴人的各种炊具，其中的长扁形木棍为做"彭内给度瓦"的专用炊具。

【照片档案 010】

图片说明:"羌哥"汤
拍摄时间:2017 年 2 月
拍摄地点:陈塘镇
口述者:尼玛

【照片口述】

  图中是藏历新年的早餐"羌哥"汤,它是用把鸡爪谷酒醪揉烂后制成的森玛酒加鸡爪谷粉煮成。

  鸡爪谷粉加豆类、辣椒还能熬成汤。在一些洛本的法会上,主人家会把煮鸡的汤加上切碎的鸡胗、小蚕豆、辣椒粉及鸡爪谷粉熬制成糌粑粥,再分给法会现场中的所有人。它微辣、味极鲜美,是冬季陈塘的最佳美食。

喜马拉雅的艺术之花——夏尔巴人口述影像志：2005—2016

【照片档案011】

图片说明：用大麦粉制作食物

拍摄时间：2015年2月

拍摄地点：陈塘镇

口述者：尼玛

【照片口述】

  夏尔巴人的主食除了大米、鸡爪谷、土豆外，还有青稞、大麦、荞麦、玉米、小麦等。鸡爪谷是从外地传来的，还有人认为青稞是文成公主从内地带到西藏，再传入陈塘的。青稞可制成糌粑食用，大麦可做成美味的面疙瘩汤，荞麦磨成粉后可煎成荞麦饼，玉米带着苞皮在火塘中烤熟也别有风味，挂面也是常见食物。

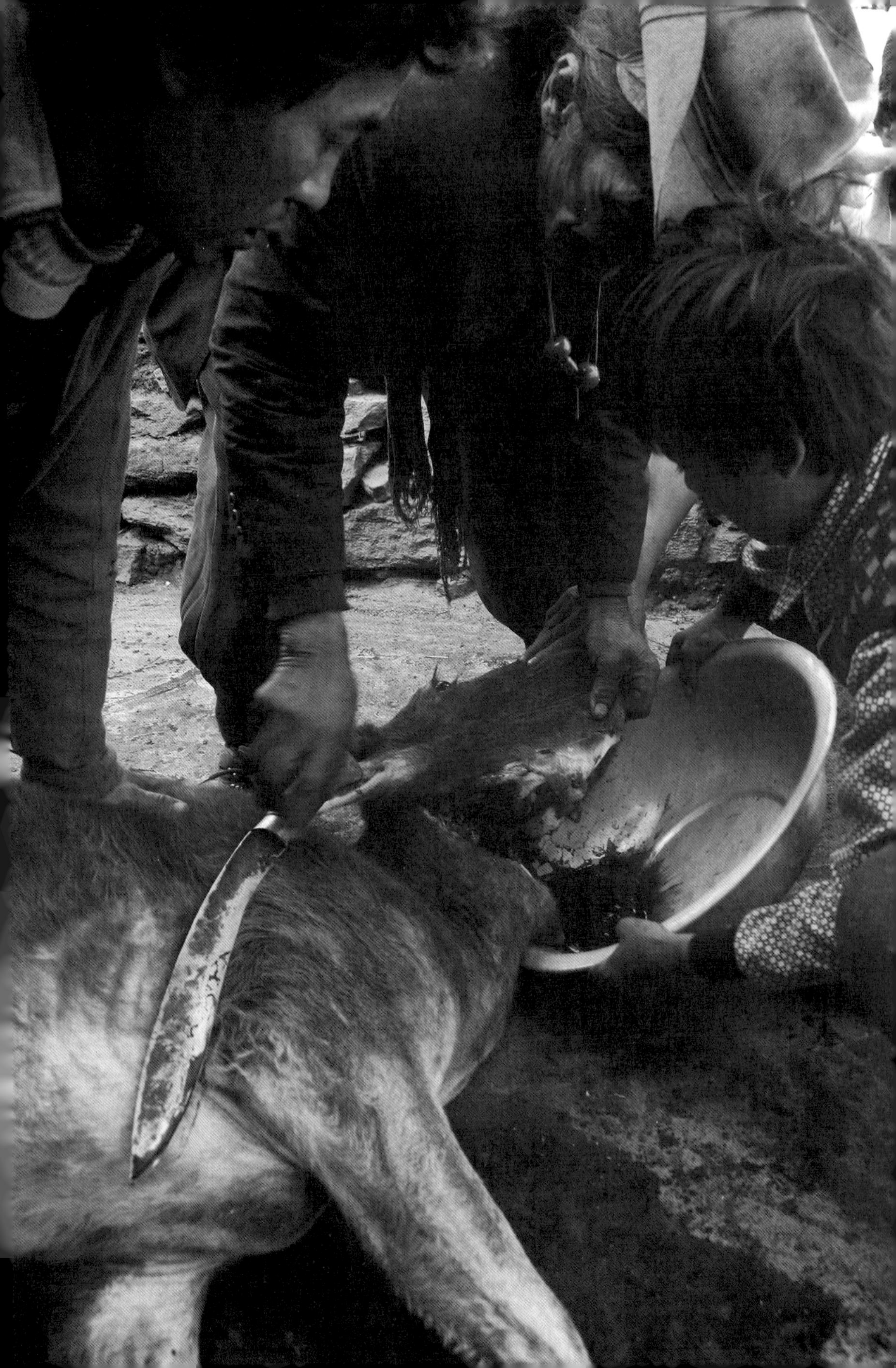

喜马拉雅的艺术之花——夏尔巴人口述影像志：2005—2016

【照片档案 012 – 013】

图片说明：宰犏牛
拍摄时间：2014 年 1 月
拍摄地点：陈塘镇
口述者：尼玛

【照片口述】

  犏牛是陈塘夏尔巴人重要的肉食来源。人们将犏牛割喉放血至死，剥皮后食用。牛血可混合鸡爪谷糌粑制成牛血肠。

  多余的牛肉出售时，不是按斤而是按堆来出售。商家按肉质的好坏将其分成大小不一的肉"堆"，每"堆"价格都一样，卖家随便挑。

19

【照片档案 014-015】

图片说明：风干牛肉
拍摄时间：2017年2月
拍摄地点：陈塘镇
口述者：尼玛

【照片口述】

　　夏尔巴人也有生食风干牛肉的习惯。在冬季，他们常把牛肉烤干或在阴处晾干，供日后生食或煮熟食用。

喜马拉雅的艺术之花——夏尔巴人口述影像志：2005—2016

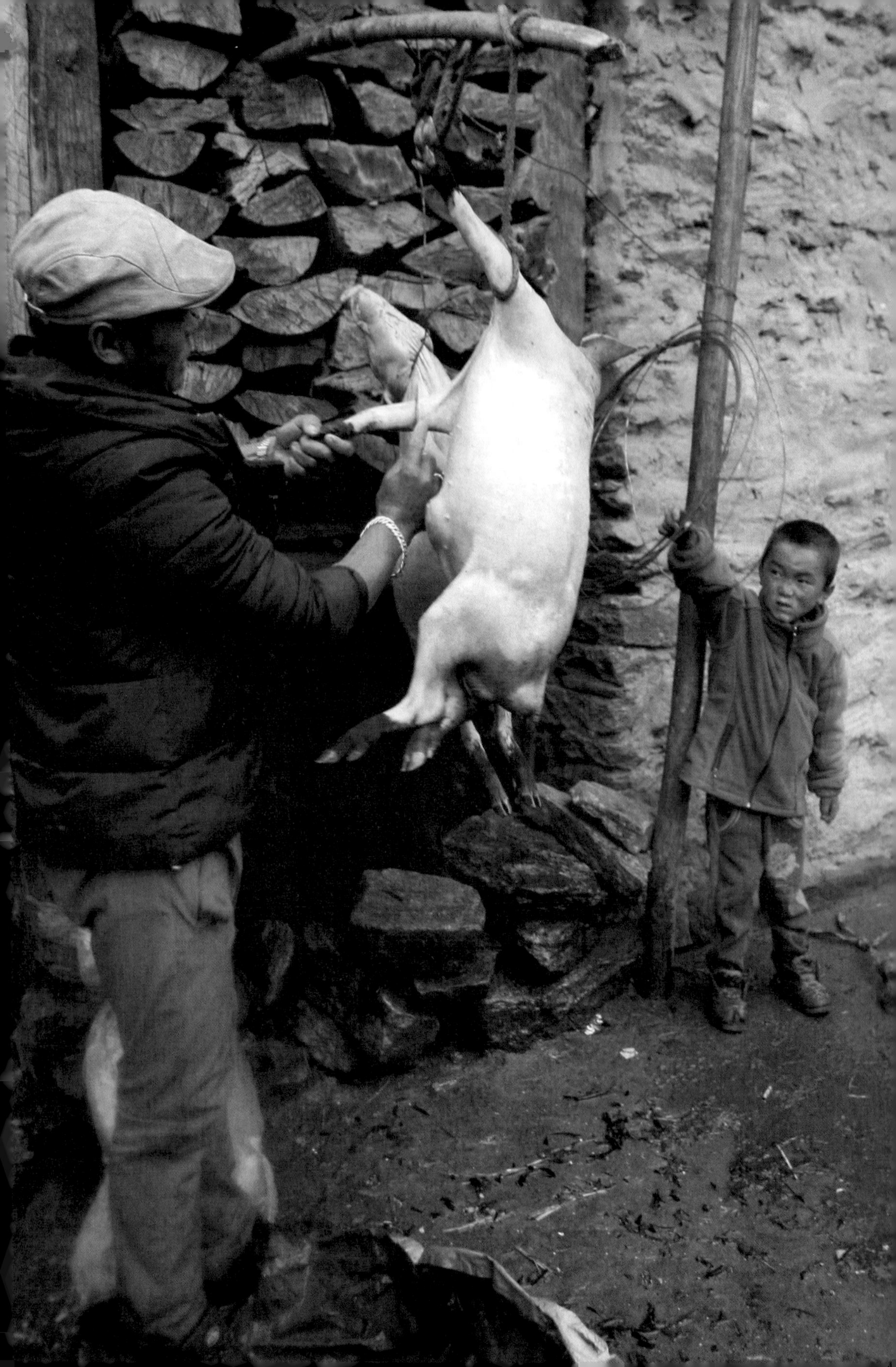

【照片档案 016】

图片说明：宰猪
拍摄时间：2017 年 3 月
拍摄地点：陈塘镇
口述者：尼玛

【照片口述】

在以前，陈塘夏尔巴人养猪的不多，其猪苗主要来自尼泊尔。宰杀时，先把猪吊死，再去毛食用。

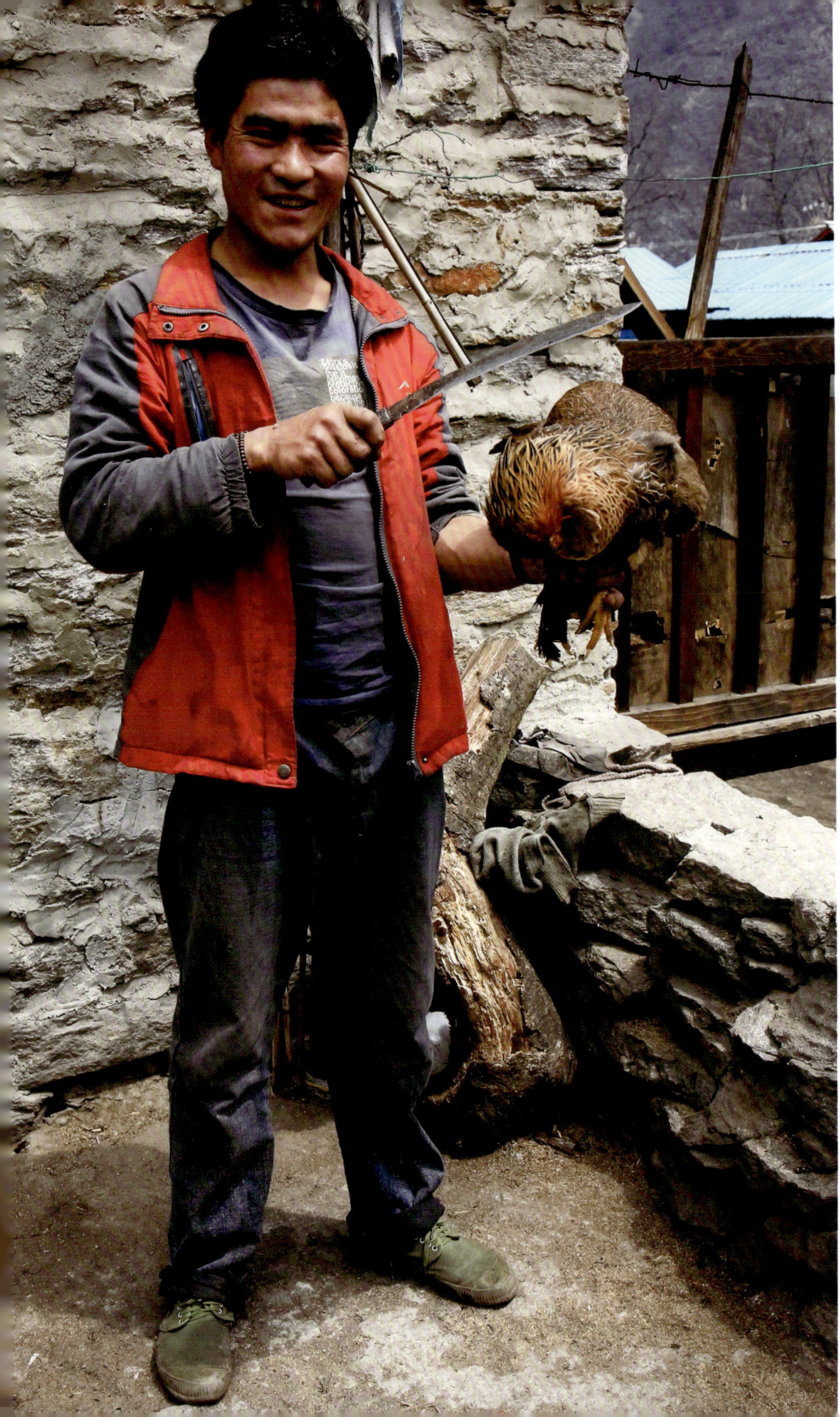

【照片档案 017】

图片说明：杀鸡

拍摄时间：2014 年 4 月

拍摄地点：陈塘镇

口述者：尼玛

【照片口述】

　　杀鸡时，人们用刀背猛击鸡背至死后，再去毛清理内脏后食用。用鸡献祭时，也是如此砍杀。

【照片档案018】

图片说明：食用野菜汤
拍摄时间：2015年2月
拍摄地点：陈塘镇
口述者：尼玛

【照片口述】

　　除了一些常见的蔬菜、各种豆类瓜类之外，陈塘夏尔巴人也喜欢食用一些野菜。野菜"撒布"是最常见的，这是一种木质多年生草本植物，将它的嫩叶加水及调料熬烂成羹便可食用。"撒布"的叶子长有毒肉刺，人手接触叶子后，瘙痒难受。

【照片档案019】

图片说明：野菜"洋琼"

拍摄时间：2017年2月

拍摄地点：修修玛村

口述者：尼玛

【照片口述】

  用长在田间地头的野菜"洋琼"制作的汤也深受当地人的喜爱。煮这些食物的时候，夏尔巴人喜欢用一种产自尼泊尔的束口铝锅进行烹饪。

【照片档案020】

图片说明：野营

拍摄时间：2016年10月

拍摄地点：切姆措

口述者：多吉平措

【照片口述】

　　相传莲花生大师周游世界各地时，靠食野菜为生。后来他把一些野菜知识告诉了陈塘人，把沿途收集到的种子也带到了陈塘。所以现在陈塘夏尔巴人特别爱吃野菜，他们种植的一些蔬菜品种也是其他地方没有的。

【照片档案 021 – 022】

图片说明：食用野山菌
拍摄时间：2016 年 9 月
拍摄地点：嘎玛沟
口述者：拉巴

【照片口述】

　　森林茂盛的陈塘，各种野山菌也是美味之一，但混杂在其中的毒山菌也令人防不胜防，近年就发生过有人误用野毒菌炖鸡而致死的事情。把野山菌洗干净，在开水中焯一下，然后放清油、辣椒干炒，是旅途中的美味。

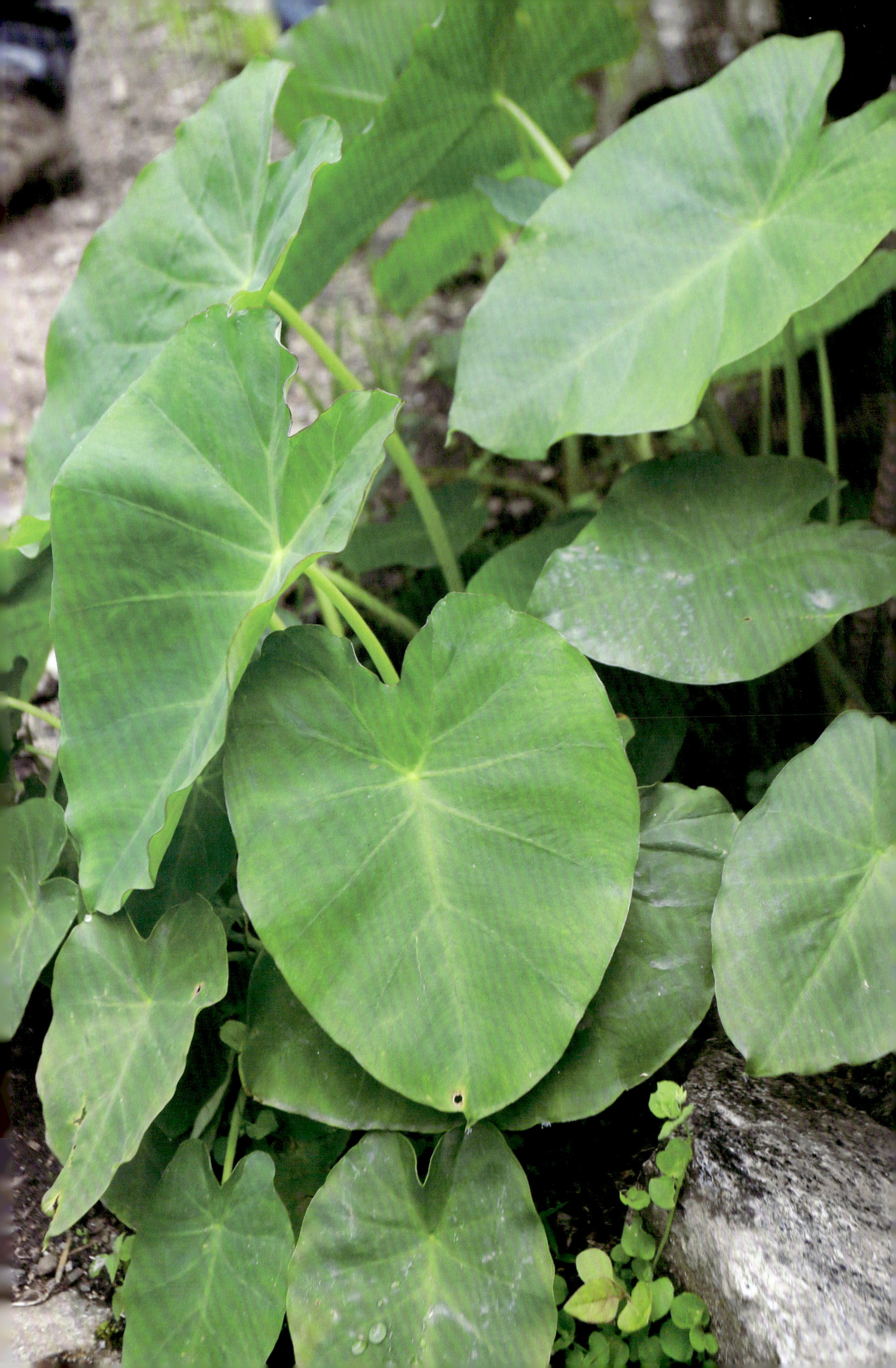

【照片档案 023】

图片说明：野菜"吐哇"

拍摄时间：2017 年 6 月

拍摄地点：那塘村

口述者：尼玛

【照片口述】

  随着生活水平的提高，有一些食物也被"淘汰"了，最明显的是"吐哇"（tuwa）。《珠峰考察》中记载："向导捞了一些海芋植物的根给我们看，这是一个平的有结节的根，形状是椭圆的。居民们把它捞起来发酵以后，然后捶打后便可以吃了。村民都很喜欢这种植物，但是首先必须让它发酵，不然的话根是有毒的。我们把这种根放在面包上吃，我之前都没有尝过。假如不发酵的话，吃了会头发脱落。但是我倒是觉得发酵吃了以后才会使头发脱落。"

  "吐哇"是生长于森林里的一种季节性野菜，数量极多，曾经是食物匮乏的陈塘夏尔巴人的重要食物。如今因为苦涩与制作麻烦，陈塘夏尔巴人已经很少食用这种食物了。

  以前人们把"吐哇"叶的表层粗纤维去除后，把茎干与叶熬烂成羹后食用，微涩中带着一点芋头的滑劲。

【照片档案 024】

图片说明：弯刀
拍摄时间：2016 年 11 月
拍摄地点：拉萨
口述者：尼玛

【照片口述】

　　陈塘人没有内地常见的菜刀与菜板。切菜剁肉都是用类似"廓尔喀弯刀"的弯形铁刀。它在陈塘夏尔巴语中叫"棋"，刀肚较宽，刀身向前弯曲，前端较重，便于劈砍时增加速度及威力。夏尔巴人用它切肉更像在"割"肉，人蹲下，刀刃朝上，用身体靠住刀把，然后双手拿起肉块，在刀刃上切割成小块。

【照片档案 025】

图片说明：弯刀砍肉
拍摄时间：2015 年 2 月
拍摄地点：陈塘镇
口述者：尼玛

【照片口述】

  铁刀都为尼泊尔的陈塘玛姆等地的工匠打制。如今越来越多的人开始用菜刀菜板了，用熟练后，效率提高不少。

【照片档案026】

图片说明：辣椒酱

拍摄时间：2017年2月

拍摄地点：陈塘镇

口述者：尼玛桑姆

【照片口述】

　　陈塘夏尔巴人常用的佐料有辣椒、大蒜、花椒及咖喱等。辣椒是陈塘人最主要的佐餐调料，不管吃什么都少不了，其原因可能是为防寒湿或是受尼泊尔边民的影响，也可能是传统生活习惯。辣椒虽然在陈塘有种植，但由于需求量太大，其主要来源还是尼泊尔及我国内地。

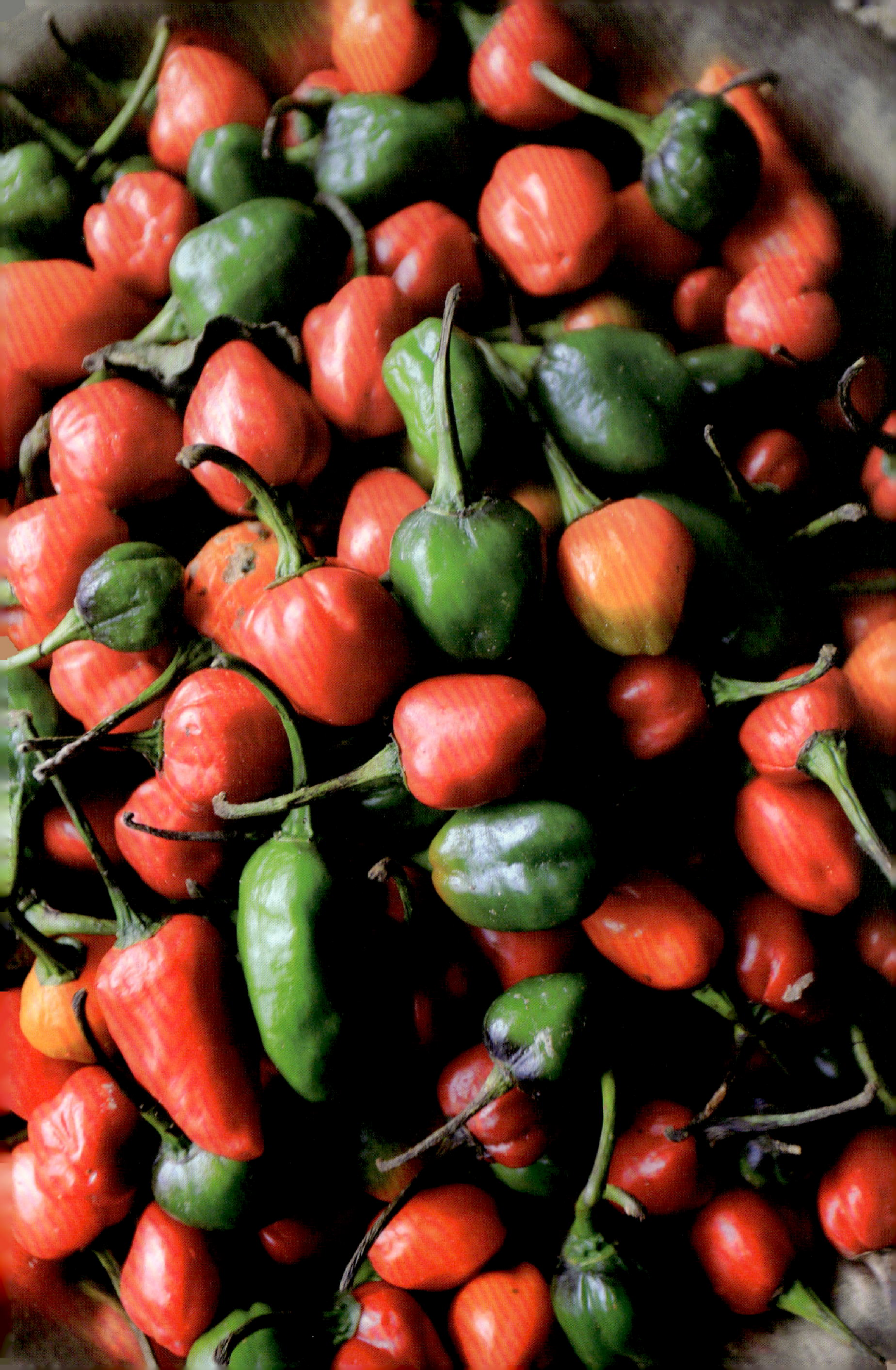

【照片档案 027】
图片说明：尼泊尔的小灯笼辣椒
拍摄时间：2016 年 10 月
拍摄地点：陈塘镇
口述者：尼玛桑姆

【照片口述】

　　尼泊尔的小灯笼椒皮厚，成熟时红艳艳的，泛着油光，像个工艺品。它有着难以想象的辣度。将辣椒和花椒、大蒜及尼泊尔的一种小柿子一起在石臼上捣碎成酱，是为极品辣椒酱，是开胃的上上品，也常常把很多人辣出眼泪。很多尼泊尔人来陈塘走亲访友时，带一盘这种小灯笼椒，就是上佳的礼品。

【照片档案028】

图片说明：陈塘方便面
拍摄时间：2015年3月
拍摄地点：陈塘镇
口述者：尼玛

【照片口述】

  陈塘可能是国内人均消费方便面最多的地方。最受欢迎的是麻辣味道的"康师傅"及"统一"牌桶装方便面。还有专称：陈塘方便面。在泡方便面的时候，倒上一包"有友"牌泡椒凤爪，是陈塘夏尔巴人最喜欢的搭配。它们的销量是如此之大，以至于山上的陈塘镇与山下的藏嘎村，方便面与泡椒凤爪的价格是一样的——都为5元。而且陈塘人也只认"有友"牌泡椒凤爪，其他品牌或能以假乱真的"友友""有有"牌的凤爪，在陈塘没有市场。

【照片档案029】

图片说明：倒酥油茶的老人

拍摄时间：2014年2月

拍摄地点：陈塘镇

口述者：尼玛

【照片口述】

　　陈塘夏尔巴人也有喝藏式甜茶、酥油茶的习惯。藏式甜茶是在茶水中加糖、加奶熬制而成。酥油茶是在茶水中加盐、加酥油熬制而成。

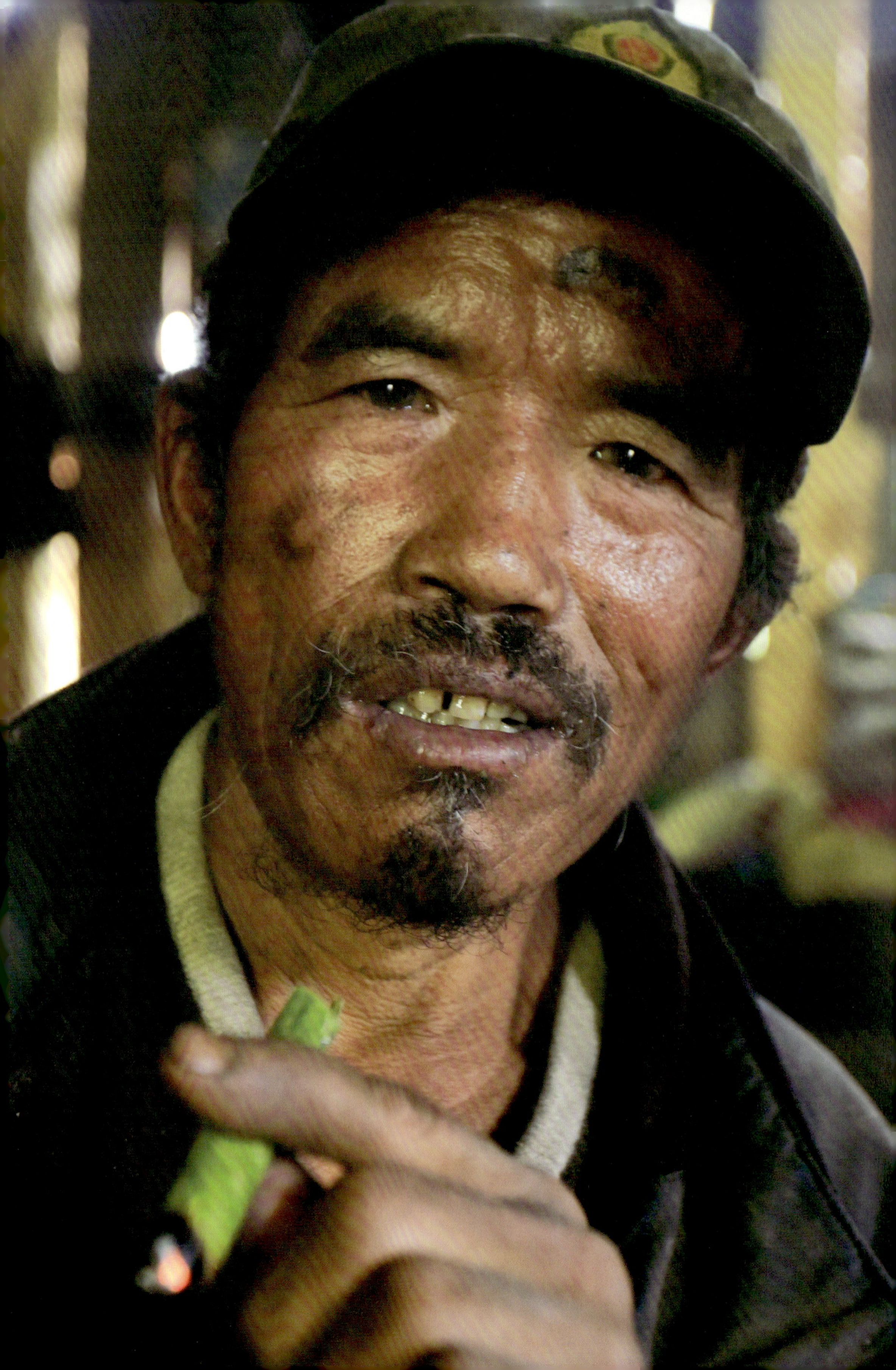

【照片档案 030】

图片说明：抽旱烟的男子
拍摄时间：2016 年 10 月
拍摄地点：修修玛村
口述者：拉巴

【照片口述】

图中男子抽的香烟为用树叶包着烟丝的旱烟。

很多夏尔巴人嗜烟，烟分鼻烟、嚼烟（产自尼泊尔，叫"卡意内"）、旱烟和包装的香烟四种。鼻烟是把烟叶磨成粉后，用鼻吸入，似乎妇女们享用得更多；嚼烟是把处理好包装的烟草放入两边牙齿的根部，微甜，香味浓郁；旱烟的烟叶大多为陈塘自产的烟叶，在没有烟纸的时候，人们也习惯用阔叶林的树叶包着烟丝抽；普通的夏尔巴人抽的香烟大多是 5 元的"天下秀"，中等档次的是 15 元的"紫云烟"，档次高的为 25 元的"软盒云烟"。

【照片档案 031】

图片说明：背水
拍摄时间：2014 年 2 月
拍摄地点：陈塘镇

【照片口述】

　　陈塘镇的自来水暂时还没有通到每家每户，所以生活用水必须从饮水点打好，再背回家。

【照片档案032】

图片说明：用来背水的水壶
拍摄时间：2017年2月
拍摄地点：陈塘镇
口述者：尼玛

【照片口述】

　　除了国产的塑料水壶，陈塘夏尔巴人还用一种尼泊尔产的束口铝制大水壶来背水。为了保护水壶，防摔，人们会在大水壶外面用竹子编一个外壳，或用皮毛、厚布进行包裹。

【照片档案 033】

图片说明：去洗衣服的女孩
拍摄时间：2017 年 3 月
拍摄地点：陈塘镇

【照片口述】

由于不通自来水，小女孩们有时会结伴，一起去山上附近的泉眼处洗衣服。

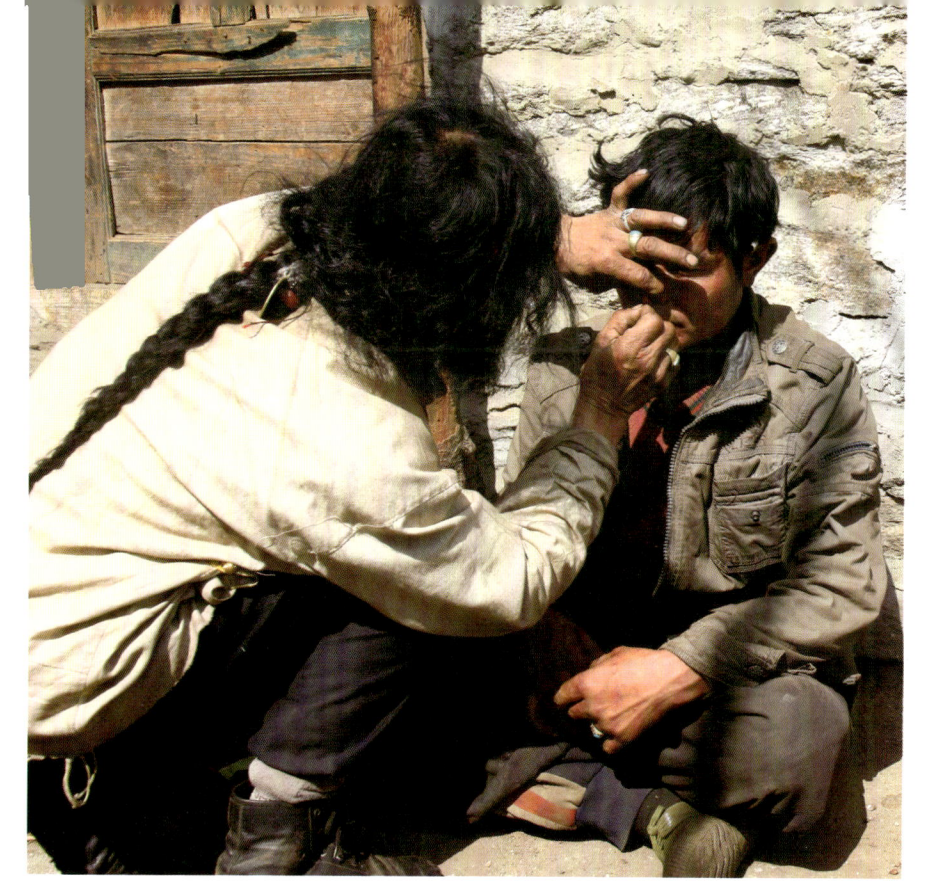

【照片档案034】

图片说明：放血治疗

拍摄时间：2014年2月

拍摄地点：陈塘镇

口述者：多吉平措

【照片口述】

以前交通十分不方便，陈塘人生病了都是找当地的藏医看病。我的父亲"陈塘扎西"就是当地最好的藏医，我的藏医术也是父亲教的。

【背景资料】

放血治疗是藏医治疗学中一种很具特色的治疗技术，具有很好的疗效，主要适用于体质壮实的热性病症患者，又称"针刺放血疗法"，是用针具或刀具刺破或划破人体特定的穴位和一定的部位，放出少量血液，以治疗疾病的一种方法。施行放血疗法必须严格掌握适应证、放血时间、部位、手术过程及放血量等。

【照片档案 035】

图片说明：陈塘镇卫生院
拍摄时间：2015 年 12 月
拍摄地点：尼泊尔基玛塘卡

【照片口述】

  图中左上角洋红色的建筑即为陈塘镇卫生院。在很长时间内，它一直是陈塘镇最好的建筑，为陈塘夏尔巴人的身体健康提供了重要的保障。

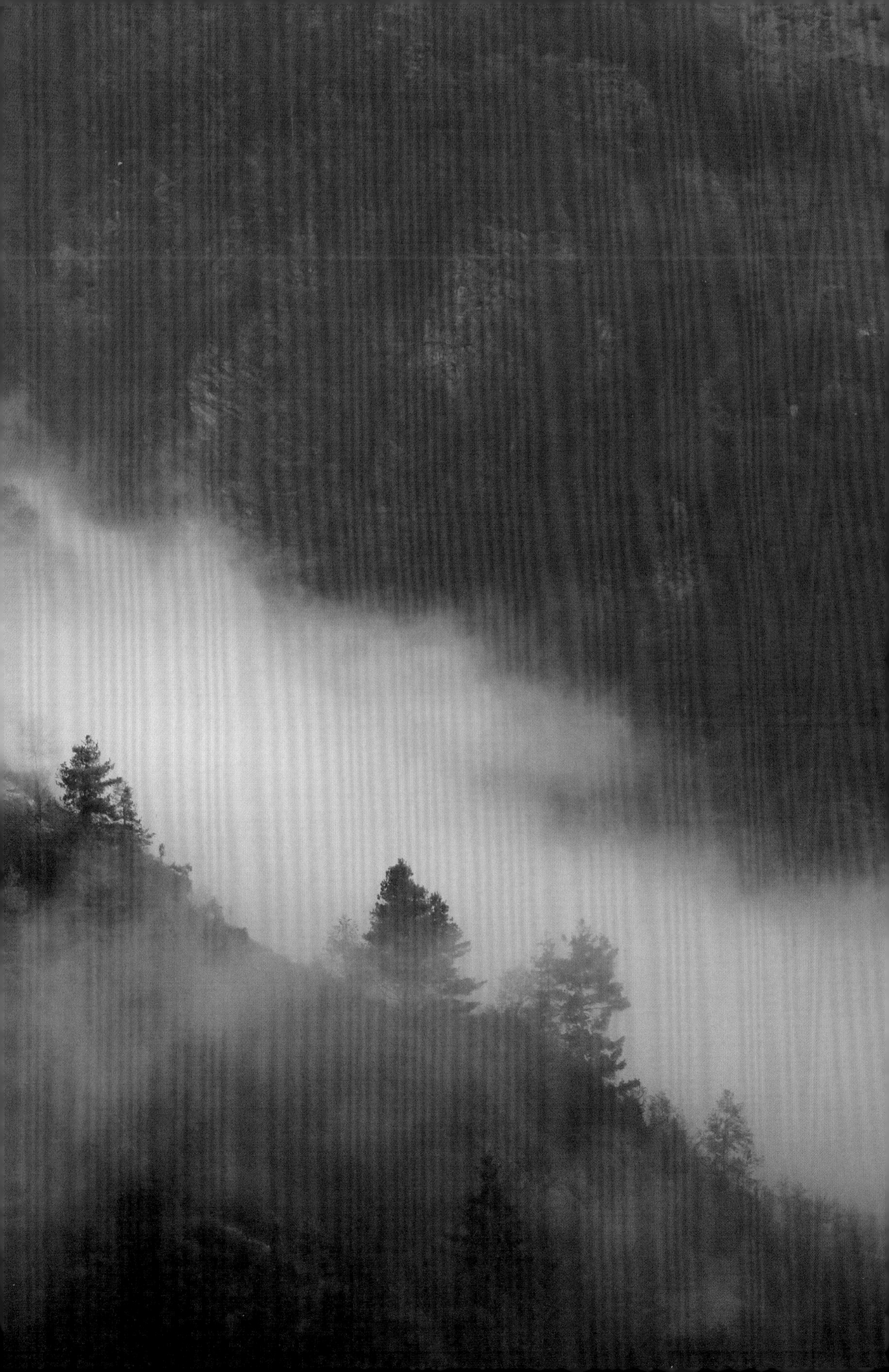

【照片档案 036】

图片说明：打台球

拍摄时间：2014年1月

拍摄地点：陈塘镇

口述者：尼玛

【照片口述】

　　虽然不通公路，但是精明的商人还是能想方设法地把台球桌搬运到陈塘镇，供大家消遣并收费。每年的藏历新年的时候，因为在外面的人都回来过年了，所以那时的台球生意是最好的。

【照片档案037】

图片说明：藏式骰子游戏

拍摄时间：2017年2月

拍摄地点：陈塘镇

【照片口述】

　　藏式骰子游戏是陈塘夏尔巴人乐此不疲的一种智力游戏。

　　骰子游戏作为西藏传统的民间娱乐游戏之一，在西藏人民的日常生活当中扮演着不可忽视的角色。它既是一项较量智慧的竞技活动，又是一项消遣寻乐的娱乐活动。由于骰子游戏适应当地民族的生存环境、生活习俗，因此，它具有广泛的群众性，至今在涉藏地区的每个角落都散发着它独有的气息。

酒　俗

　　在陈塘镇的日子里，无论是清晨还是晚上，到好客的夏尔巴人家里做客或是采访，喝到的唯一饮料就是鸡爪谷酒。喝多了，我都忘了他们也有酥油茶、甜茶、清茶、白开水等饮料。

　　"火塘内的薪柴已经不多了，摇曳的火苗给漆黑的木板房打上温暖的色调。一群人围着火塘，盛着鸡爪谷酒的木桶在人们之中传递。我与他们素不相识，却因路过相遇而被邀请进屋。我听不懂他们的交谈内容，只能用肢体语言、笑容与表情进行交流。火塘里尚未燃尽的木炭十分温暖，加了温开水的鸡爪谷酒温度恰好，人们的谈兴正浓，让旅行中的我感觉像回到了家。不胜酒力，别过后出门，天上繁星点点。寒气袭来，回望这户人家，外表看像是一个沉静的山谷，可是房里却是个沸腾的大海。"

　　这是陈塘夏尔巴人鸡爪谷酒给我最初也是最深刻的印象。虽然是2005年的情景，可至今记忆犹新，鸡爪谷酒的浓香与甘甜常在梦中回味。"一壶浊酒喜相逢，古今多少事，都付笑谈中。"在陈塘镇每个与世隔绝的静谧夜晚，鸡爪谷酒永远是照亮孤独的火把。

【照片档案 038】

图片说明：敬酒

拍摄时间：2014 年 1 月

拍摄地点：陈塘镇

【照片口述】

  陈塘的鸡爪谷酒酿制技艺已经被列入西藏自治区级非物质文化遗产名录。它有两种工艺，一种酿出来的酒叫"颇羌"，为低度酒；另一种是叫"阿让"的白酒，为高度酒。

【照片档案039】

图片说明：鸡爪谷酒酿造流程之蒸鸡爪谷 1

【照片档案040】

图片说明：鸡爪谷酒酿造流程之蒸鸡爪谷 2

【照片档案 039 – 042】

图片说明：鸡爪谷酒酿造流程

拍摄时间：2017 年 6 月

拍摄地点：陈塘镇

口述者：尼玛桑姆

【照片口述】

  酿制低度鸡爪谷酒的工艺流程：先将脱了粒的鸡爪谷洗净→上锅蒸熟→将蒸熟的鸡爪谷倒在竹席上晾一下，降到合适的温度后，加入适量的自制酒曲拌匀→把加了酒曲的鸡爪谷装入袋中，用棉被包上以保持温度→过一两天之后，将鸡爪谷装坛（桶）发酵。出于成本的考量，如今很多家庭会在鸡爪谷里掺入青稞来酿酒。

  以前传统的工艺是将鸡爪谷装入一种特制的泥坛，可保证酒质浓香。但现在也有图方便用塑料桶装的。放置几天，鸡爪谷酒就发酵好了，存放的时间越长，酒越醇香，也多了一点儿酸味。

【照片档案 041】

图片说明：鸡爪谷酒酿造流程之捣碎酒曲

【照片档案 042】

图片说明：鸡爪谷酒酿造流程之混合酒曲

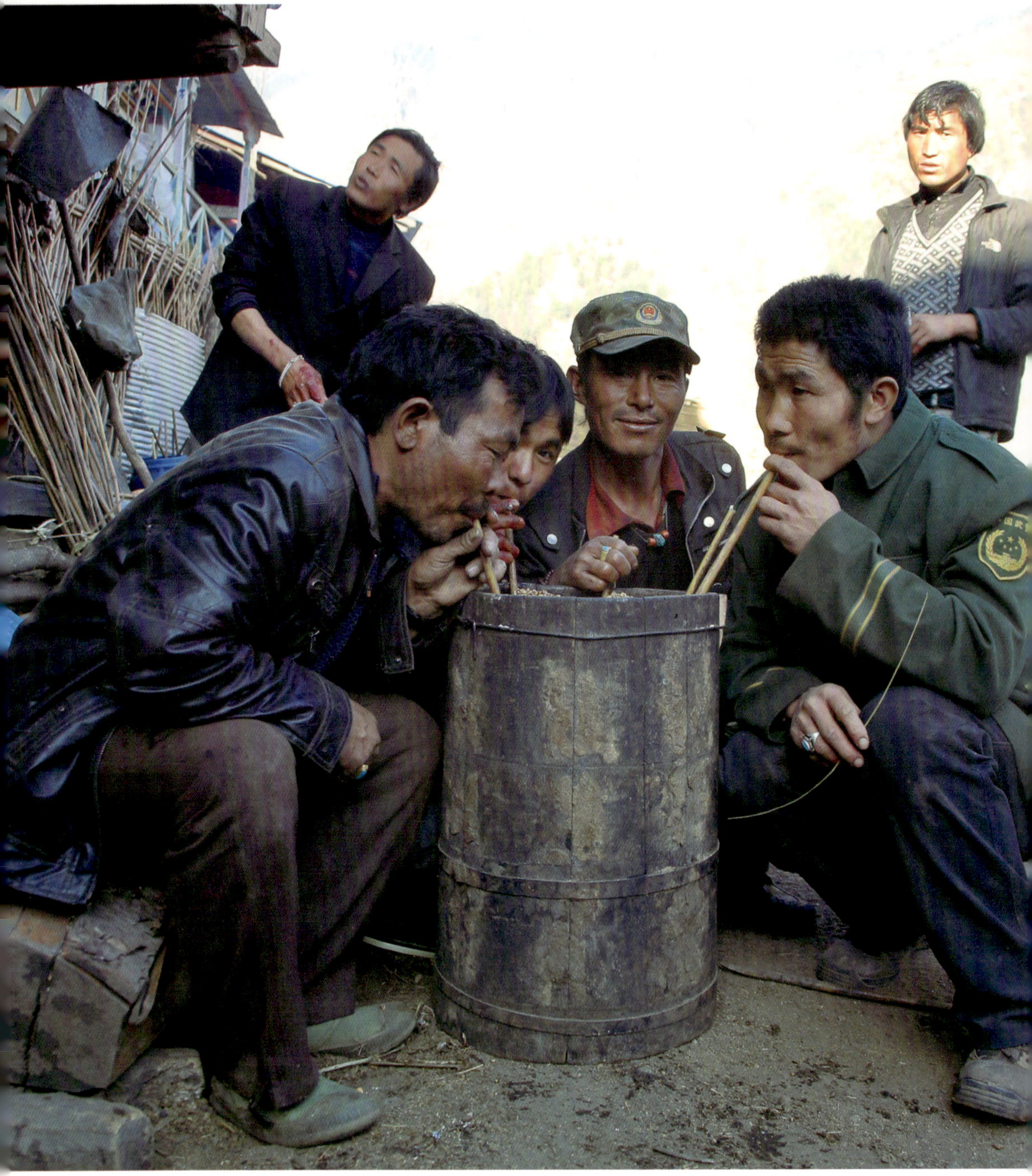

【照片档案 043】
图片说明:"咂"酒
拍摄时间:2014 年 1 月
拍摄地点:陈塘镇

【照片口述】
　　陈塘夏尔巴人的鸡爪谷酒是"吸"着喝的。酿好的鸡爪谷酒装在特制的酒桶里,人们插上竹子做成的吸管,吸桶中的酒液。这种用竹管吸酒的方式,叫"咂"酒,在四川汶川地区的羌族聚居区及金川、小金等地也流行这样的喝酒方式。若他们邀请你一起同桶同根竹管"吸"酒,那就说明他们不但接受认可你,还把你当作真正的朋友!

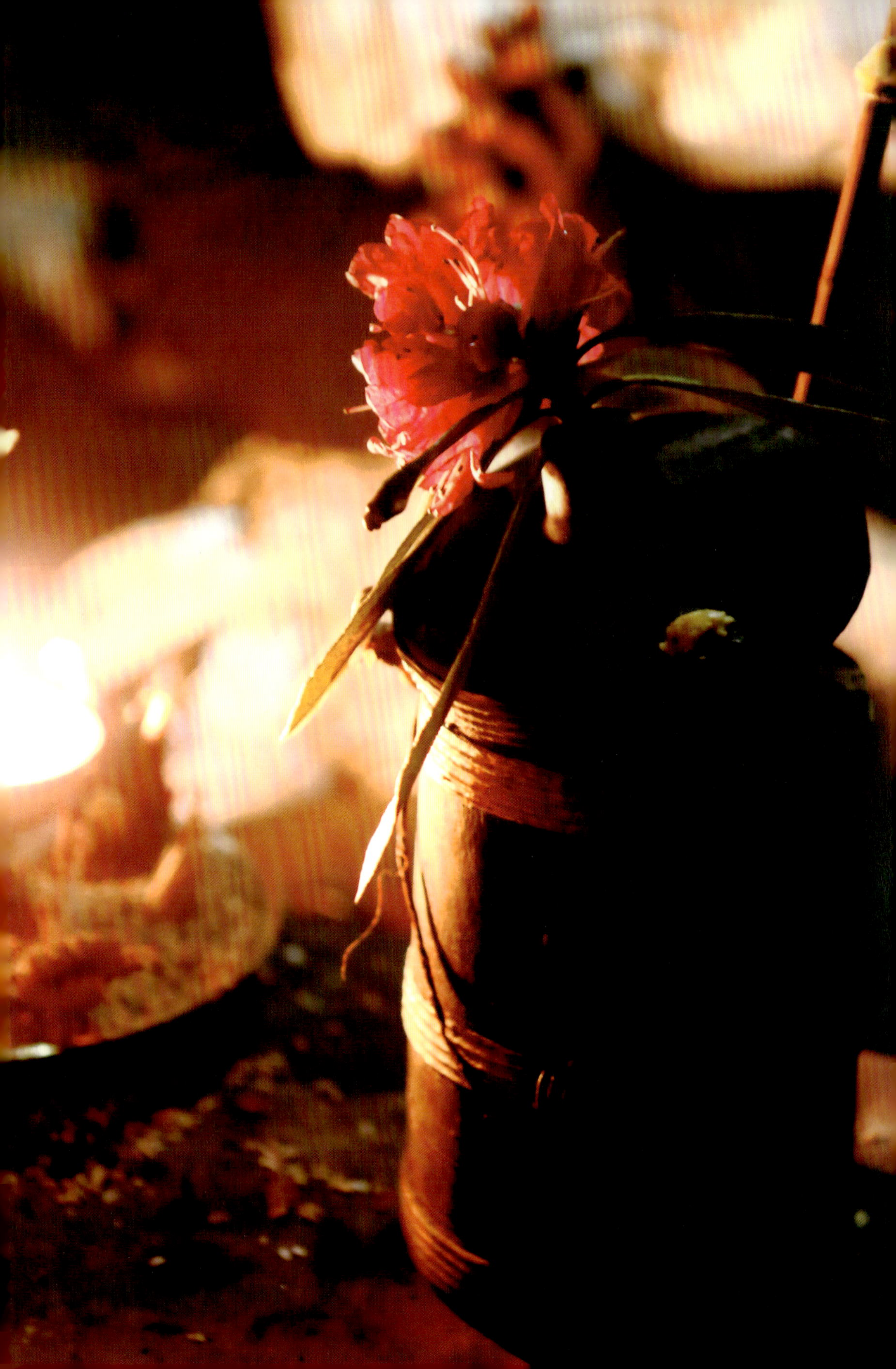

【照片档案 044】

图片说明：颇羌酒桶
拍摄时间：2017 年 2 月
拍摄地点：陈塘镇
口述者：尼玛

【照片口述】

  讲究的颇羌酒桶是将海碗粗的上好硬木掏空，在其上、中、下三部分紧箍一圈錾有花纹的铜条，加上同样箍铜条的桶盖，是为酒桶。握手处及吸管口包着尼泊尔打制的纯银外饰的竹管，为上等吸管。一套讲究的酒具，即使是产自物价低廉的尼泊尔，价格也要上千元。

【照片档案045】

图片说明：盛酒
拍摄时间：2010年5月
拍摄地点：陈塘镇
口述者：尼玛

【照片口述】

　　鸡爪谷酒的"添酒"是添加温开水，看到客人吸一口后，主人会立即在酒桶内加上温开水，再示意吸酒。若加的不是温开水而是生水，喝多了，人脸会变黑，对肠胃也不好。喝到最后淡而无味时，或是加一勺鸡爪谷酒浆，或是把它倒掉，重新再来一桶。

【照片档案046】

图片说明:"点"糌粑

拍摄时间:2010年5月

拍摄地点:陈塘镇

口述者:尼玛

【照片口述】

　　上酒时,在酒桶上沿用糌粑或酥油点上"三座小山",以示对客人的尊敬。有时主人也会先吸一口,以示酒好且无毒。

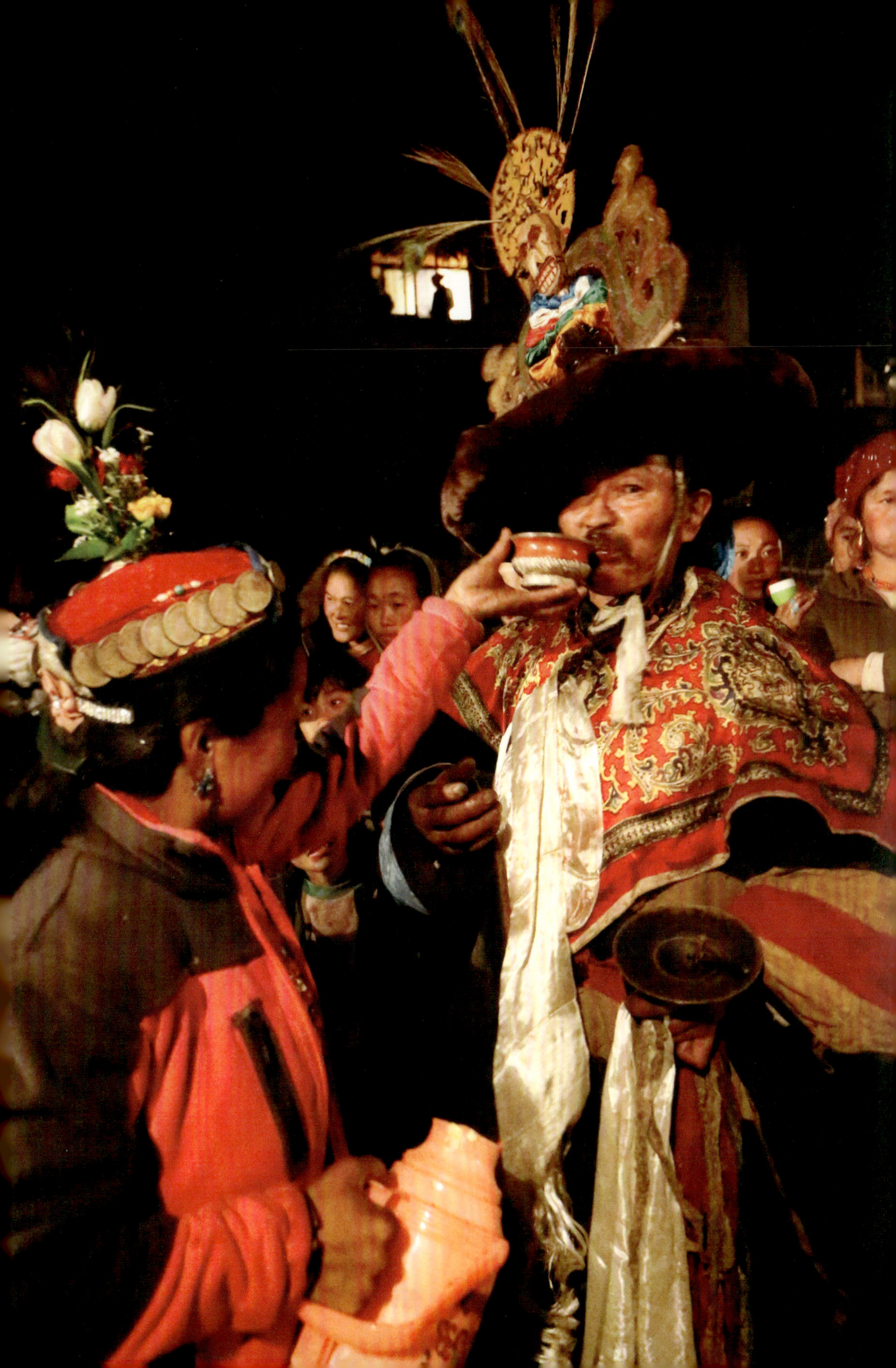

【照片档案 047】
　　图片说明：法会上的敬酒
　　拍摄时间：2015 年 2 月
　　拍摄地点：陈塘镇

【照片口述】
　　请洛本法师、堪卓玛[1]甚至喇嘛做法事，上好的鸡爪谷酒是必不可少的。法师在为信众祭神驱鬼、行巫作法、超度亡魂、降神占卜时，并不忌讳饮酒。畅饮鸡爪谷酒似乎与他们手上的法器一样重要。

---

[1] 堪卓玛也叫空行母，是证得殊胜成就的瑜伽母。曲杰·南喀诺布：《苯教与西藏神话的起源——"仲"、"德乌"和"苯"》，向红茄，才让太，译。中国藏学出版社2014年版，第73页。

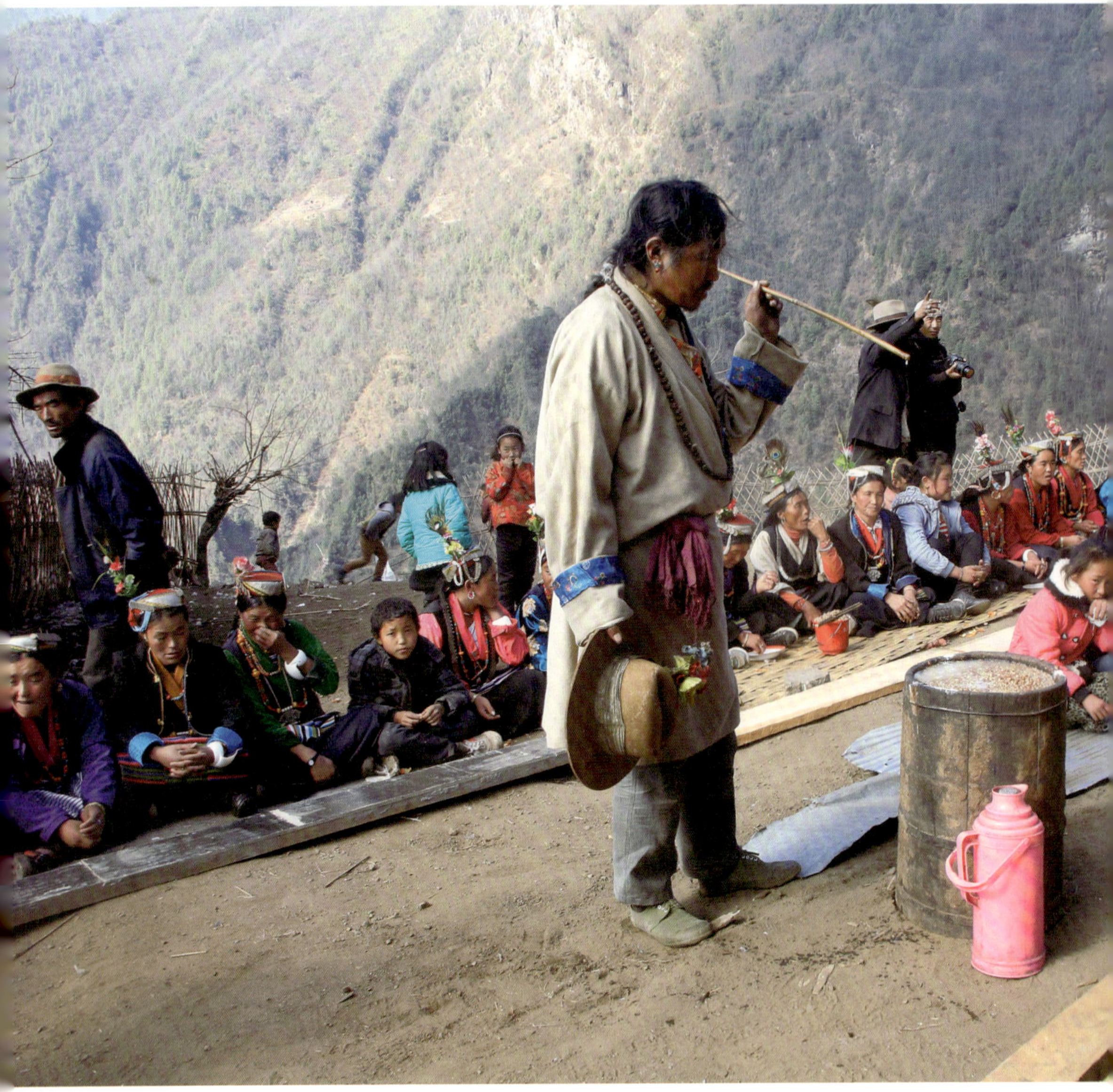

【照片档案 048】

图片说明：瑟金仪式

拍摄时间：2014年1月

拍摄地点：陈塘镇

口述者：多吉平措

【照片口述】

　　若在一起喝酒时，有洛本法师、喇嘛等在场，喝时要先把酒桶递给他们，请他们进行瑟金仪式。瑟金仪式是把酒桶中的"酒新"[1]奉献给神灵的仪式。进行瑟金仪式时，法师的手掌向内翻，拇指与小指相连，然后用无名指与中指蘸酒，口中念诵咒语，再把无名指中的酒弹向天空，如此七次，有时也只弹一次。复杂时他们一边念诵咒语，一边把吸管从酒桶中抽出来，按顺时针方向让吸管围着酒桶绕转三圈。

---

1 "酒新"是指供神灵饮用的第一口酒。

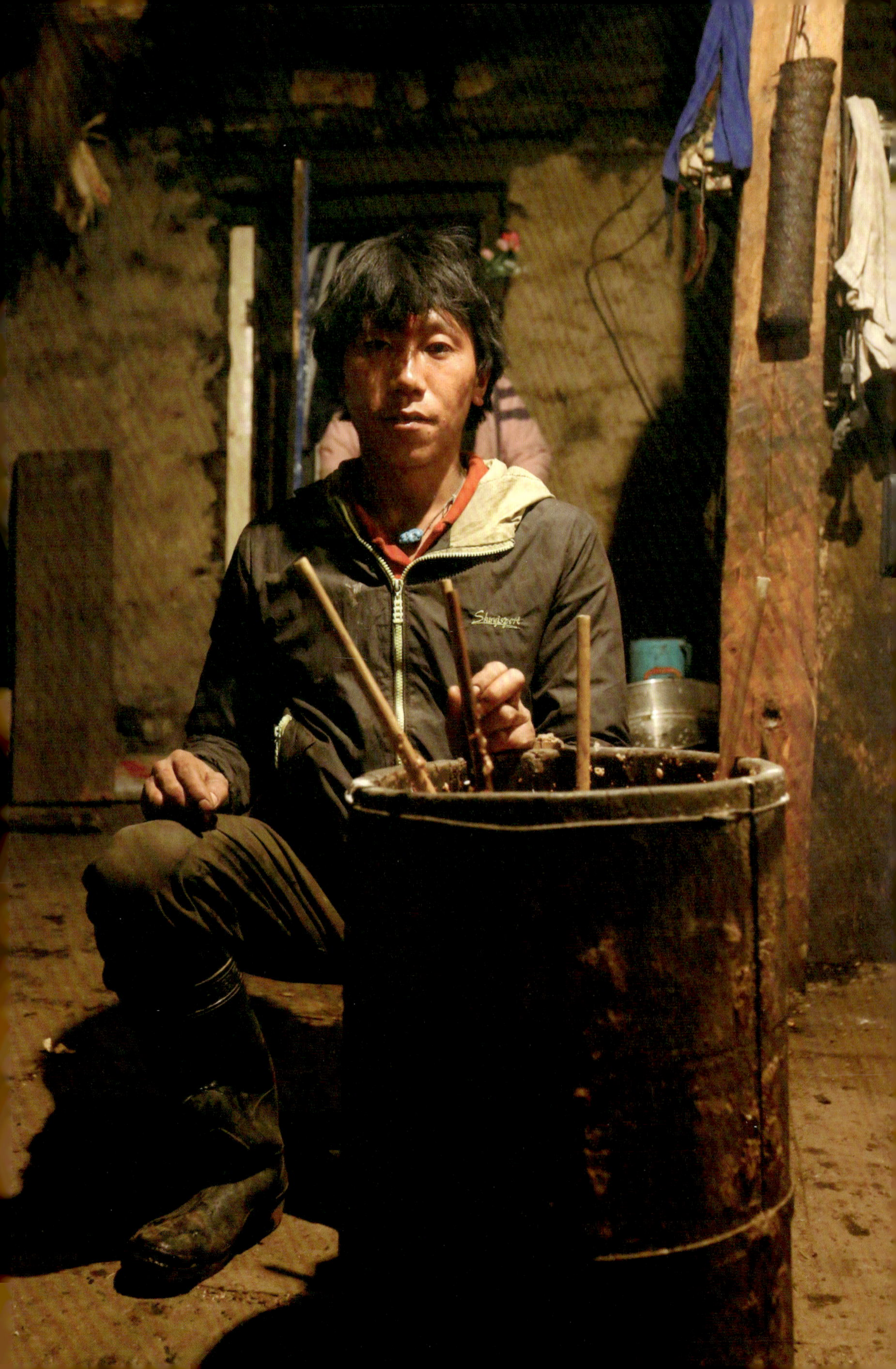
Shuyisport

【照片档案049】

图片说明：大酒桶
拍摄时间：2015年2月
拍摄地点：陈塘镇
口述者：昂给

【照片口述】

　　在陈塘夏尔巴人举行的大型仪式、法会、庆典上，主人家都会准备一个以上的大酒桶，里面装着鸡爪谷酒，供来宾及工作人员"咂"酒。

　　吸酒的竹管只有食指粗细，鸡爪谷虽然很小，却也容易堵塞管道。想如"龙吸水"般畅饮美酒，要有好的吸功，还要一定的技巧。在吸酒之前，用右手握住吸管，在酒桶中上上下下地插几次：当吸管往上提时，要用大拇指把吸管口堵住，向下插的时候，大拇指松开；然后把吸管拔出，吸管口向下，把吸管里面的酒从吸管口倒出。这样有两个好处，一是能有效地清理出管内异物，二是用酒对管内通道进行消毒。

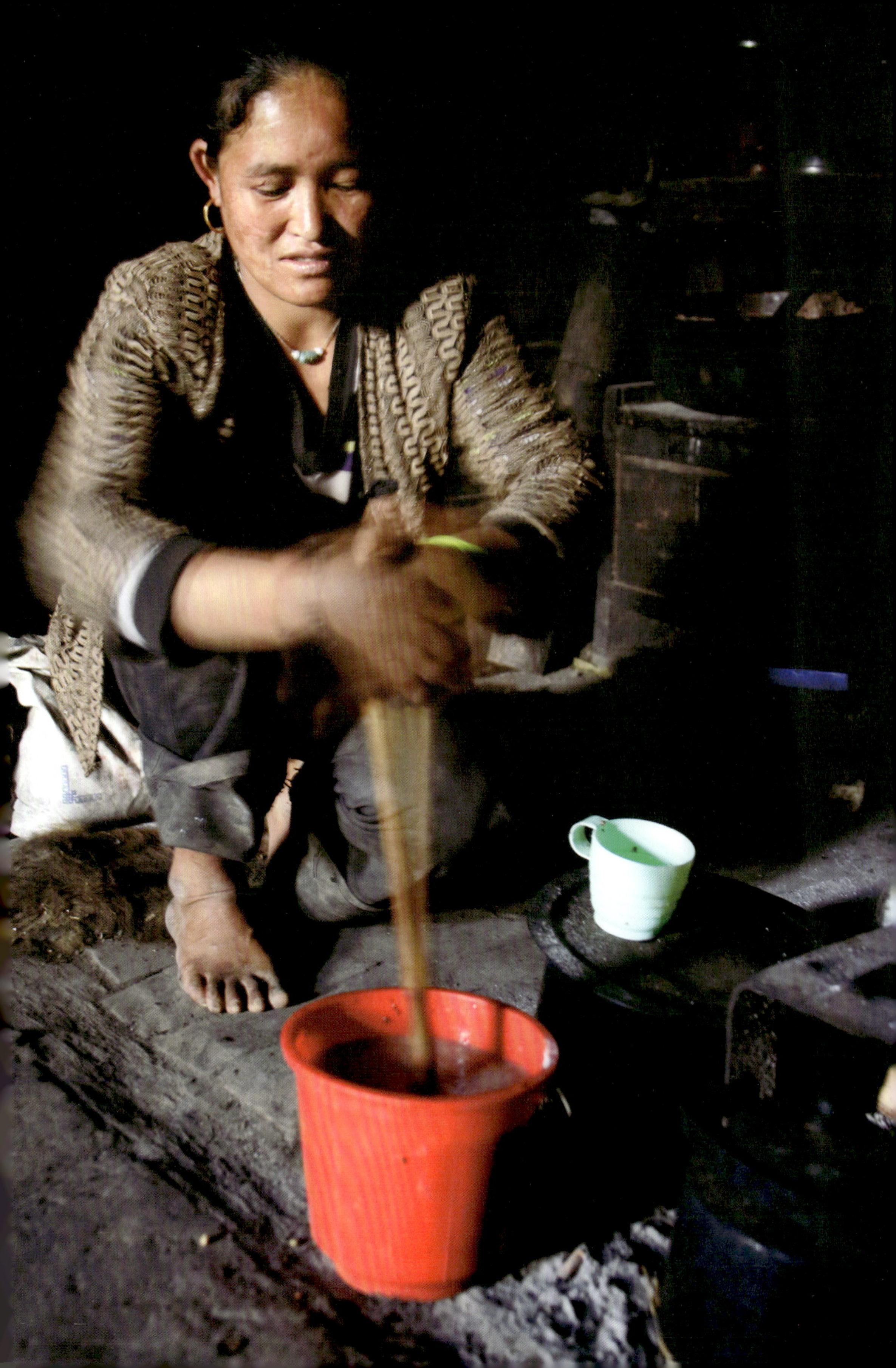

【照片档案 050】

图片说明：制作森玛酒
拍摄时间：2013年7月
拍摄地点：比塘村
口述者：多吉平措

【照片口述】

  鸡爪谷酒还有一种饮用方式：把鸡爪谷酒醅用手或其他设备捣成碎烂，再用细筛子过滤出酒渣后，就是白色的森玛酒了。盛在碗中或杯中喝，也别有一番风味。

【照片档案051】

图片说明：仪式上的森玛酒

拍摄时间：2015年2月

拍摄地点：陈塘镇

口述者：多吉平措

【照片口述】

　　在陈塘夏尔巴人举行的一些仪式上，也需要进行与"酒"有关的环节。图中的仪式参与者都需要喝森玛酒，即便是幼儿也如此。

喜马拉雅的艺术之花——夏尔巴人口述影像志：2005—2016

【照片档案 052】

图片说明：抢森玛酒
拍摄时间：2015 年 2 月
拍摄地点：陈塘镇
口述者：巴桑

【照片口述】

  这是一个法会的场景，图中的小伙子正准备抢脚下的森玛酒，抢到的人会拥有好运气。开抢时，小伙子们争先恐后地以最快速度"抢"森玛酒，拔开苞谷叶做的瓶塞，手舞足蹈，他们或是相互间，或是向四周喷洒着酒，口中还要大叫："索杭，索杭。"

【照片档案053】

图片说明：蒸白酒

拍摄时间：2015年2月

拍摄地点：藏嘎村

【照片口述】

　　度数高的鸡爪谷白酒的酿造稍复杂一些，其过程是：先把鸡爪谷煮成七八成熟后加酒曲让其发酵，然后放入一个底部侧面有孔的尼泊尔产的铝制套锅中，加水，煮沸后拔掉塞子沥出酒，酒沥完后再加水煮沸，一般加水三次，沥酒三次。沥出来的白酒经沉淀后清澈透明，味道醇香。酒质一沥最好，二沥中，三沥差。饮用时人们通常将一沥和三沥调配在一起饮用。

【照片档案 054】

图片说明：葫芦酒壶
拍摄时间：2013年7月
拍摄地点：那塘村
口述者：吉阿

【照片口述】

　　把葫芦内部掏空后做成的盛酒器，外面包有用竹篾编织而成的"套子"，里面装着酒，一般用苞谷叶塞紧。这葫芦酒壶夏尔巴语叫"古瓦"，以前是常见的酒器，现在更多地在法会仪式上使用。

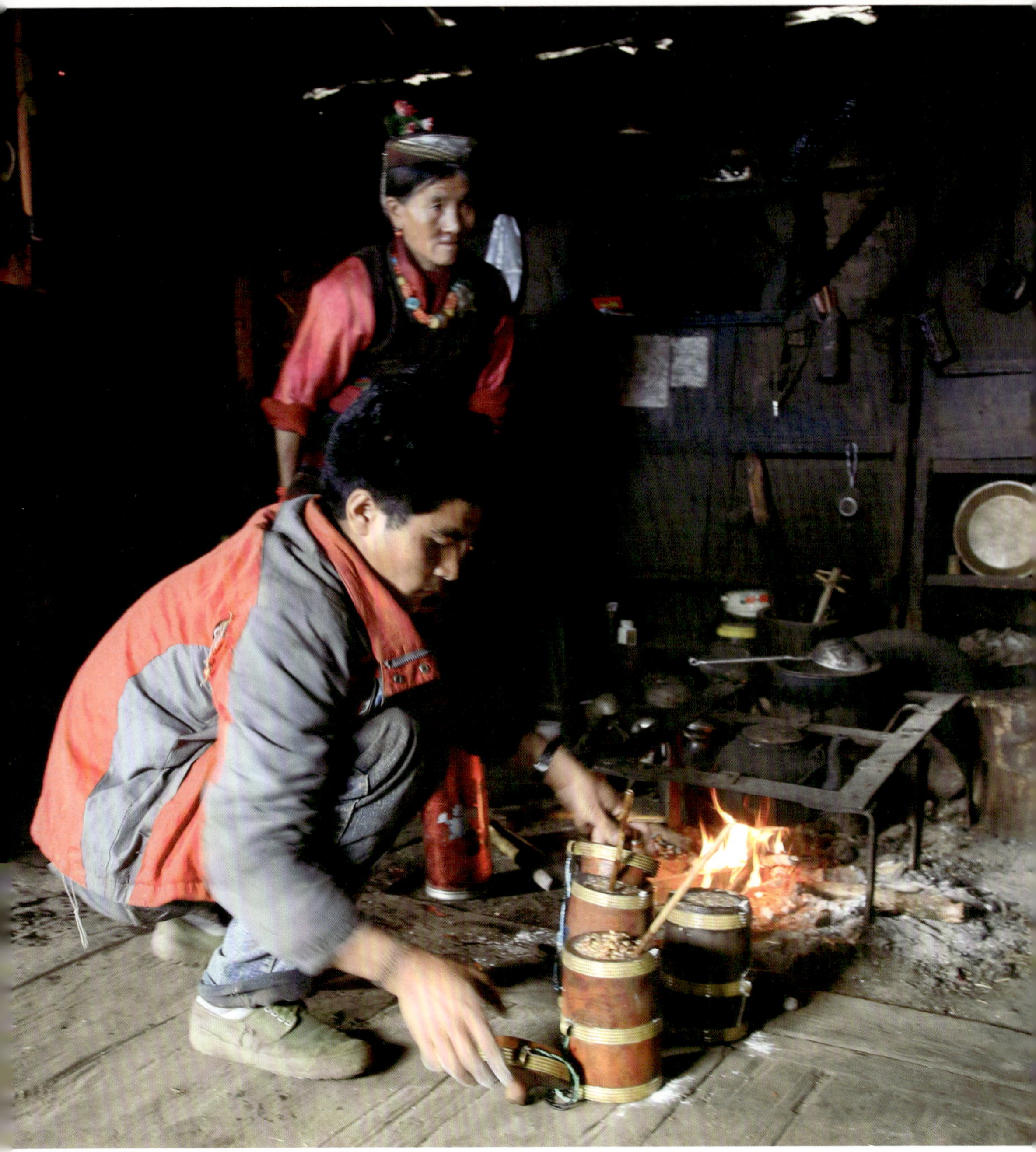

【照片档案 055】
图片说明：给客人准备鸡爪谷酒
拍摄时间：2014 年 4 月
拍摄地点：陈塘镇

【照片口述】
　　在陈塘夏尔巴人开发的旅游产品中，鸡爪谷糌粑一斤要卖到 10 元，它比从内地运过来的大米还要贵。但这没有削减夏尔巴人对鸡爪谷酒的喜爱。对于他们来说，鸡爪谷酒是生命中的血液。背来的大米成为主食，种出来的鸡爪谷酿成酒，这是常态。背来的啤酒、白酒只是点缀，鸡爪谷酒才是待客礼仪之所在。

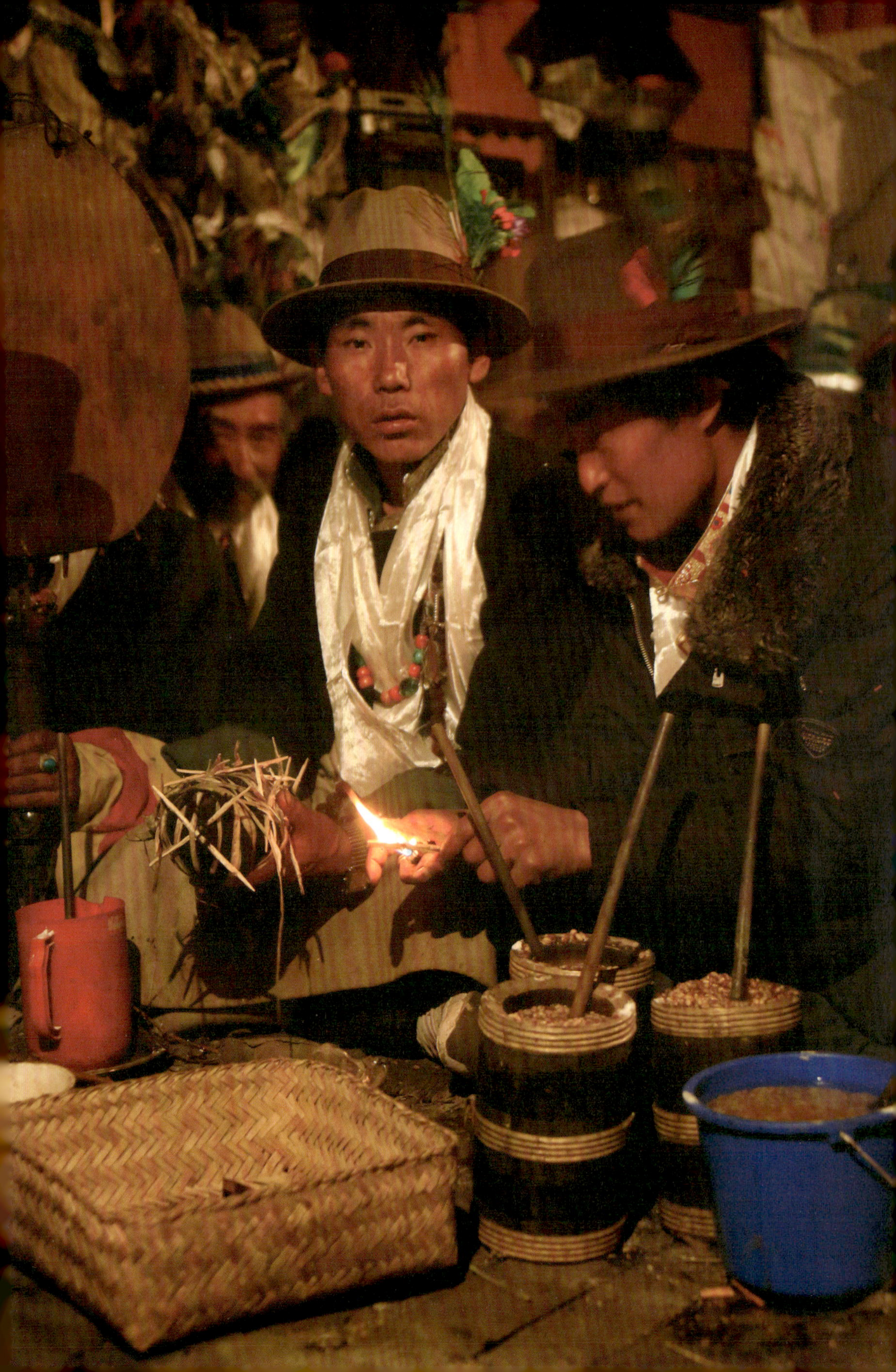

【照片档案 056】

图片说明：法师与酒
拍摄时间：2014 年 1 月
拍摄地点：陈塘镇

【照片口述】

　　鸡爪谷酒的度数不高，当温醇的酒液带着酸、甜、苦等滋味流入口中，慢慢产生醉意后，有种满足的力量在生长。白酒太呛，啤酒太胀肚，鸡爪谷酒正好。鸡爪谷酒就像陈塘的夏尔巴人一样，淡定平和又充满着张力。

　　在陈塘那些"艰难困苦"的生活中，鸡爪谷酒是安抚人心的最佳饮品。

服 饰

陈塘夏尔巴人从过去到现在，没有悬殊的贫富差距，没有地位高低的等级划分。长期闭塞的交通状况，使夏尔巴人在服饰上形成了自己的特征。

夏尔巴女子头戴的"U"形布帽，是其最显著的服饰特征，这种布帽缝制简单，饰以银币串、银链子，顶部插有绢花和孔雀羽毛。绢花，应该是鲜花的替代品。时代变迁，很多珠饰与银币都变成了仿制品，不过在有条件的家庭中，货真价实的华丽珠饰，是值得信任的财富，母系代代相传，等到女儿出嫁时，再将其作为嫁妆，带到夫家。这种财富的继承，不只是物质的，更重要的是家族的延续。一个家庭经济的好与坏，完全可以从她们的珠佩上体现出来。

【照片档案057】
图片说明：夏尔巴女装
拍摄时间：2017年6月
拍摄地点：陈塘镇

【照片口述】

陈塘夏尔巴妇女戴的帽子是她们最有特色的服饰之一。除了帽子，其服装与藏族妇女的很相似。因陈塘地势崎岖不平，她们的服装会稍微短一点，方便劳作。

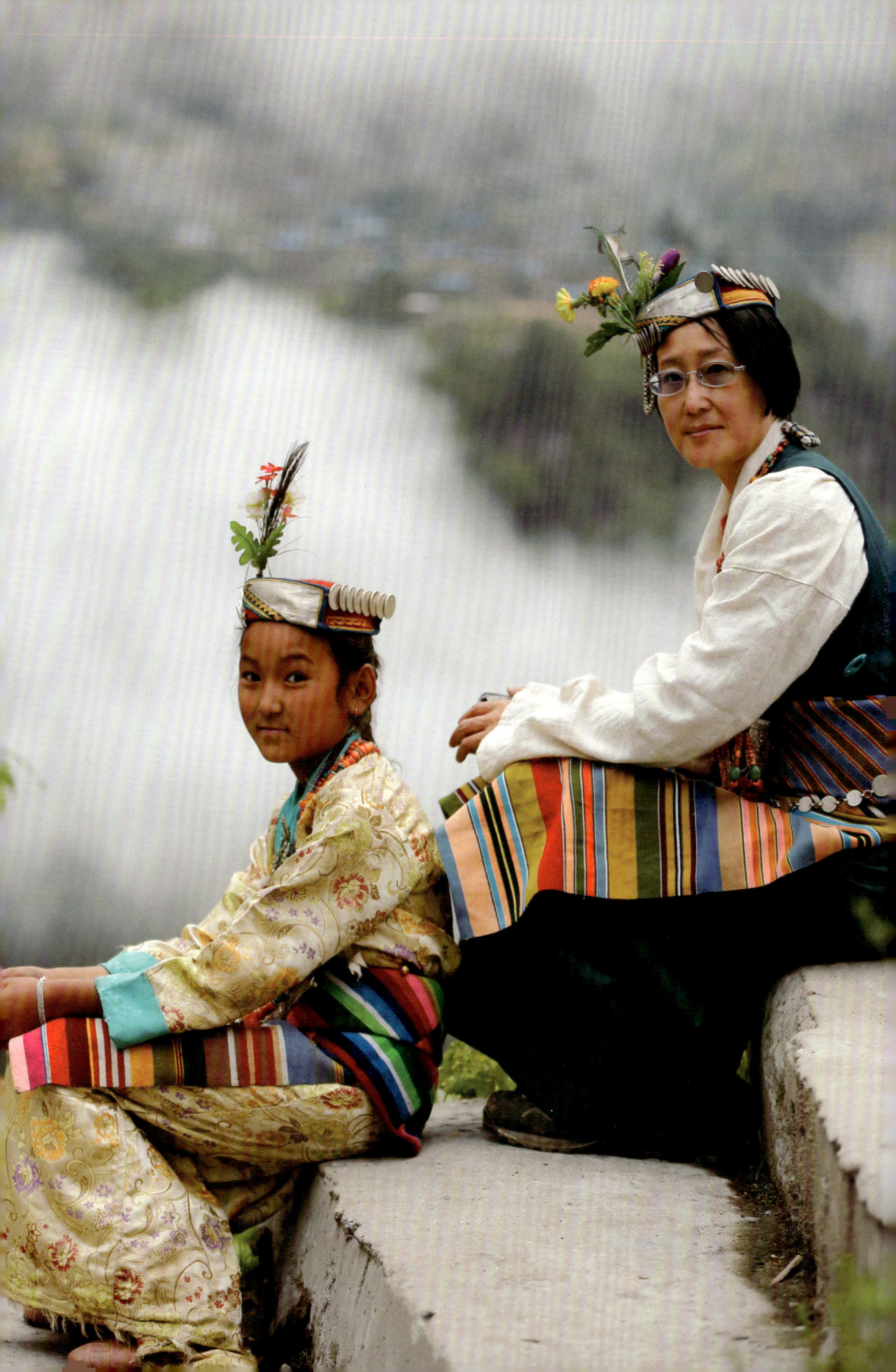

【照片档案058】

图片说明：定结县文化节上的夏尔巴妇女

拍摄时间：2011年8月

拍摄地点：定结县

【照片口述】

　　独特的帽饰让陈塘夏尔巴妇女在所有大型的文艺演出如日喀则珠峰文化节、定结县夏尔巴文化节的演出方队中成为区别其他夏尔巴人与周边藏族妇女最明显的标志。也正因为如此特殊，需求量也不大，这样的帽子在市场上并没有成品出售。制作手艺好的只有陈塘镇著名的洛本法师多吉平措。

【照片档案059】

图片说明：基玛塘卡的夏尔巴妇女
拍摄时间：2005年6月
拍摄地点：嘎玛沟

【照片口述】

与陈塘一水之隔的尼泊尔基玛塘卡村的妇女也戴着一样的帽子。

【照片档案060】

图片说明：夏尔巴女帽
拍摄时间：2011年8月
拍摄地点：陈塘镇

【照片口述】

　　帽子基本上是四方形的，像个倒覆的平斗，它由白色、红色及其他彩色呢绒布条制成。帽子的正面是白色的直角三角形布条与其他彩色布相间，白布条的直角在上方；两侧红色的帽边固定着多枚银币，多为20世纪40年代以前的印度或尼泊尔的银币，也有内地的银洋及西藏的古银币，数量有三到十三个，基本上都是奇数；左侧向后的帽角上插着颜色艳丽的绢花，有人在绢花里面还插有孔雀羽毛；还有人会在左侧银币的两端垂有细银链子或各种宝石的珠串；帽盖平，为红色呢布制成。

——夏尔巴人口述影像志：2005—2016

【照片档案 061】

图片说明：穿着节日盛装的夏尔巴妇女
拍摄时间：2017 年 2 月
拍摄地点：陈塘镇

【照片口述】

　　关于帽饰的代表意义，陈塘夏尔巴人是这样认为的：正面边角的白边及帽檐代表着珠穆朗玛峰及巍峨的高山；平的帽顶像雪山间的大小湖泊，寓意为群山环抱着美丽的湖泊；帽顶上的杜鹃花和孔雀羽毛象征着茂密的森林中各种美好的植物；两侧的银币，那是珠峰中的宝贝；帽檐中下垂的珠串或银链，那是雪山中的条条山涧与河流。它是陈塘夏尔巴人与大自然和谐相处的象征。当然，也有夏尔巴人说，这些都是"宣传词"，在古时并没有这样的说法。这帽子就是帽子，戴上后好看，是财富的象征，帽子上的各种装饰并没有多大意义。

【照片档案062-063】

图片说明：制帽师多吉平措

拍摄时间：2011年8月

拍摄地点：陈塘镇

【照片口述】

多吉平措是陈塘镇比塘村的村民,他在陈塘镇与比塘村都有居所。夏天农忙的时候,他长住在夏营地比塘村;等到农闲时,则居住在冬营地陈塘镇。这两个家中都有他的一套制作帽子的工具:针、线、剪刀及最重要的缝纫机。从一些泛黄的相片中,能看到二三十年前这里帽子的边饰有红、绿、白等条纹,只是如今在市场材料的影响下,帽子的边饰有了细微的变化,不过其形制并没有发生改变。缝纫机的使用,也加快了制作帽子的速度。

帽子的制作过程很简单,由三块不同的呢布缝接成"U"形即成。第一块的帽顶是在三分之二处切成直边的椭圆形红呢布;第二块是裁成与帽顶直边同长的侧边,最上边包着蓝布,蓝布的下方缝上一条黄丝线;第三块与椭圆形边长同长的正面,两端缝着直角三角形的白绸,三角形的顶尖在中央相对,最上面也包着蓝边。最后把这三块红呢布缝在一起。

正所谓"师父领进门,修行靠个人",陈塘夏尔巴女性的帽子大都由多吉平措制作,形制一样,如何装点它,就要看个人了。如最重要的帽饰银币的大小与数量,下垂的珠串是银质、珊瑚、珍珠还是料珠,这关乎妇女的陪嫁品及夫家的财力。

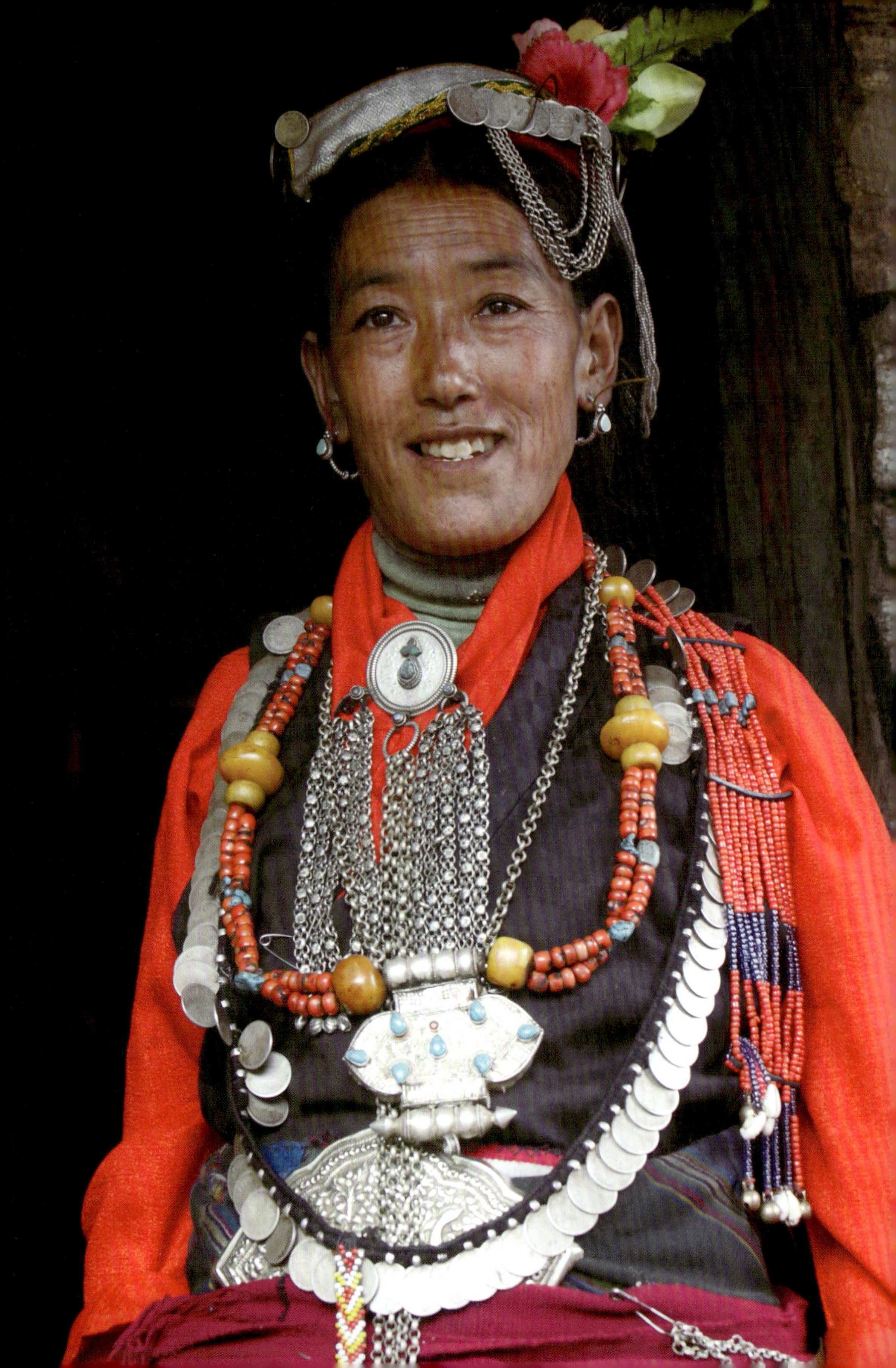

【照片档案 064】

图片说明：盛装的夏尔巴妇女

拍摄时间：2011 年 8 月

拍摄地点：修修玛村

【照片口述】

陈塘妇女普遍挂着由尼泊尔银制掐丝捶揲工艺打制而成的嘎乌盒，串上珠宝挂在胸前。

除了用银币装饰帽子，财大气粗的家庭还会把银币制成长长的银币串饰，挂在脖子上。在与陈塘最近的藏族农区萨尔乡，当地的藏族妇女也喜欢银币。她们用银币做成珠串挂饰，别在上衣上方，既美观，又能避免珠饰晃动过度，起到保护珠串的作用。

【照片档案 065】

图片说明：银币项链

拍摄时间：2017年3月

拍摄地点：陈塘镇

【照片口述】

　　用尼泊尔或是印度的古代银币做成的项链，也是深受陈塘夏尔巴人喜爱的饰品。

【照片档案 066】

图片说明：腰饰

拍摄时间：2017 年 2 月

拍摄地点：陈塘镇

【照片口述】

　　夏尔巴妇女盛装时别在腰上的银腰牌，上面刻着各种吉祥图案，大多产自尼泊尔。

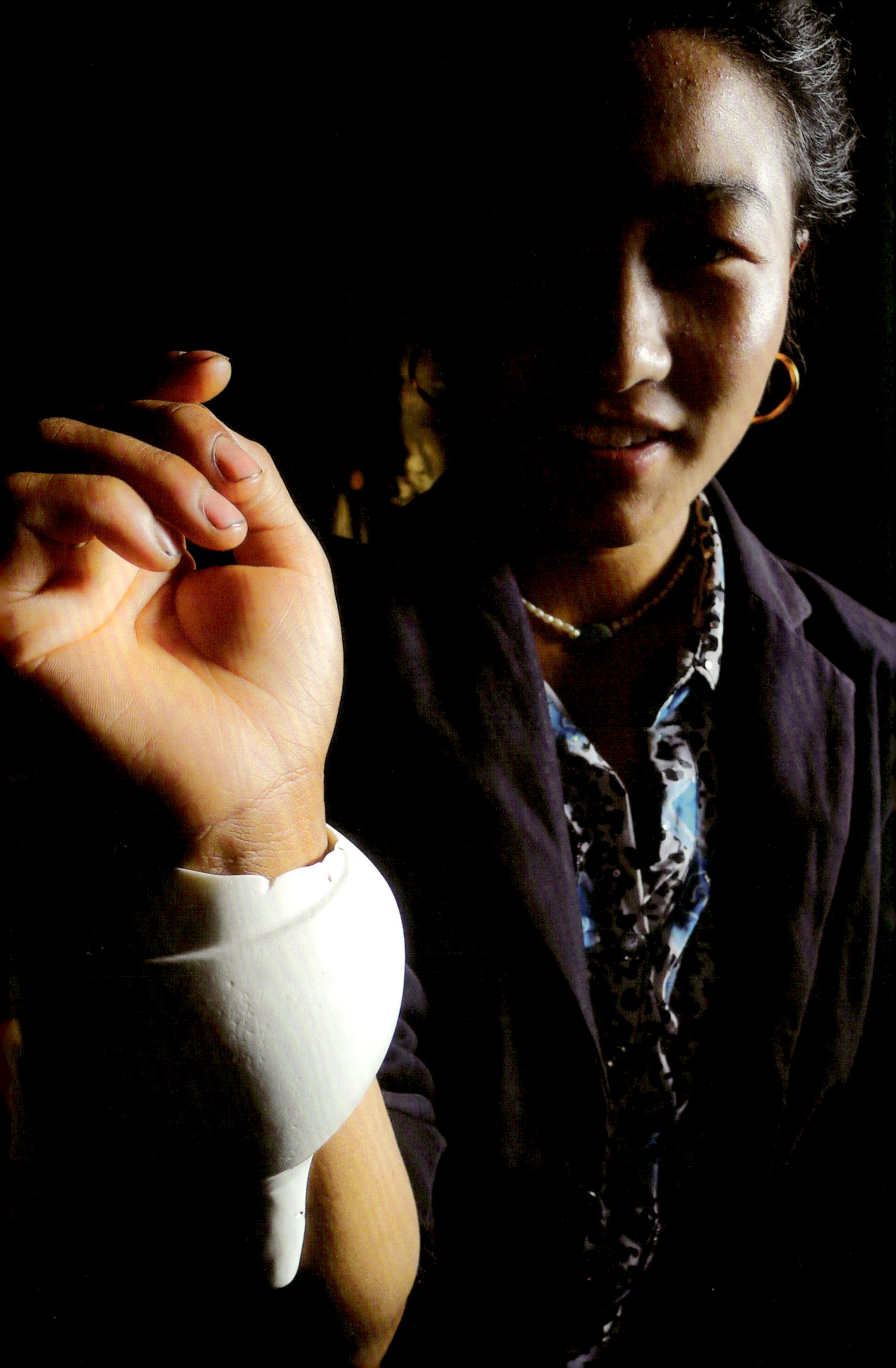

【照片档案 067】
图片说明：戴海螺手镯的夏尔巴少女
拍摄时间：2013 年 7 月
拍摄地点：陈塘镇
口述者：多吉平措

【照片口述】

  从前，陈塘女性在 15 岁之前会戴上海螺手镯。海螺手镯用白海螺制成，戴在右手，戴时螺口朝身体，螺底向外。这种习惯在以前的定日、定结、亚东、樟木等喜马拉雅山脉地区十分常见。不同地区与陈塘夏尔巴人的说法是基本类似的：人死后，会经历一段漫长黑暗的路途，而随身佩戴的白海螺将化为熊熊燃烧的火炬，照亮孤寂灰暗的往生之路，把逝者带到光明的彼岸。

  海螺手镯重约半斤，体积也大，戴上后不仅给生产生活带来不便，还会对右手的腕关节造成伤害。虽然古老的规矩是戴上后除非被动破损，否则到死都不能主动脱下。但还是有越来越多的人脱下了它，现在要求女儿戴它的人也越来越少。

【照片档案 068】

图片说明：戴宝石珠串的儿童
拍摄时间：2014 年 1 月
拍摄地点：陈塘镇

【照片口述】

在夏尔巴人看来，珠饰比黄金、货币更值得信任。这种价值观，在习惯了银钱交易的内地人看来，是比较特别的。

【照片档案 069】

图片说明：戴珠宝首饰的妇女
拍摄时间：2015 年 2 月
拍摄地点：陈塘镇

【照片口述】

出于对珍贵珊瑚的喜好，在陈塘还有很多被称为"垛期鲁"的红色料珠，产自尼泊尔，按对出售。

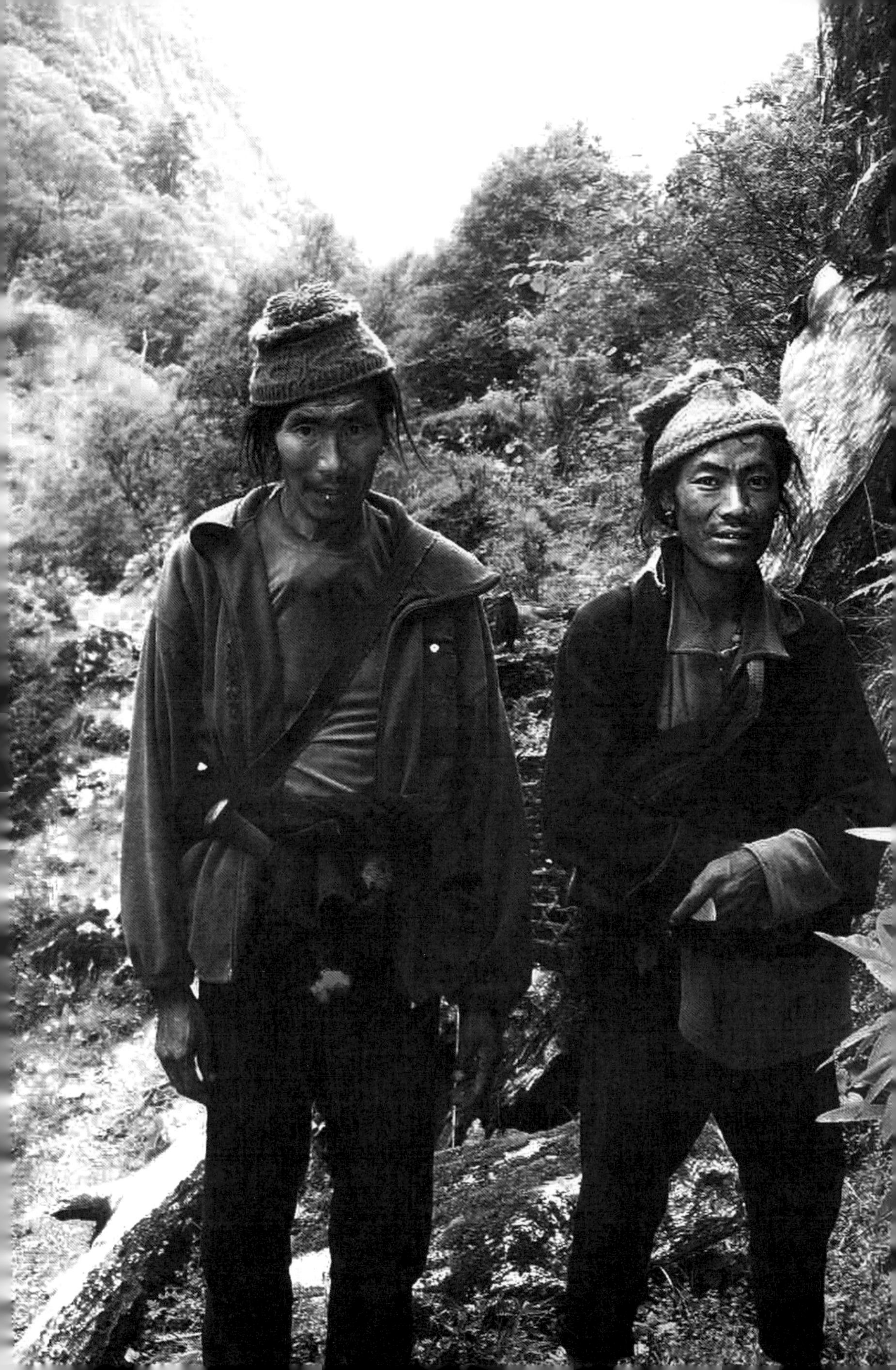

【照片档案070】
图片说明：腰插"棋"刀的夏尔巴男子
拍摄时间：2005年6月
拍摄地点：嘎玛沟
口述者：尼玛

【照片口述】

陈塘的男性出门时，腰间大都会插一把名叫"棋"的"狗腿"形的铁制弯刀，让人联想到著名的廓尔喀弯刀，显示出一种古朴的粗犷。

陈塘植被茂盛，山高路险，动物凶猛，所以砍刀是防身、清除路障的武器，在家便是切肉切菜的工具。常用的砍刀柄多为木制，上面缠着布条。在禁猎前，讲究的人甚至套上獐子的睾丸皮——它皮质柔软，细毛也能增加摩擦力。有些弯刀配有皮质、木质、竹质刀鞘。

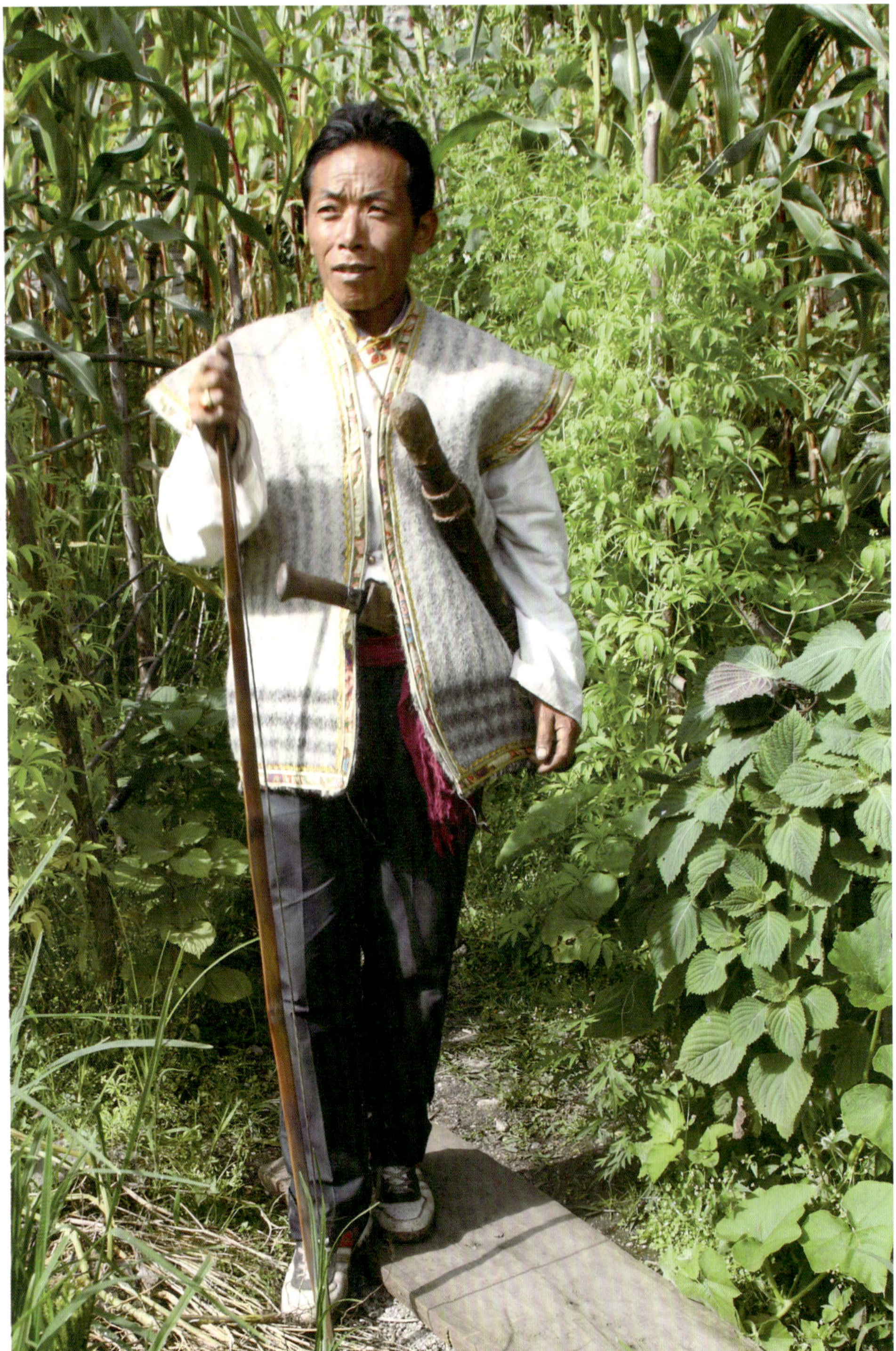

【照片档案071】

　　图片说明：禁猎前的打猎装扮
　　拍摄时间：2011年8月
　　拍摄地点：那塘村

【照片口述】

　　拉加老镇长有一套上装，与以前的服装特别相近，那是他2009年从尼泊尔定做的。这上装由立领斜襟右衽的藏式衬衫与对襟无领无扣的长坎肩组成。衬衫为棉麻材质，长坎肩为牛绒毛编织而成，衬衫的立领与长坎肩的周边都缝上绸缎的边饰，显得颇为华贵。

　　陈塘自古有狩猎习惯，狩猎所获得的猎物是当地人重要的肉品来源，因此老镇长还特意演示了夏尔巴男性出去打猎时的装备：左侧腰间插弯刀；箭筒背在身左侧，箭头端朝外向上；背挎长弓；右手持长矛。

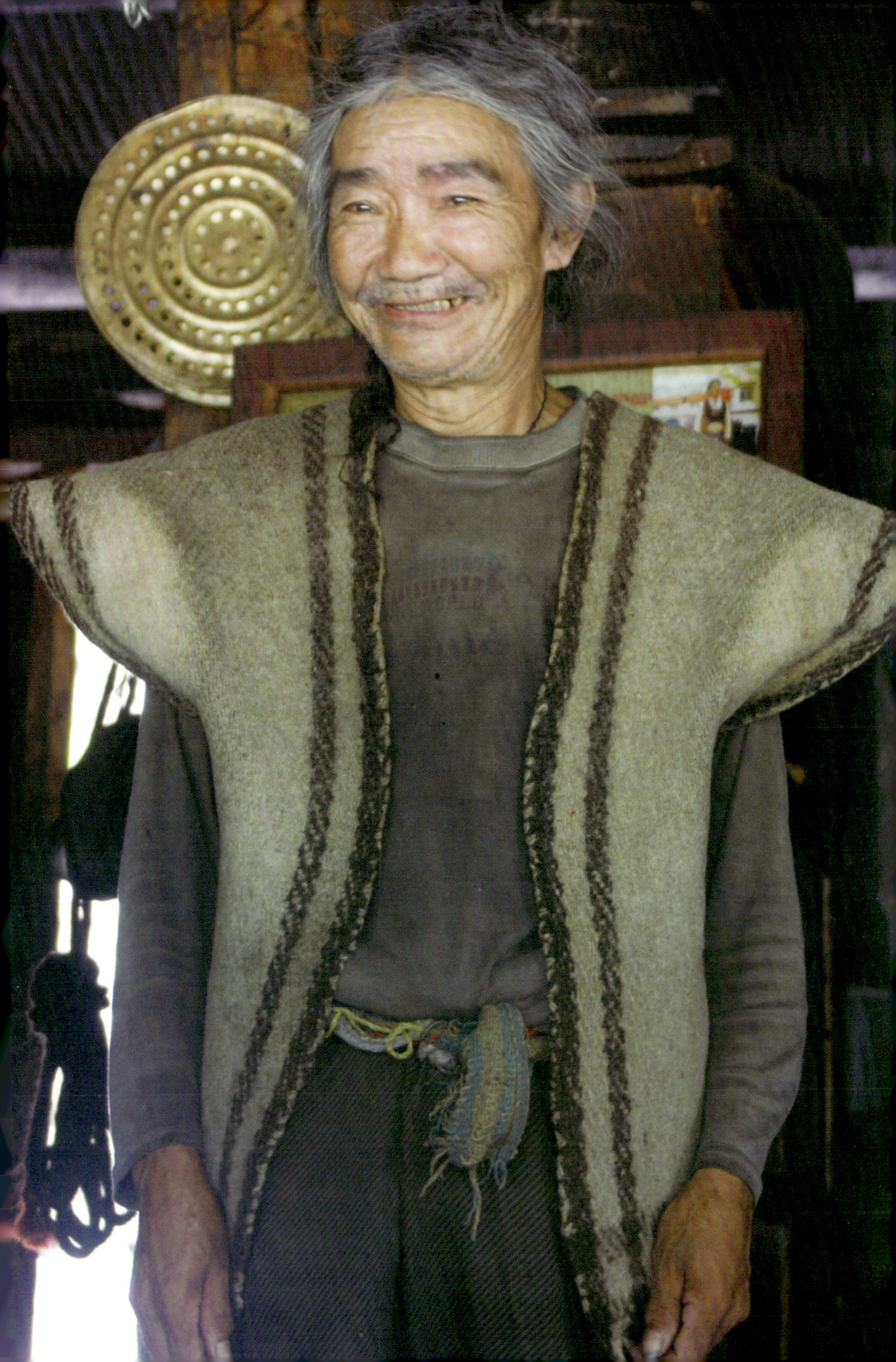

【照片档案072】
图片说明：夏尔巴人的上衣
拍摄时间：2011年8月
拍摄地点：藏嘎村

【照片口述】
　　洛坚老人还保存着两件产自尼泊尔的黑灰白上衣，为对襟无领无扣的长坎肩。黑色的坎肩用牦牛毛织成，有三十多年历史了。这就是以前夏尔巴男性的外套。这两件对襟无领无扣的长坎肩与老镇长2009年定做的衣服款式一模一样，只是没有用华丽的绸缎装饰，显得朴实无华。

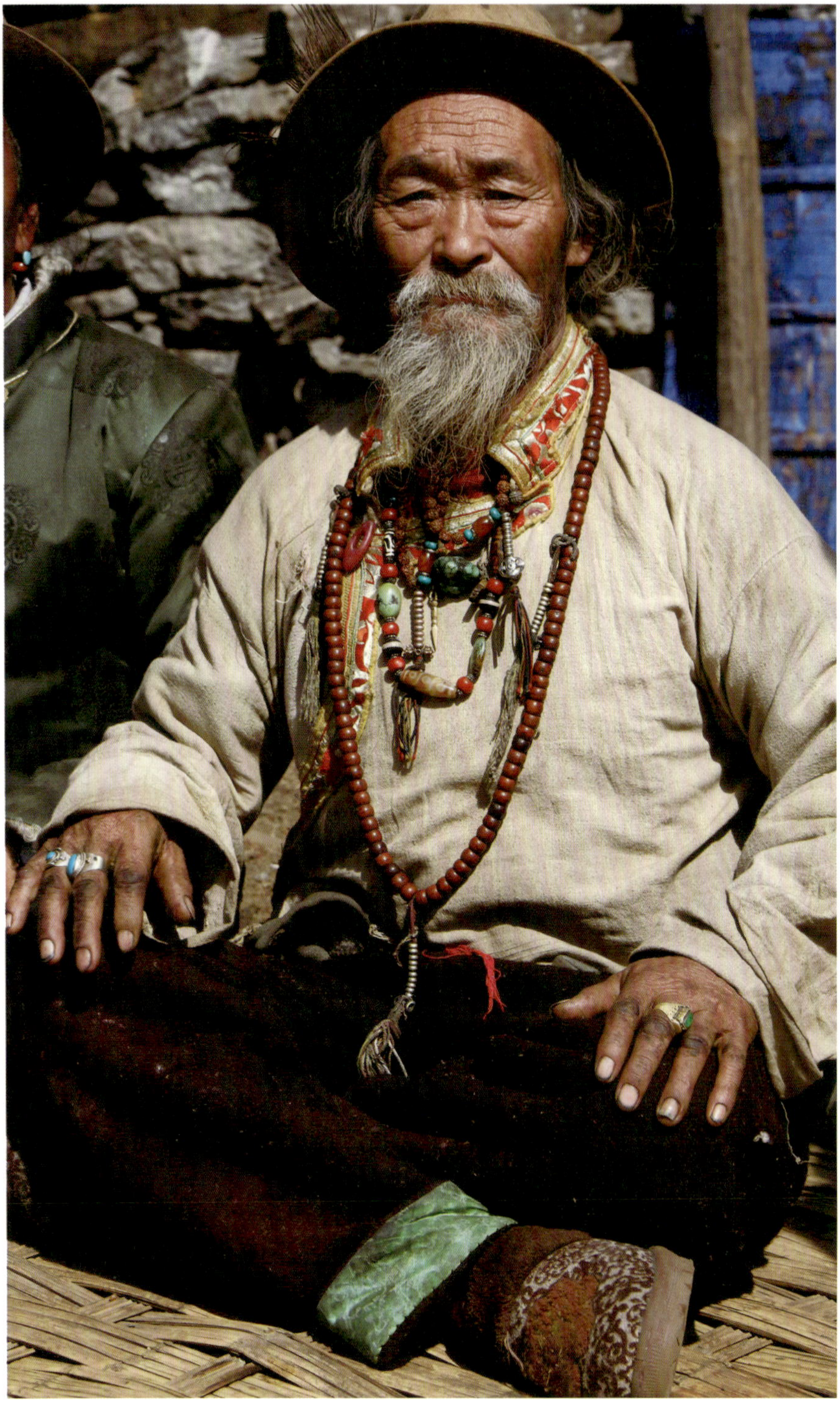

【照片档案 073】
图片说明：戴念珠的老人
拍摄时间：2014 年 1 月
拍摄地点：陈塘镇

【照片口述】
　　现在夏尔巴男性戴的帽子多为宽檐帽，在帽檐左侧还会插几朵干花做装饰。有的男人留长发、蓄胡须，长发编成辫子，在辫尾编以红丝穗。夏尔巴男子戴戒指，戴耳环。耳环有的是小粒绿松石或珊瑚。脖戴银质项链或珠宝[1]、天珠及护身符。

---

1 最常见的是中间一颗大的绿松石，两边两颗小的红珊瑚的组合。

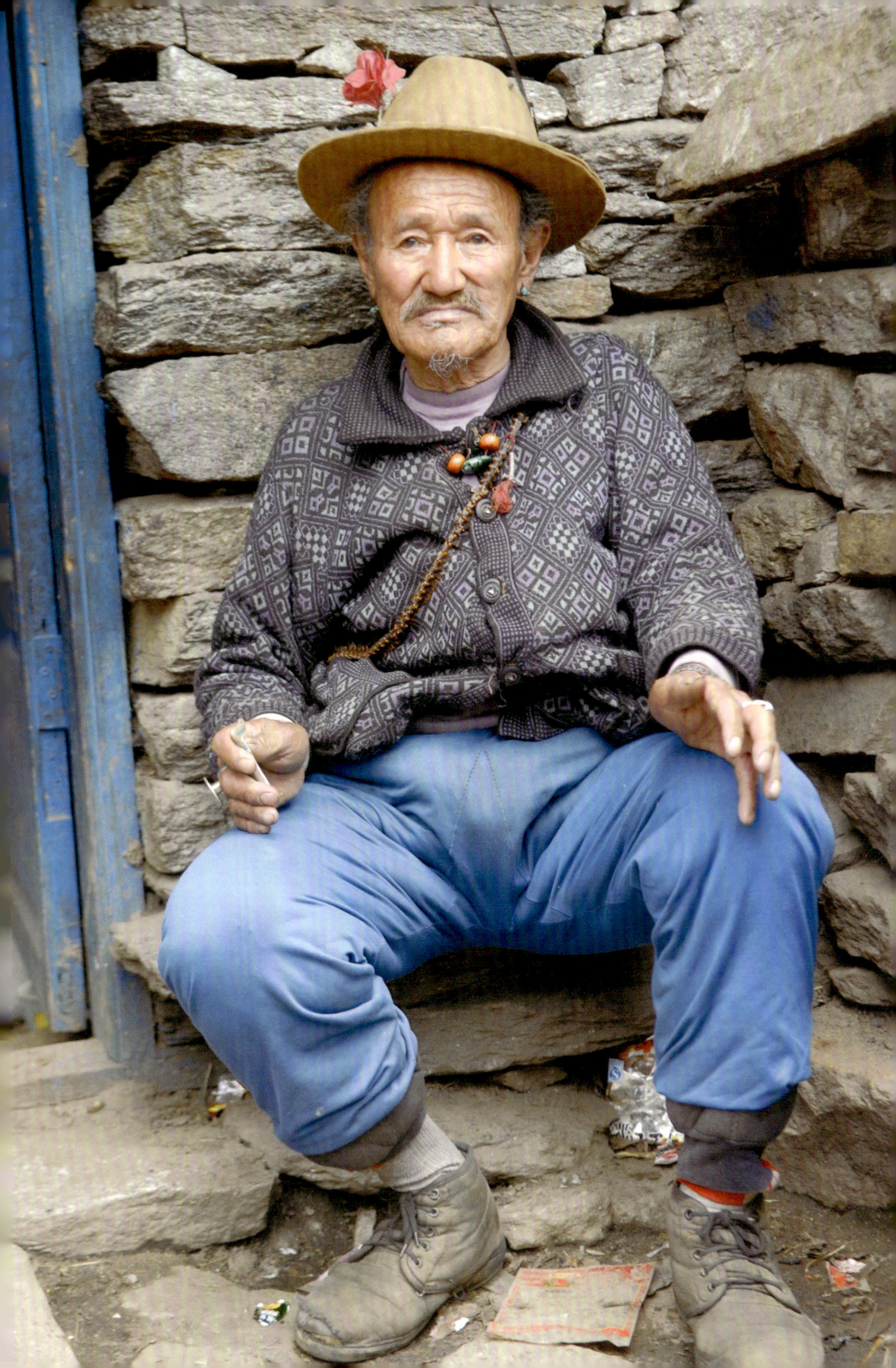

【照片档案074】
图片说明：戴蛇骨念珠的老人
拍摄时间：2010年5月
拍摄地点：陈塘镇

【照片口述】
　　这是比塘村的洛本法师达瓦。他脖子上挂的是用蛇骨做的念珠。普通的陈塘夏尔巴人并不像藏族同胞一样，闲时手持念珠，口诵经文。在陈塘，只有法师才会持有象征信仰与法力的念珠。念珠的个数也为108颗，有菩提子、普通木、檀香木等材质，还有特殊的用蛇骨制成的念珠。

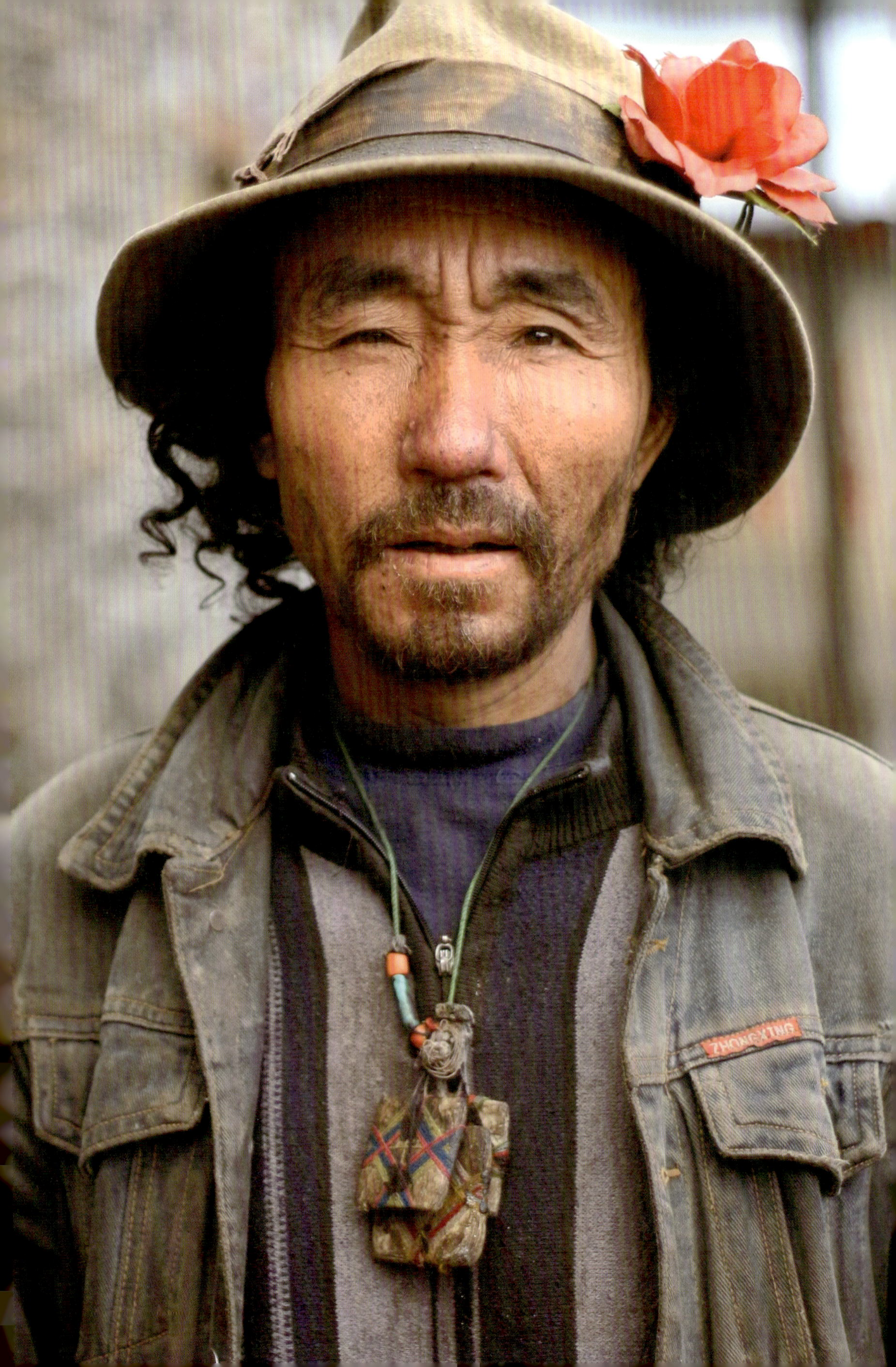
ZHONGXING

【照片档案 075】
图片说明：戴护身符的男子
拍摄时间：2010 年 5 月
拍摄地点：陈塘镇

【照片口述】

很多夏尔巴人有佩戴护身符的习惯，夏尔巴人称它为"雄阿"。当地人相信它具有祛病、避邪、挡灾之功效。时日长了，护身符被磨得乌黑，并呈现出古玩油黑的包浆。为了得到更多的加持，戴一个护身符是不够的，同时戴十几个护身符的情况也是常见的。

【照片档案076－080】

图片说明：制作护身符
拍摄时间：2011年8月
拍摄地点：修修玛村
口述者：塔杰

【照片口述】

能制作护身符的符咒有很多种，一般为各种藏文经咒及动物图案。动物图案中最常见的是野猪、蛇、蝎子、琼鸟等。这些动物有时被认为是最能有效地禳除某种

104

魔祟的那类神灵的坐骑；有的符咒的外围是某些神灵或动物，比如青蛙、琼鸟、交缠的蛇等，它们的四肢上是一圈圆形的经咒。

把经符包上各种藏药及豹、熊等猛兽的骨头，折叠成正方形，再用不同颜色的丝线包扎成形，一个护身符就制作完成了。

【照片档案081】

图片说明：挂在门楣上的护身符
拍摄时间：2017年3月
拍摄地点：陈塘镇
口述者：塔杰

【照片口述】

　　护身符也可以挂在墙壁、窗户、大门、门框、衣柜、床头等地方，人们相信它能避免恶鬼、精灵或对人有害的污秽进入房内。请符咒时，需要向法师送一盘粮食及少许的现金，告诉他要请几个，过几天法师做好后，就会把护身符送过来。

【照片档案 082】

图片说明：戴海贝手串的儿童
拍摄时间：2015 年 3 月
拍摄地点：陈塘镇

【照片口述】

  儿童要戴着"子母贝"制成的手镯以避邪。子母贝为海洋腹足类软体动物的壳。这种贝壳非常美丽，具有光泽，大量用作装饰品或货币。

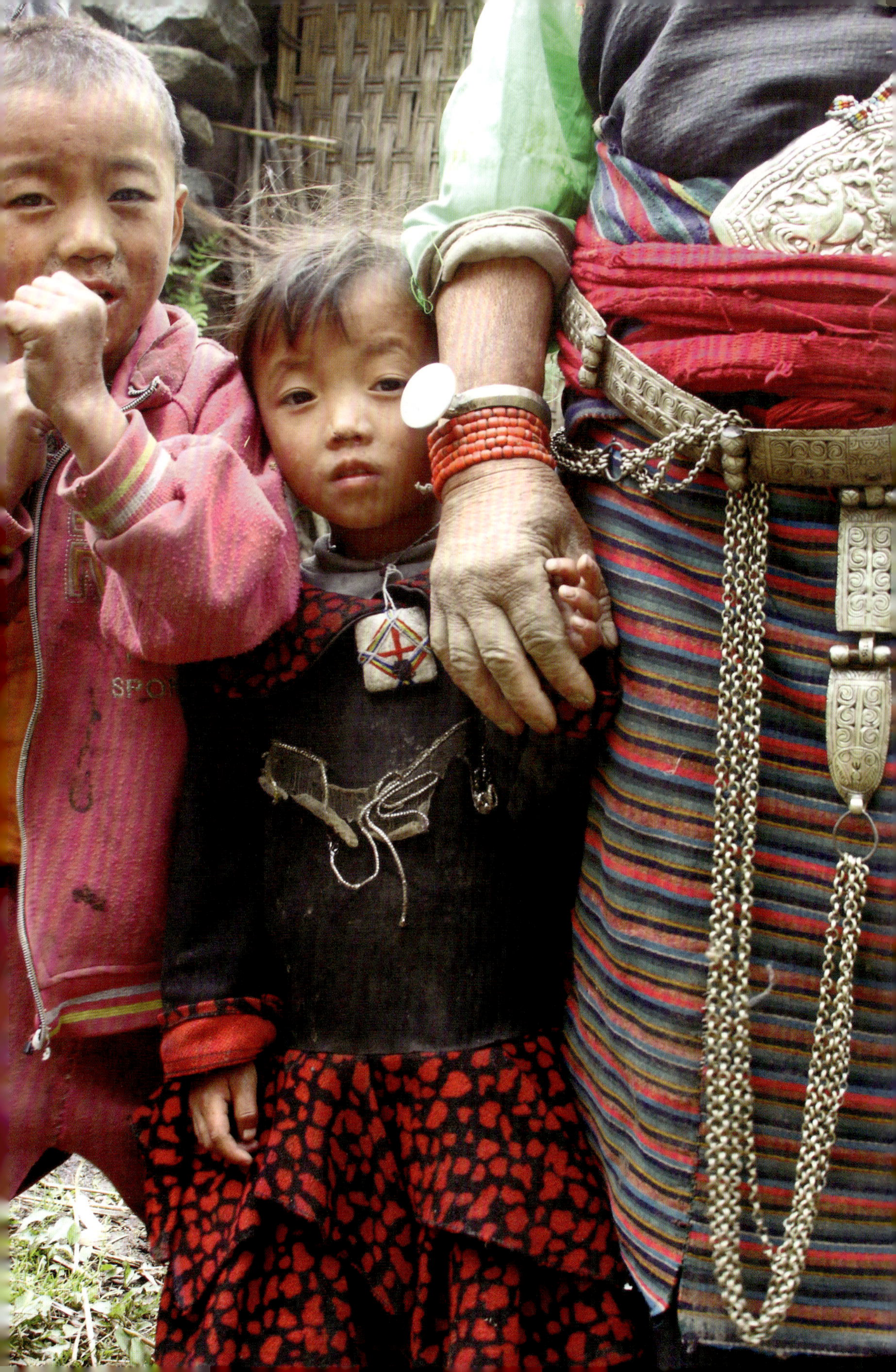

喜马拉雅的艺术之花——夏尔巴人口述影像志：2005—2016

【照片档案 083 – 084】

图片说明：戴蛇形手镯的妇女
拍摄时间：2011 年 8 月
拍摄地点：修修玛村

【照片口述】

　　夏尔巴老人们喜欢戴手镯，它的材质有很多，如红铜、黄铜、合金铜[1]、藏银、纯银等，有的手镯在两头还镶嵌着绿松石或红珊瑚。男性的手镯比女性的口径大，镯身更粗。手镯中间开口，两头常常有类似蛇头的形象，与古代游牧民族的一些蛇形手镯很相似；有的一头为蛇头，另一头则嵌着银币，形状像个大写的"5"，5 字的最上面一横就是银币的位置，这种手镯基本上是纯银或用古代银币融化后打制的，妇女佩戴得比较多。

---

[1] 夏尔巴人称合金铜为"利"。

【照片档案085】

图片说明：夏尔巴手镯1
拍摄时间：2017年12月
拍摄地点：拉萨
口述者：尼玛

【照片口述】

　　有的手镯刻有几何图案，两头为平或为尖顶，它的材质有纯金、纯银，有的则用古代银币融化而制成，其年代都不是太久远。

【照片档案086】

图片说明：夏尔巴手镯2
拍摄时间：2017年12月
拍摄地点：拉萨
口述者：昂给

【照片口述】

　　这个手镯是把三片红铜包在红铜皮里面，做成手镯形，然后在手镯两头及中间"套"上黄铜圈，两头的黄铜圈上面还镶着绿松石，形态与产自藏南扎日神山有三个藤眼的药藤很类似，有种对称的美。有种解释说，三个铜圈代表着雪域三怙主，分别是金刚手菩萨、观世音菩萨及文殊菩萨，而红铜与黄铜组合在一起能有效地防治风湿及关节病。

喜马拉雅的艺术之花——夏尔巴人口述影像志：2005—2016

【照片档案087】

图片说明：夏尔巴手镯3
拍摄时间：2017年12月
拍摄地点：拉萨
口述者：多吉平措

【照片口述】

这个手镯的两头为"象鼻龙"摩羯[1]。我们能分辨出向上扬起的大象鼻子、血口大张的鳄鱼嘴（鳄鱼的嘴边还刻着颗颗牙齿）、鹿或龙的角、孔雀的羽毛，羽毛向下伸到手镯的三分之一位置，设计十分古朴。法师多吉平措向我介绍：戴上这手镯后，能防止、抵挡各种邪祟迫害。这一说法与《藏传佛教象征符号与器物图解》一书中说摩羯"象征着韧性与力量"也大致相同。

但多吉平措认为这手镯的珍贵之处除了摩羯所代表的神秘力量之外，还在于它的材质，是罕见的"仁钦达鲁"。这是对几种金属的特定称谓，常用在佛教的开光上。《西藏的神灵和鬼怪》一书也有相关的记载："'仁钦达'是用金、银、铜、青铜、铁五种金属组成的合金（金属棒），当给神灵制作供品时，用锉刀从'仁钦达'上锉下一些金属粉末。到了为神灵举行法事的时候，这些金属便表示敬献给神灵的贵重财物。"[2] 多吉平措解释说，这手镯的不同部位分别为黄铜和合金铜，整体铸好后再进行修整。表面能看出特意镀上的金、银、铁等金属。据说这些金属不但能防治多种疾病，也有避邪的功效。

---

[1] 此处指的是海龙或水怪。作为古印度的神话象征，摩羯是一个杂交动物，是几个都有鳄鱼特征的动物结合的产物。鳄鱼具有天然的力量和韧性。罗伯特·比尔：《藏传佛教象征符号与器物图解》，向红茄译，中国藏学出版社2014年版，第82—83页。

[2] 勒内·德·内贝斯基·沃杰科维茨：《西藏的神灵和鬼怪》，谢继胜译，西藏人民出版社1993年版，第435—436页。

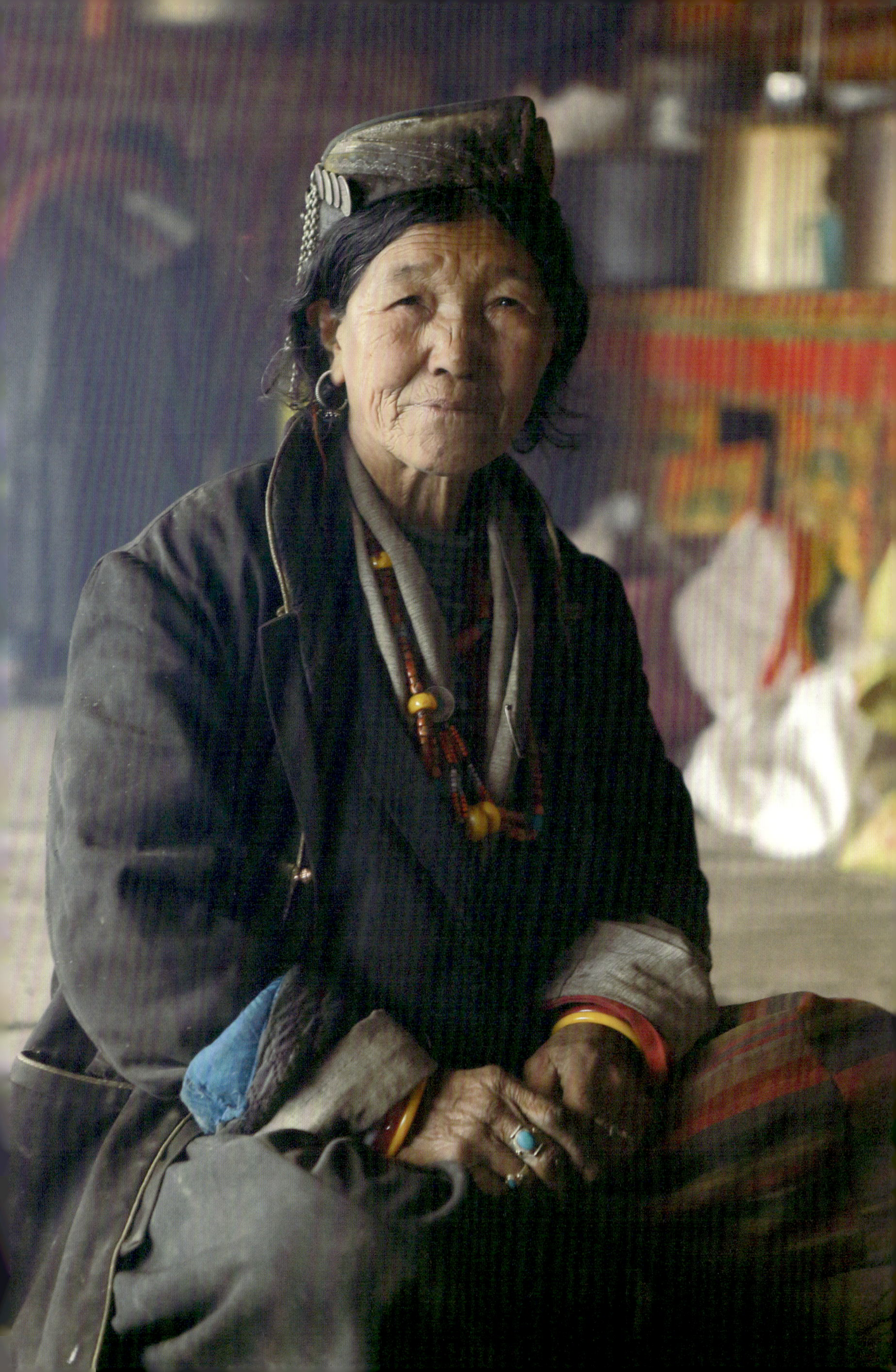

喜马拉雅的艺术之花——夏尔巴人口述影像志：2005—2016

【照片档案 088–089】

图片说明：戴戒指的妇女
拍摄时间：2017 年 2 月
拍摄地点：皮子参组
口述者：尼玛

【照片口述】

　　夏尔巴人有戴尼泊尔制作的镶宝石戒指的习俗，以中老年人为甚。

113

【照片档案090】

图片说明：梳辫子

拍摄时间：2013年7月

拍摄地点：萨里村

口述者：塔杰

【照片口述】

　　夏尔巴男人有蓄发、梳辫子的习惯。在发辫的末端，还要绑上红头绳，再盘缠于头上。

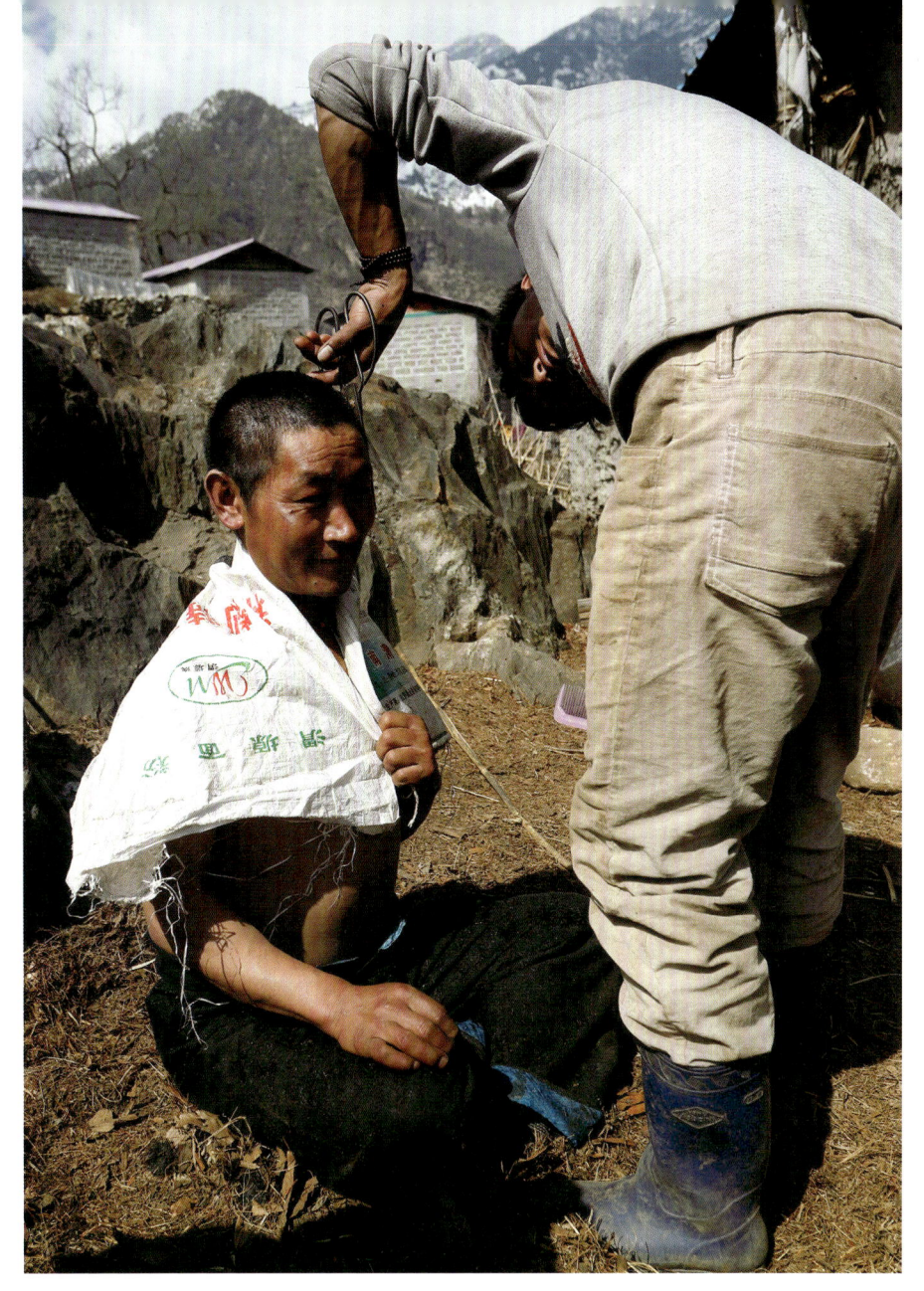

【照片档案 091】

图片说明：理发

拍摄时间：2015 年 3 月

拍摄地点：陈塘镇

【照片口述】

  陈塘镇有个常年不开门的理发店，很多人只能请朋友来为自己修剪头发。如今留长发梳辫子的男子变少了。

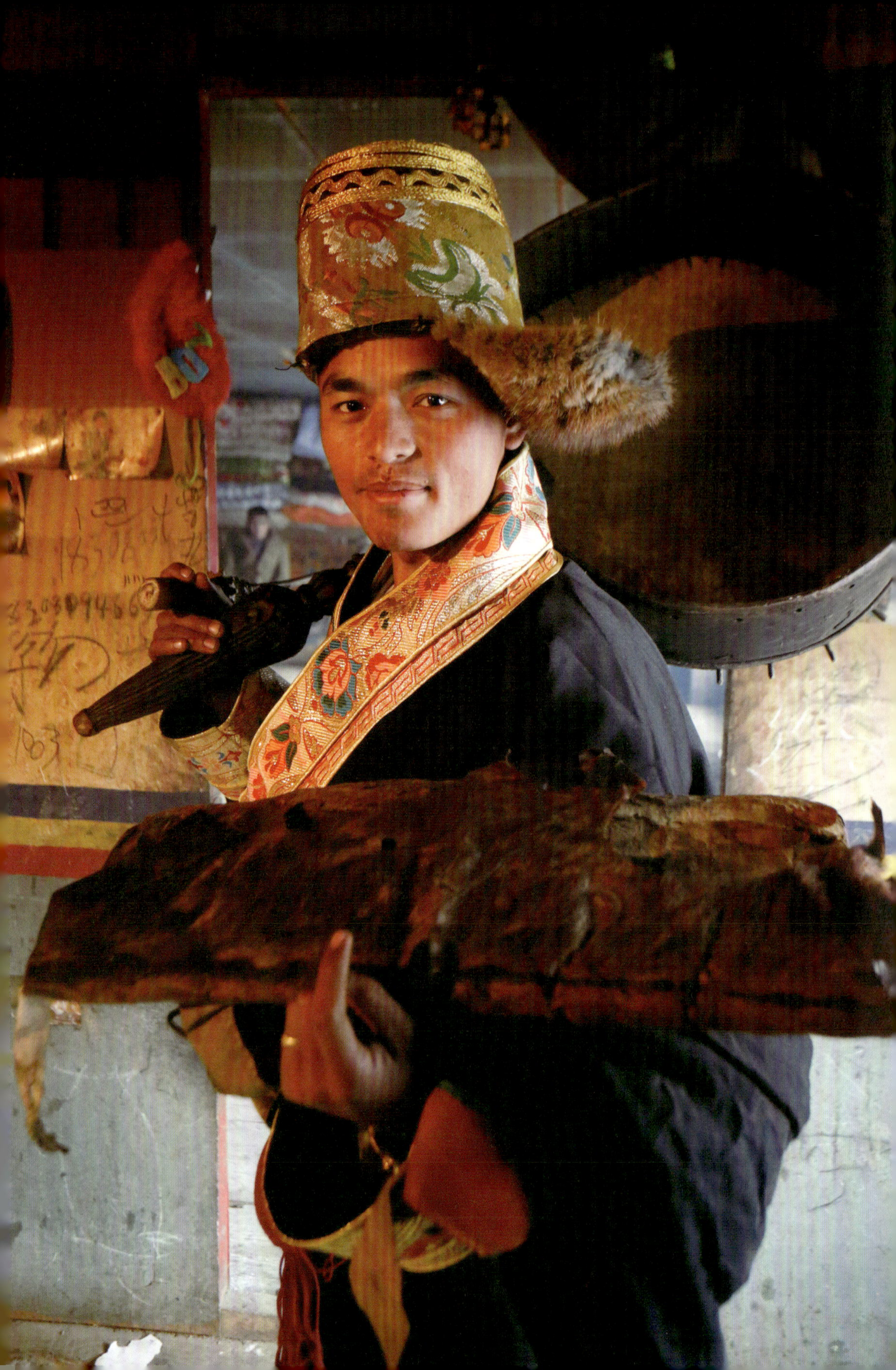

【照片档案 092】
　　图片说明：戴金花帽的男子
　　拍摄时间：2015 年 12 月
　　拍摄地点：陈塘镇

【照片口述】
　　受周边藏族的影响，藏装也深受夏尔巴人的喜爱。图中青年为梯格巴的龙牧马小族姓，他头上戴着藏式金花帽。此帽除了用当地产的氆氇和皮毛作为材料之外，还加入了金丝缎、金丝带做装饰。

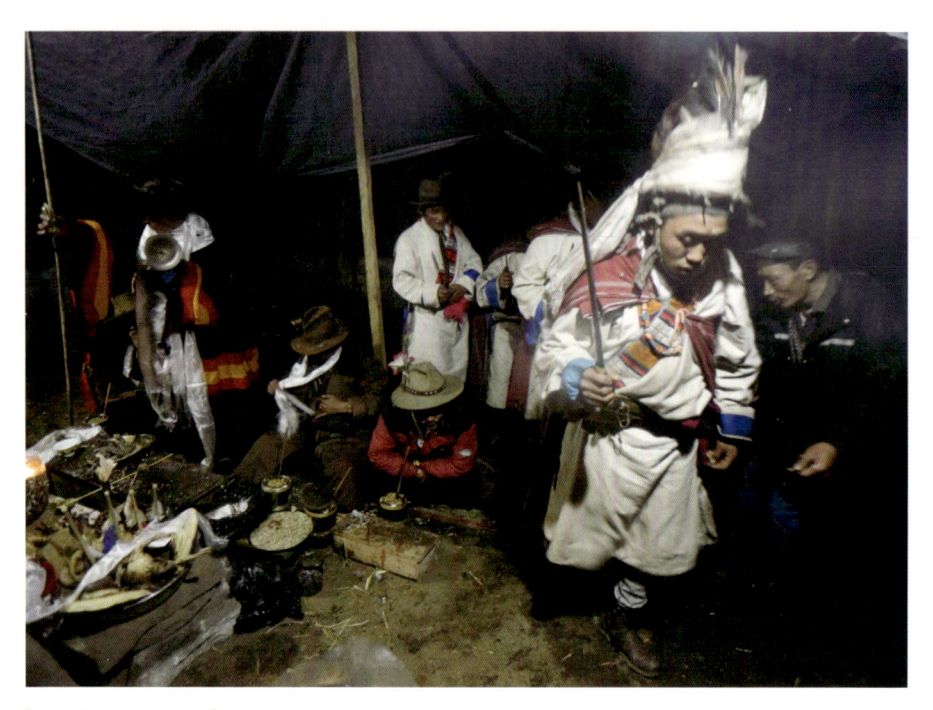

【照片档案 093】

图片说明：法会服饰
拍摄时间：2015 年 2 月
拍摄地点：陈塘镇
口述者：多吉平措

【照片口述】

　　除了平日穿戴的服饰之外，在众多的法会或仪式中，陈塘夏尔巴人还有各式各样的服饰。这些服饰平时是不常见到的。

【照片档案 094】

图片说明：将军"玛本"
拍摄时间：2014年1月
拍摄地点：陈塘镇
口述者：多吉平措

【照片口述】

在陈塘镇举行的一些仪式上，要由一名男子头戴用羚牛角及鹰毛装饰的头盔，扮成将军"玛本"，由他用弓射出能诛杀鬼怪的箭。鬼怪的扮演者为将军扮演者的叔伯和堂兄弟，夏尔巴语中叫"途布"。

【照片档案 095】

图片说明：婚礼仪式上的迎亲人

拍摄时间：2014 年 1 月

拍摄地点：陈塘镇

口述者：昂给

【照片口述】

  在婚礼上，需要有穿红色或白色氆氇藏袍、头戴古代帽子[1]的特定人氏，分别是阿亚、途布[2]、相布[3]、明沃[4]。这些衣服作为仪式性的服饰，平时少用，所以经常是有事时互相借穿。随着岁月流逝，有的帽子磨损十分严重，色泽也不鲜艳了。

---

1 帽子有两种：一种为黄色圆盘式的帽子，夏尔巴语叫"噶夏"，为旧时西藏地方政府官员的帽子；一种是平底圆盘大毡帽，帽顶的红丝线经帽檐垂下约 10 厘米，为原来西藏大贵族、官员随从们戴的帽子，它近些年才在陈塘流行，多为阿亚佩戴。
2 途布为男性的叔伯及堂兄弟，在婚礼上为牵着新娘子到男方家的人。
3 相布是男方的舅舅。
4 明沃在与男方小族姓相同或先祖是兄弟的其他小族姓中产生。

【照片档案 096】

图片说明：穿"布勒陪当"的妇女
拍摄时间：2017 年 3 月
拍摄地点：陈塘镇
口述者：多吉平措

【照片口述】

  妇女在正式场合如各种人生礼仪及宗教仪式上，须穿一种叫"布勒陪当"的白色棉麻制长衣。若没有这种衣服，就必须向其他人借来穿，事后再还回去。

【照片档案097】

图片说明：穿藏袍的法师
拍摄时间：2015年2月
拍摄地点：陈塘镇
口述者：多吉平措

【照片口述】

　　在正式的场合里，男性常穿白色镶边的氆氇藏袍。这种藏袍也常在法会上出现，如在某些仪式中，由法师代表神灵"赐予"男性成员白色藏袍，意味着在今后的日子里，他将不会缺少上好的、保暖的服装。

【照片档案 098】

图片说明："斥热"围巾
拍摄时间：2011 年 8 月
拍摄地点：修修玛村
口述者：多吉平措

【照片口述】

　　"斥热"是一种红白相间的大围巾，长达两米，宽近一米，棉麻制，两端缀有小布线穗。这种围巾在藏语中叫"整匝"，在一些地方的藏族中，能披挂这种围巾，是对在家修行的居士、密咒师能力的一种认可。但在陈塘，这红白相间的"斥热"更多代表着身份的转变——从普通人转变为法师或其他角色。比如婚礼上的"司仪"就要披上这样的大围巾。藏戏表演时，有的表演成员也会披上它。它也是陈塘夏尔巴人仪式上的一种重要物品。

【照片档案 099】

图片说明：咕汝堪卓玛服饰
拍摄时间：2005 年 6 月
拍摄地点：陈塘镇
口述者：次仁玛

【照片口述】

　　陈塘的女性法师俗称桑玛，又称堪卓玛，分为"居必"堪卓玛与"咕汝"堪卓玛两种。堪卓玛汉语意为空行母，为以女性形象示现的天人，具有明净的虚空本性，在天空中游走自如，为护持藏传佛教密宗及教法的女性护法，也是对修行密宗的女性的尊称。

　　咕汝堪卓玛在举行仪式时，要先在头上包个头巾，再戴上五佛冠，披上一条"云肩"。

【照片档案100】

图片说明：咕汝堪卓玛的五佛冠

拍摄时间：2010年5月

拍摄地点：陈塘镇

口述者：次仁玛

【照片口述】

这项五佛冠是吉巴老师送的，据说有几百年的历史了。

【照片档案 101】

图片说明:"云肩"图案
拍摄时间:2013 年 7 月
拍摄地点:陈塘镇
口述者:次仁玛

【照片口述】

　　这"云肩"也是吉巴老师送的,据说也有几百年的历史了。

喜马拉雅的艺术之花——夏尔巴人口述影像志：2005—2016

【照片档案 102】

图片说明：法会现场

拍摄时间：2015 年 2 月

拍摄地点：陈塘镇

口述者：巴姆

【照片口述】

  这是头戴五佛冠、在仪式上作法的咕汝堪卓玛。

127

【照片档案 103】

图片说明：头戴五佛冠的居必堪卓玛

拍摄时间：2015 年 3 月

拍摄地点：陈塘镇

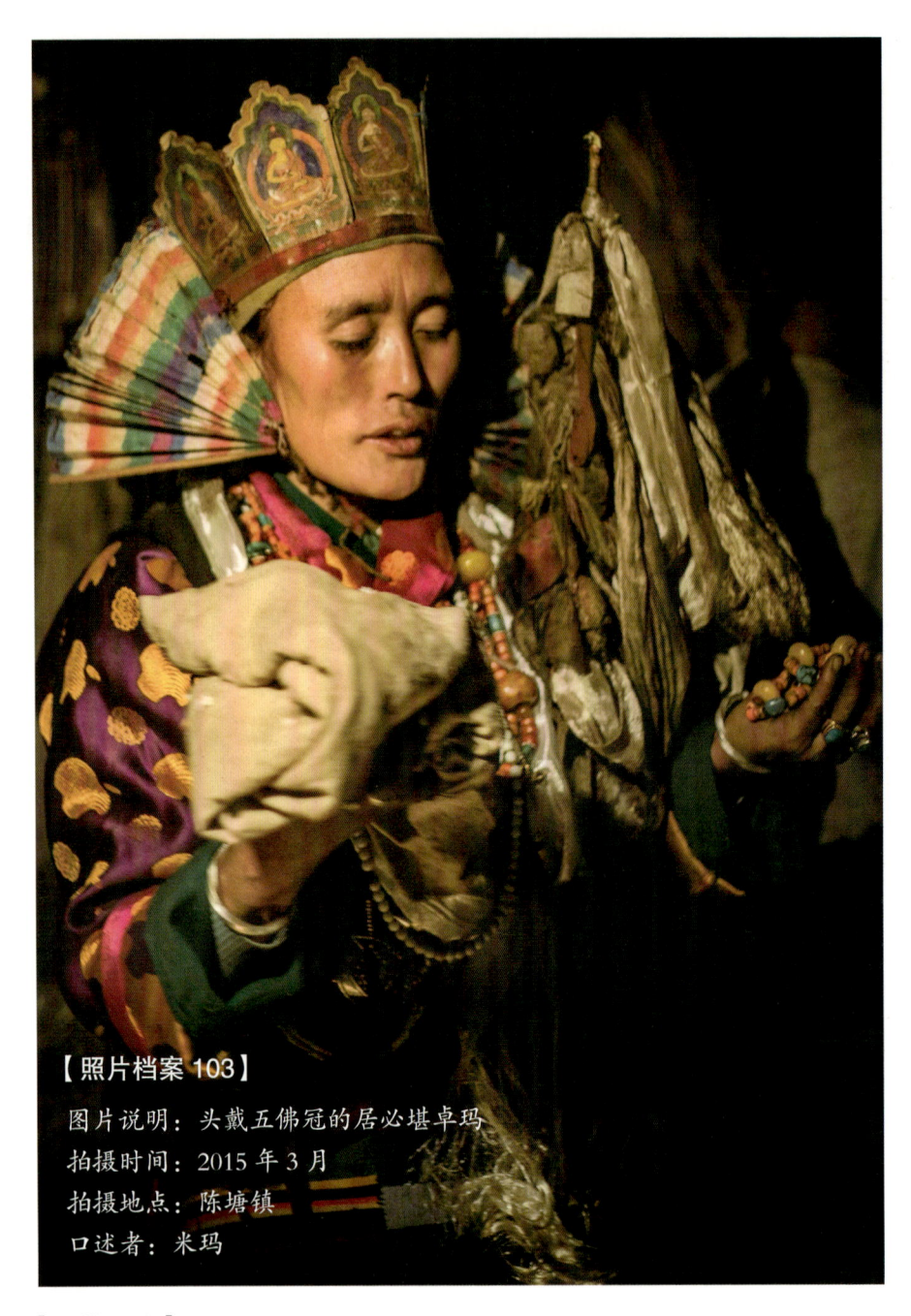

口述者：米玛

【照片口述】

  居必堪卓玛的藏文可翻译为"秘密空行母"，意为秘密传承的堪卓玛，只在陈塘境内传承。在法会上，她们也要戴五佛冠。

【照片档案 104】

图片说明：喇嘛服饰

拍摄时间：2015年2月

拍摄地点：陈塘镇

口述者：拉巴丹增

【照片口述】

  头上戴的红色蓝边的尖顶法帽叫"旺夏"。举行仪式时，喇嘛一般身穿黄底镶绛红衣衽的上衣与绛红色僧裙。

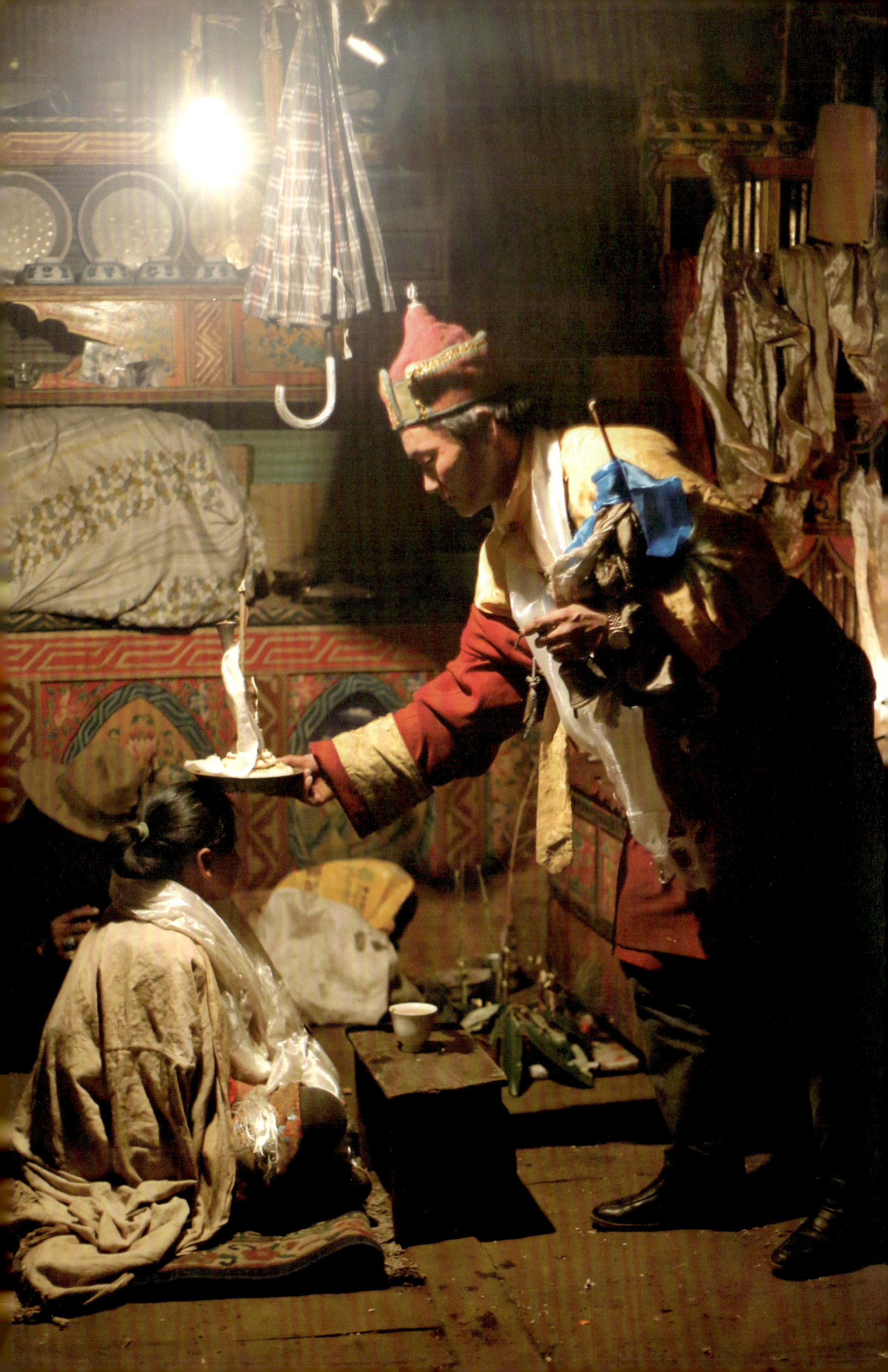

【照片档案 105】

图片说明：头戴法帽的喇嘛

拍摄时间：2015 年 2 月

拍摄地点：陈塘镇

口述者：拉巴丹增

【照片口述】

　　喇嘛头上的这种法帽叫"门扎夏帽"，它为圆底尖锥的形制。红色帽顶最高处缝着一个半截五股金刚杵，褐色的圆形帽檐有两块向上翻起的布片。正前方的布片像一块牌子，红底，其边框用金线绣成"口"形。另一块几乎把帽子的三分之二包起来，也是红色，与正前方一样绣着金线。

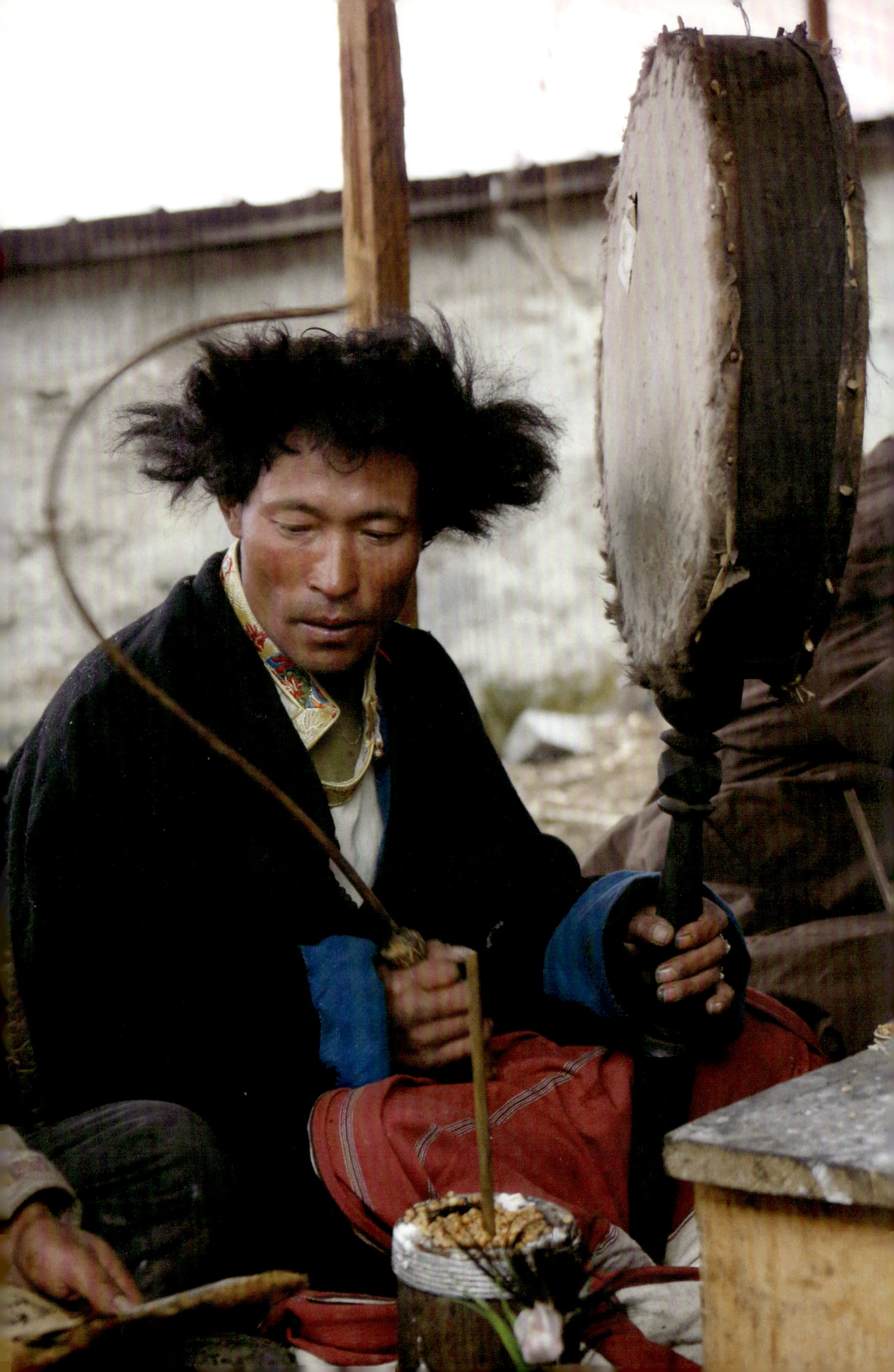

【照片档案 106】
图片说明：头戴熊皮帽的洛本法师
拍摄时间：2015 年 2 月
拍摄地点：陈塘镇

【照片口述】

　　熊皮帽不仅是洛本法师的一种装扮，也是一种法器。它在夏尔巴语中叫"通不烈"，是用狗熊脖子上的皮制作而成，可能是《西藏的神灵和鬼怪》一书中所提的："一种带有苯教特征的礼帽名字。用一种淡红色的熊类动物的皮毛制成。"[1] 在甘肃南部的舟曲县的苯教法师及西藏昌都市贡觉县的达莫寺中也有这种帽子。戴这个熊皮帽有着众多的好处，达莫寺的僧人说戴这帽子有明目利眼之功效。陈乃文先生认为熊皮帽还带着熊的气息，能给小动物带来震慑，保护法师及与皮帽放在一起的物品。在下大雪时，熊皮帽上的熊毛可当雪镜用，这也是一种十分重要的作用。也有可能是利用熊与生俱来的凶残威猛的属性，让戴上熊皮帽的洛本法师在潜意识里也多了一份熊的属性，而且熊毛外张，让法师在信众的心里更加威武，仪式也更加具有庄严感。

---

1 勒内·德·内贝斯基·沃杰科维茨：《西藏的神灵和鬼怪》，谢继胜译，西藏人民出版社1993年版，第6页。

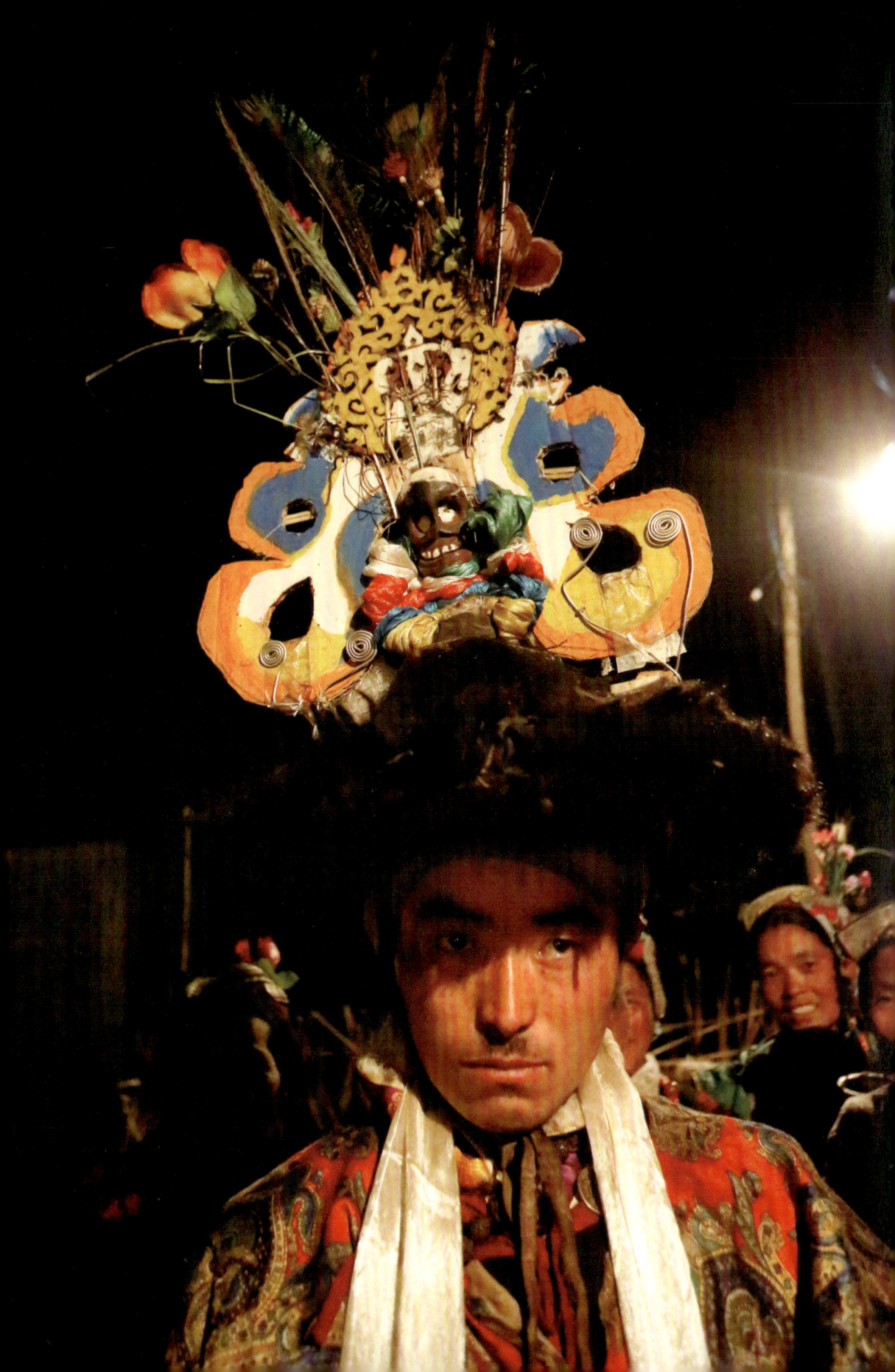

【照片档案107】

图片说明：夏纳法帽
拍摄时间：2015年2月
拍摄地点：陈塘镇
口述者：多吉平措

【照片口述】

  这是洛本法师的一种宽檐大毡帽，帽檐饰有一层粗厚的黑色毛线；帽尖呈圆锥形，从下到上依次镶着布制的月亮、太阳及五根用不同颜色的哈达编成的金刚结；正中镶着骷髅头，顶端插有孔雀翎；帽尖旁有左右对称的布板，两侧各有向上翘的飘带，飘带上绘有云彩。法帽背后还饰有五根下垂的五色哈达。

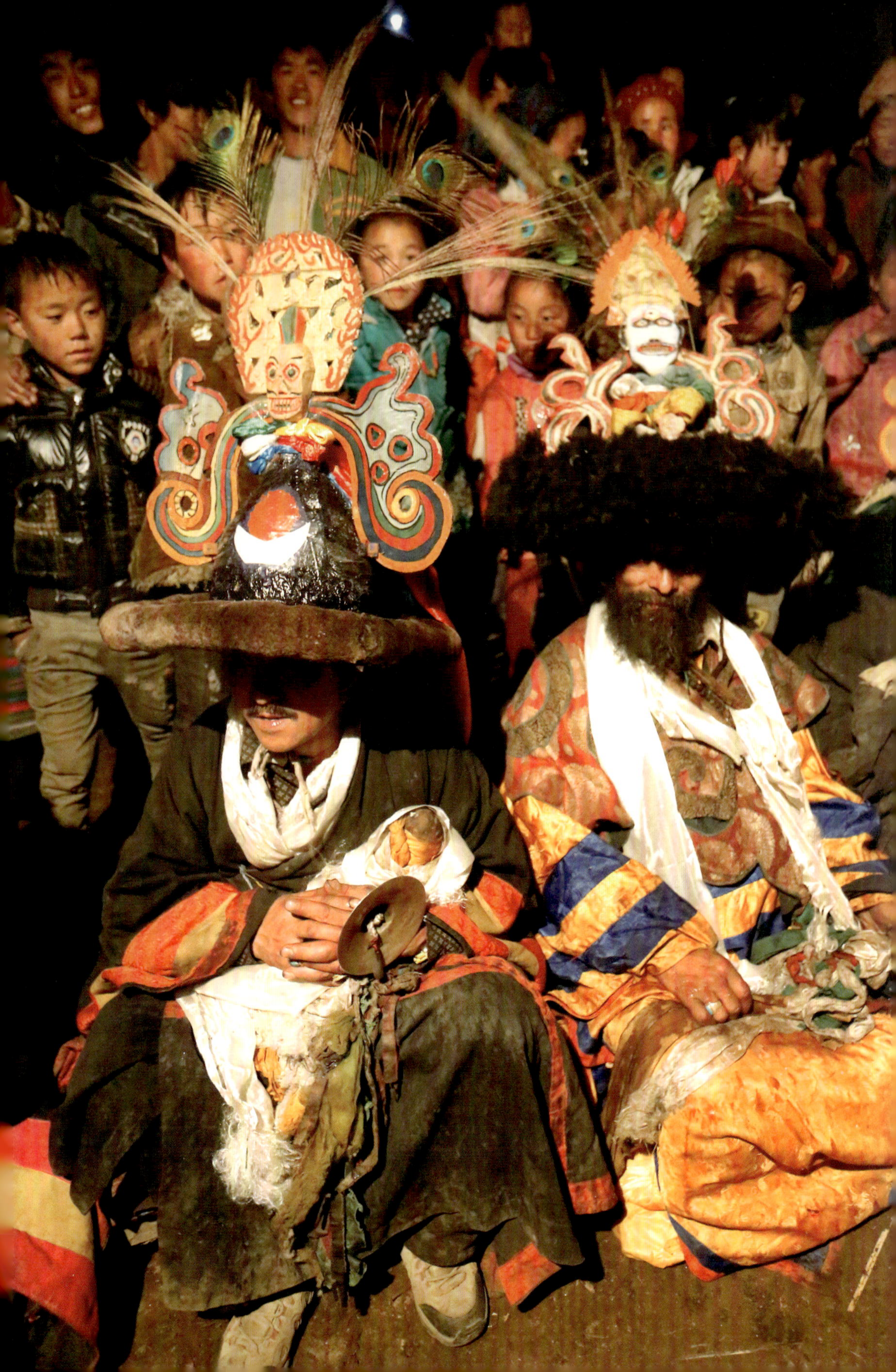

【照片档案108】
图片说明：头戴夏纳法帽的法师
拍摄时间：2015年2月
拍摄地点：陈塘镇

【照片口述】
　　经过学习及闭关，成为一名合格的洛本法师后，就有资格戴上夏纳法帽。如今在陈塘约有十几顶夏纳法帽，但也有人介绍说，古时整个陈塘只有一个洛本法师有资格戴此法帽。

【照片档案 109】

图片说明：洛本法衣

拍摄时间：2015 年 2 月

拍摄地点：陈塘镇

【照片口述】

　　洛本法师的法衣大多为低领左衽黑色底面，宽约 1 米、前端镶有黄红色布条的袖口，在腰部与背部镶有黄红两色布条。

【照片档案 110】

图片说明：戴念珠的洛本法师
拍摄时间：2010 年 5 月
拍摄地点：陈塘镇

【照片口述】

　　在平时念珠并不随身挂着，也不用来计数念诵经文的数量，它更多是在仪式上作为武器，击打相关的鬼怪。常见的念珠是用印度或尼泊尔产的六瓣金刚菩提串制成，由于年代久远，金刚菩提的皮壳为好看的巧克力色，极其油润漂亮。洛本法师还把自己祖传的念珠看作法脉的传承依据。当儿子或徒弟成为合格的洛本法师后，上一辈法师会把祖传的念珠分一个或者数个给他，代表着法脉的延续。若独子是洛本法师，便可以分得整串念珠。

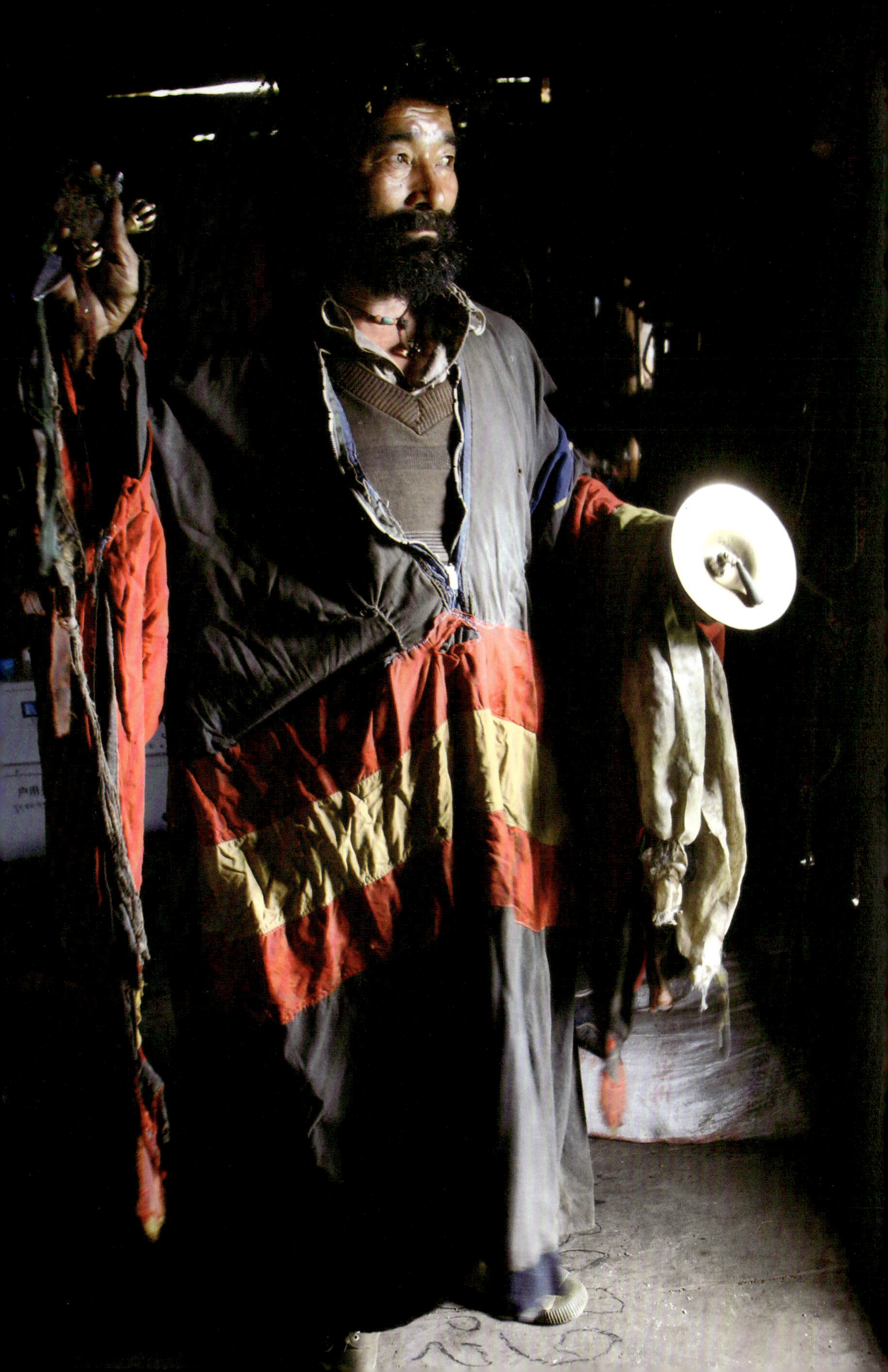

【照片档案 111】

图片说明：洛本法衣

拍摄时间：2011 年 8 月

拍摄地点：比塘村

【照片口述】

  1980 年，张国英与陈乃文先生在陈塘调查时，这样描述洛本的装扮："巫师头戴熊皮帽，身着绣有龙、狮子及用海贝镶成十字形图案的配以红、黄布条衣边的黑色法衣。"[1] 现在，似乎这法衣也在变化中，法衣需要定制，有的洛本法师还定制蓝色或黄色的法衣。每个法师对法衣的理解都体现在定制法衣的形制上。

---

1 张国英：《珠穆朗玛峰东南麓陈塘藏族及其宗教习俗》，参见《民族学研究》，1986 年，第 293-300 页。

歌舞及藏戏"嘛呢"

2011年5月23日，西藏自治区定结县申报的"陈塘夏尔巴歌舞"经国务院批准列入第三批国家级非物质文化遗产名录。与鸡爪谷酒一样，歌舞也融入了陈塘夏尔巴人的血液之中，是这个古老族群的精神寄托与归宿，伴随着他们生、老、病、死的整个生命历程。

陈塘夏尔巴歌舞不需要特殊的场地。室内房外、山林中的小片草地、田地里的小块耕地、村头村尾，都是他们的舞台。夏尔巴歌舞也不受天气的影响，更无人数限制，参加的人越多越热闹。

它也是随时皆可自娱自乐的群众性舞蹈。无论是喜庆、忧伤、春播、秋收，还是节庆，在即兴的歌舞中，动作随情绪的起伏而变化。人们跳得热烈兴奋时，便会激动地扭动腰肢，甩动胯臀，转着圈子，情不自禁地发出"曲曲曲"或"哟哟哟"的叫喊声。歌舞不要伴奏。很多人穿着软底鞋甚至光脚跳舞。歌声或清脆嘹亮，如碎玉裂帛之音，似可穿透山谷；或粗哑浑厚，带着远古洪荒之力。妇女身上佩戴着海螺、银链子、银币制成的大链子，随着舞步起伏跳跃，配着和谐的伴奏发出清脆的声音。

虽然藏戏是藏族戏剧的泛称，但令人惊喜的是陈塘的夏尔巴人也有藏戏表演队，每年都会在陈塘镇的中心小广场表演藏戏。藏戏在夏尔巴语中叫"嘛呢"，其表演时间是在后藏新年期间，一连七天。若当年表演的藏戏曲目在这七天内没有表演完，可以顺延到藏历新年或第二年的后藏新年中进行表演。剩下的藏戏若是在第二年的后藏新年表演，要先把剩下的曲目表演完后，才能进行新的曲目的表演。

喜马拉雅的艺术之花——夏尔巴人口述影像志：2005—2016

【照片档案 112】
图片说明：夏尔巴歌舞
拍摄时间：2015 年 2 月
拍摄地点：陈塘镇

【照片口述】

　　夏尔巴歌舞是一种无重要情节内容，没有性格刻画，不受地点、节气和人数限制而随时可自娱的群众性舞蹈，一般自由围圈而舞。在即兴的歌舞中，动作随情绪的起伏而变化。情绪高涨起来，大家拍手叫："嘿！"跳到热烈兴奋处，便会激动地扭动腰肢，甩动胯臀，情不自禁地大声歌唱，歌声在幽静的山谷里久久回荡。

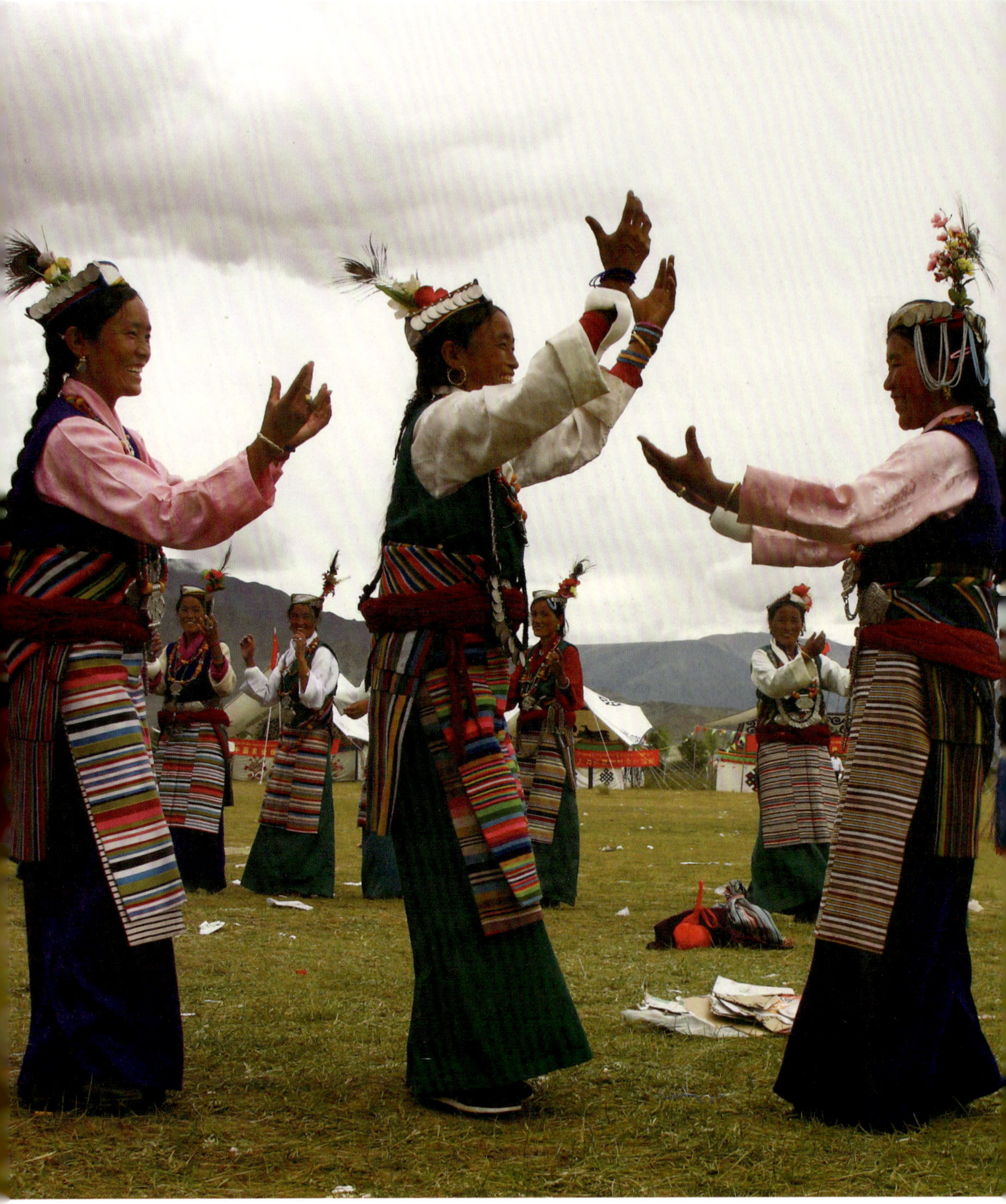

【照片档案 113】

图片说明：定结县珠峰文化节上的夏尔巴歌舞

拍摄时间：2011 年 8 月

拍摄地点：定结县

【照片口述】

　　陈塘夏尔巴歌舞形式以围圆圈或半圆圈为主，人数不限，男女老少均可参加，边唱、边舞。其基本步伐和手势有"跄步""两步一跺""围腰手""身前交叉手"等，动作非常优美、柔软。它的节奏较慢，动作幅度小，但风格独特，服饰装扮亦别具一格，所以极具观赏性。它的形式与在日喀则流行的民间歌舞"谐"相似。"谐"是对以歌为主、歌舞结合、载歌载舞的艺术形式的泛称，广泛流传在农村、牧区和城镇，是群众参与性很强的一种自娱性集体歌舞。

【照片档案 114】

图片说明：中心小广场上的歌舞
拍摄时间：2015年2月
拍摄地点：陈塘镇

【照片口述】

　　夏尔巴歌舞又称为"夏尔巴谐"，在西藏独具一格。它节奏较慢，动作幅度小，只有慢速和中速两种，没有欢快剧烈的动作。

【照片档案 115】

图片说明：在仪式上唱歌的女子

拍摄时间：2017 年 3 月

拍摄地点：陈塘镇

【照片口述】

陈塘夏尔巴民歌的歌词大体上是敬酒、诉说人间哀怨、赞美家乡、表达劳动喜悦、倾诉爱情、向往幸福生活、祝福词、吉祥话等内容。我们能感受到陈塘人的团结向上及对美好幸福生活的憧憬和向往。

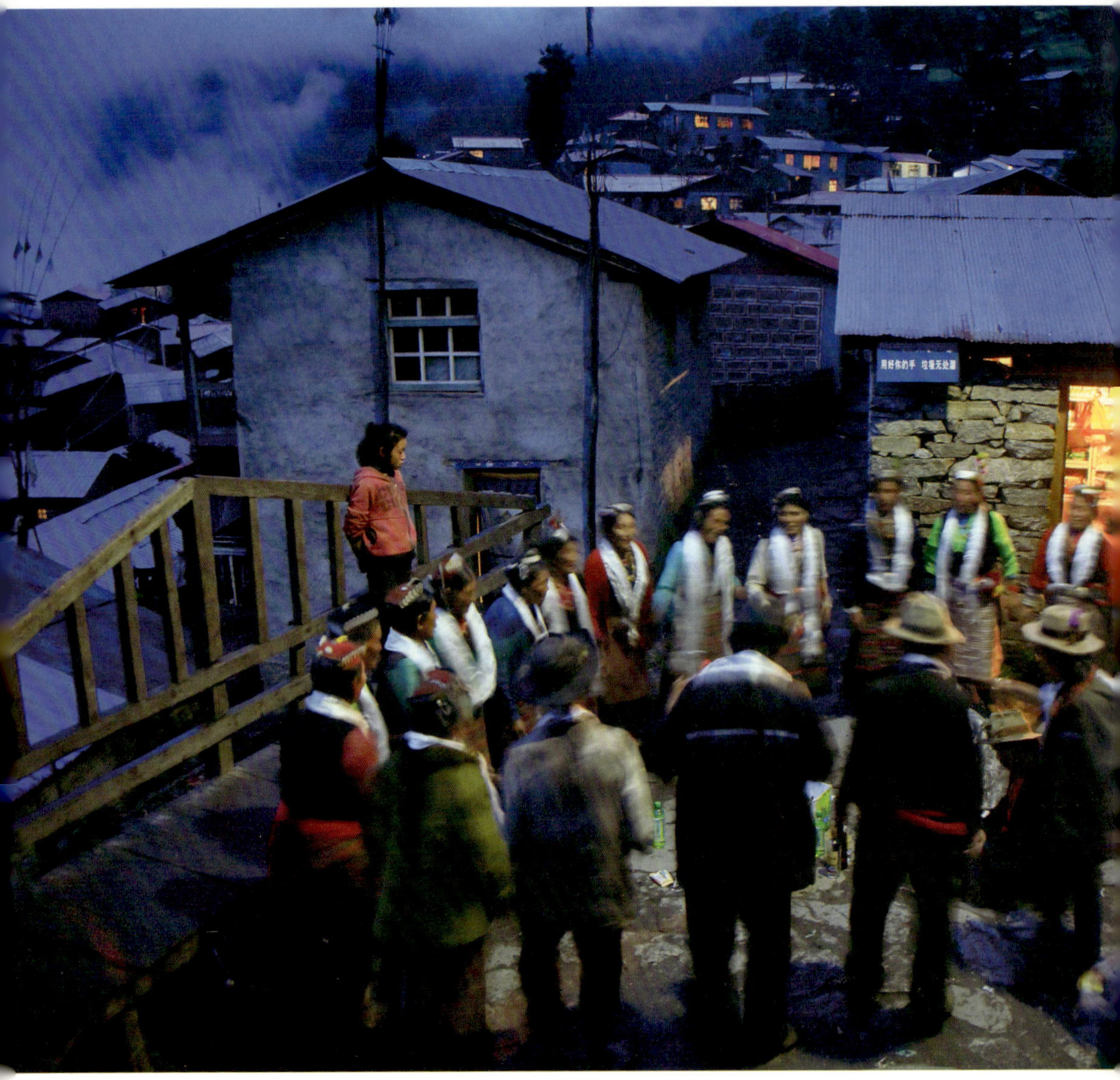

——夏尔巴人口述影像志：2005—2016

【照片档案 116】

图片说明：跳舞的老人
拍摄时间：2013 年 7 月
拍摄地点：陈塘镇

【照片口述】

　　无论在室内还是在房外歌舞，"走过路过"的亲朋好友给大家买酒、买饮料助兴似乎都是一条不成文的"规定"。2013 年 7 月 13 日是藏历六月初五，为"主巴次喜"转山节，是一年中最重大的宗教节日。信众们早早就在"赤列拉垛"旁边的广场进行歌舞会供。

　　小广场的中央摆满了丰谷白酒、仿健力宝饮料的密橙王、拉萨啤酒等酒水。歌舞者围成一圈，绕在酒水旁边歌舞。一般是男人起调，唱一句，然后女声再跟进，然后搭脚，两人或三人手放在其他人身上，转小圈。这天在此歌舞的以老人为主，不时有小辈们过来给每个人敬献哈达、敬酒。

　　夜晚，醉了的人被扶走后，酒还在源源不断地供应。

【照片档案 117】

图片说明：嘛呢藏戏 1
拍摄时间：2015 年 2 月
拍摄地点：陈塘镇
口述者：云丹诺布

【照片口述】

  "嘛呢"表演是陈塘夏尔巴人对于西藏传统戏剧"阿吉拉姆"或"拉姆"的地方化称谓。仅从表演本身观察，两者之间的主要区别表现在服饰、面具、唱腔以及演出时间的长短等方面。陈塘嘛呢表演队只表演三种藏戏：《曲杰诺桑》[1]《囊萨文波》[2] 和《知美更登》[3]，它们都属于传统藏戏八个经典剧目的范畴。以前还表演过一出名为《怕多》[4] 的嘛呢，但表演时，演员发生了死伤，当年陈塘又暴发泥石流等自然灾害，所以这出嘛呢就不再演出了。

---

1 《曲杰诺桑》也叫《诺桑王子》，传说发生在阿里普兰地区。故事讲述仙女云卓拉姆在湖中洗澡，为渔夫所获。渔夫把她献给诺桑王子。王子与云卓拉姆的恩爱缠绵遭到嫔妃们的嫉妒。嫔妃们设计使王子去北方征战，云卓拉姆被逼回到天宫。王子回来后，经过重重磨难，到达天宫，又把云卓拉姆找回。
2 该戏主要讲述了后藏民女囊萨文波遭当地官员强娶为妻，被官员家人虐待致死，还魂人间后，出家修行，并感化官员一家皈依佛教的故事。
3 该戏讲的是一个叫知美更登的王子，天性好施，因把国宝如意宝施于敌人，被放逐于魔域。在流放过程中，他又把自己的眼睛和妻儿布施给婆罗门。王子的善举获得了诸佛的怜悯，于是他双眼复明，妻儿也被送了回来。国王最后把王位传给王子后，国家繁荣昌盛，百姓安居乐业。
4 这是一种只表演一天的嘛呢，因有忌讳，不清楚内容。

喜马拉雅的艺术之花——夏尔巴人口述影像志：2005—2016

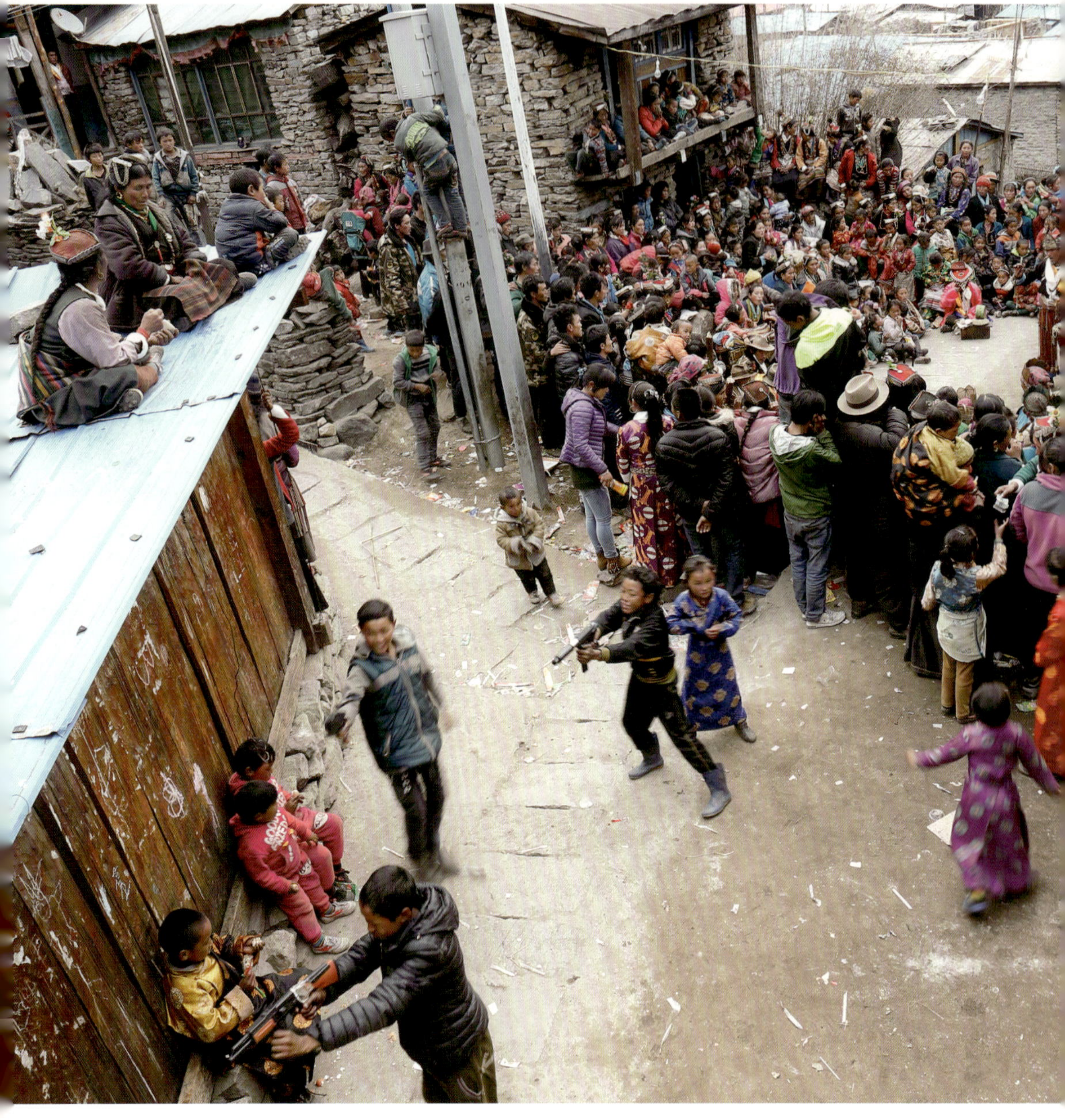

喜马拉雅的艺术之花——夏尔巴人口述影像志：2005—2016

【照片档案 118】

图片说明：嘛呢藏戏 2
拍摄时间：2015 年 2 月
拍摄地点：陈塘镇
口述者：云丹诺布

【照片口述】

　　相传，轻易改变演出场地会给演员们带来不幸。20 世纪曾经有一次嘛呢在外地表演，结果当年有两个演员相继过世。有一年表演场地搬到陈塘镇的其他地方，结果又发生不幸。于是，人们认为轻易改变演出场地会给演员带来不幸，所以后来无论多拥挤，嘛呢表演都要在小广场上进行。

　　近年来，由于频繁的旧房改造，小广场越来越逼仄，人口的快速增长带来的观演人数的增加，也让表演时显得更加水泄不通。

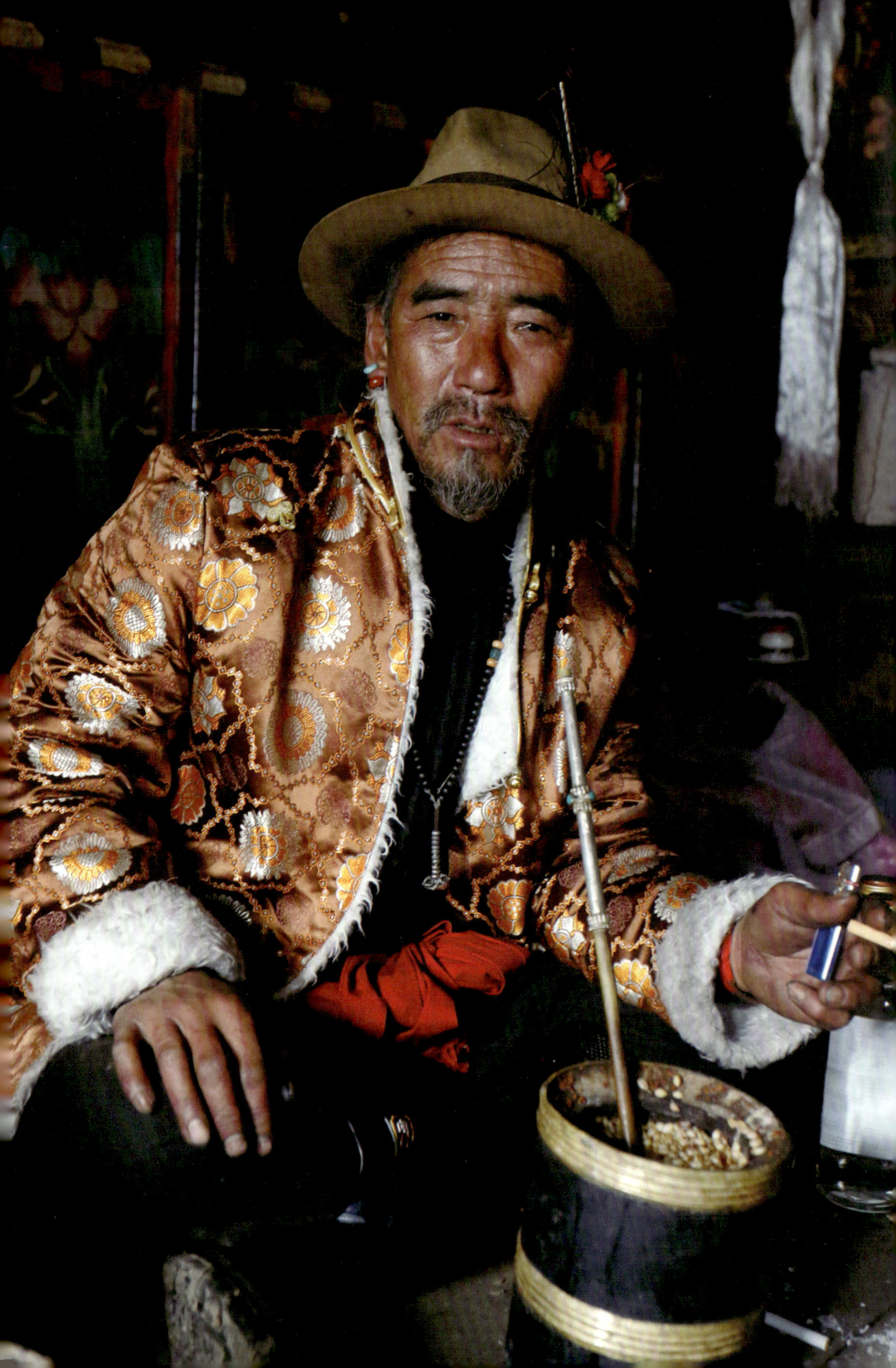

【照片档案 119】

图片说明：云丹诺布
拍摄时间：2015 年 3 月
拍摄地点：陈塘镇
口述者：云丹诺布

【照片口述】

我在 20 岁的时候，那是 1973 年，拜师学嘛呢。老师有五个：加巴、热丹、桑丹、次烈琼加、黑竹佳觉。可能是我的天赋及体能都不错，因此在学习的过程中，也没有感觉有太多的苦与累。

与其说我是陈塘嘛呢表演队的负责人，还不如说是"召集人""总管""师父"。陈塘嘛呢表演队是一个准自发性的群众组织，没有经费，没有编制，没有固定的办公场所，唯一固定的是每年的表演场地——陈塘镇中心广场。

【照片档案 120】

图片说明：寓教于乐的嘛呢藏戏表演

拍摄时间：2014年1月

拍摄地点：陈塘镇

口述者：云丹诺布

【照片口述】

　　老师们说，把嘛呢带到陈塘的是甲本却甲，除了知道他是藏族，再也没有其他信息了。自从我学会了嘛呢，除有几年因为演员不足而中断外，这表演每年都会在陈塘延续。因为嘛呢不仅仅是表演，还会潜移默化地起到教人如何为人处世、与伴侣相敬相爱、明辨是非、惩恶崇善等好的作用。

【照片档案121】

图片说明：搭建藏戏台子
拍摄时间：2014年1月
拍摄地点：陈塘镇
口述者：云丹诺布

【照片口述】

  连续几天的表演从搭这个供台开始。表演队在小广场最靠北的一侧用竹席围个"屏风"，其下西侧摆上鼓钹手的座位，东侧搭一个坐北朝南的供台，另一边放置"唐东杰布"像及其他宗教器物。

  屏风不仅对供台的唐东杰布佛像、酥油灯等宗教器物起到保护作用，而且也是长柄木鼓的悬挂场所。陈塘嘛呢只有长柄木鼓及铜钹两种乐器，而且演奏者只有一个人，所以要把长柄木鼓挂起来，这样演奏者双手敲打铜钹的时候，还能用曲柄的鼓槌击鼓。

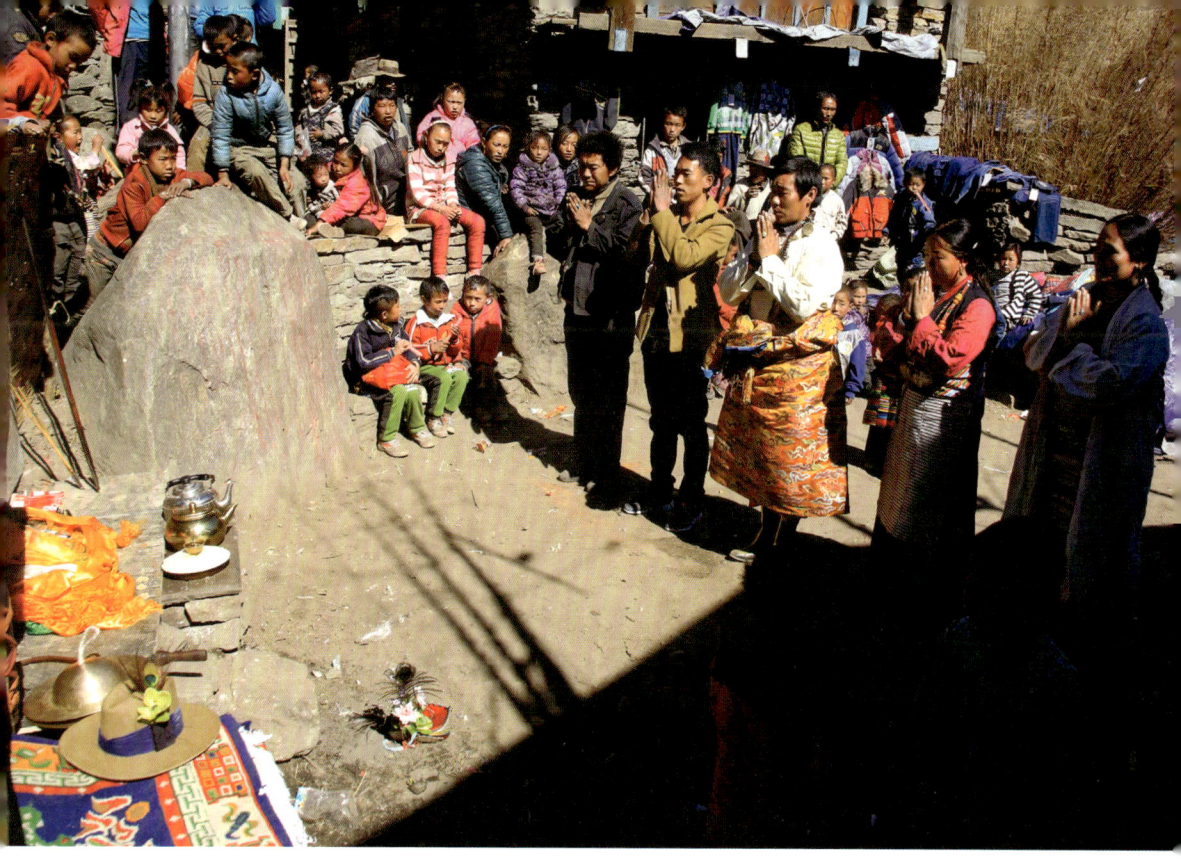

【照片档案122】

图片说明：向唐东杰布祈祷
拍摄时间：2014年1月
拍摄地点：陈塘镇
口述者：云丹诺布

【照片口述】

  唐东杰布是明代著名高僧、著名建筑师，也是藏戏创始人。他将佛教经典中的传记同民间传说、神话故事等内容融在一起，创作出一种人物性格和舞蹈、唱腔相结合的表演艺术，使过去那种单一的舞蹈逐渐戏剧化，表现手段也不断加强，并从宗教仪式中分离出来，形成了藏剧艺术的雏形。因此，藏族人民把唐东杰布尊为藏戏的开山鼻祖，陈塘夏尔巴人也不例外。

  在嘛呢藏戏开始之前，人们要把唐东杰布的木雕像请出来，并祈请他护佑藏戏表演期间天气良好、平平安安、不发生意外事件，等等。

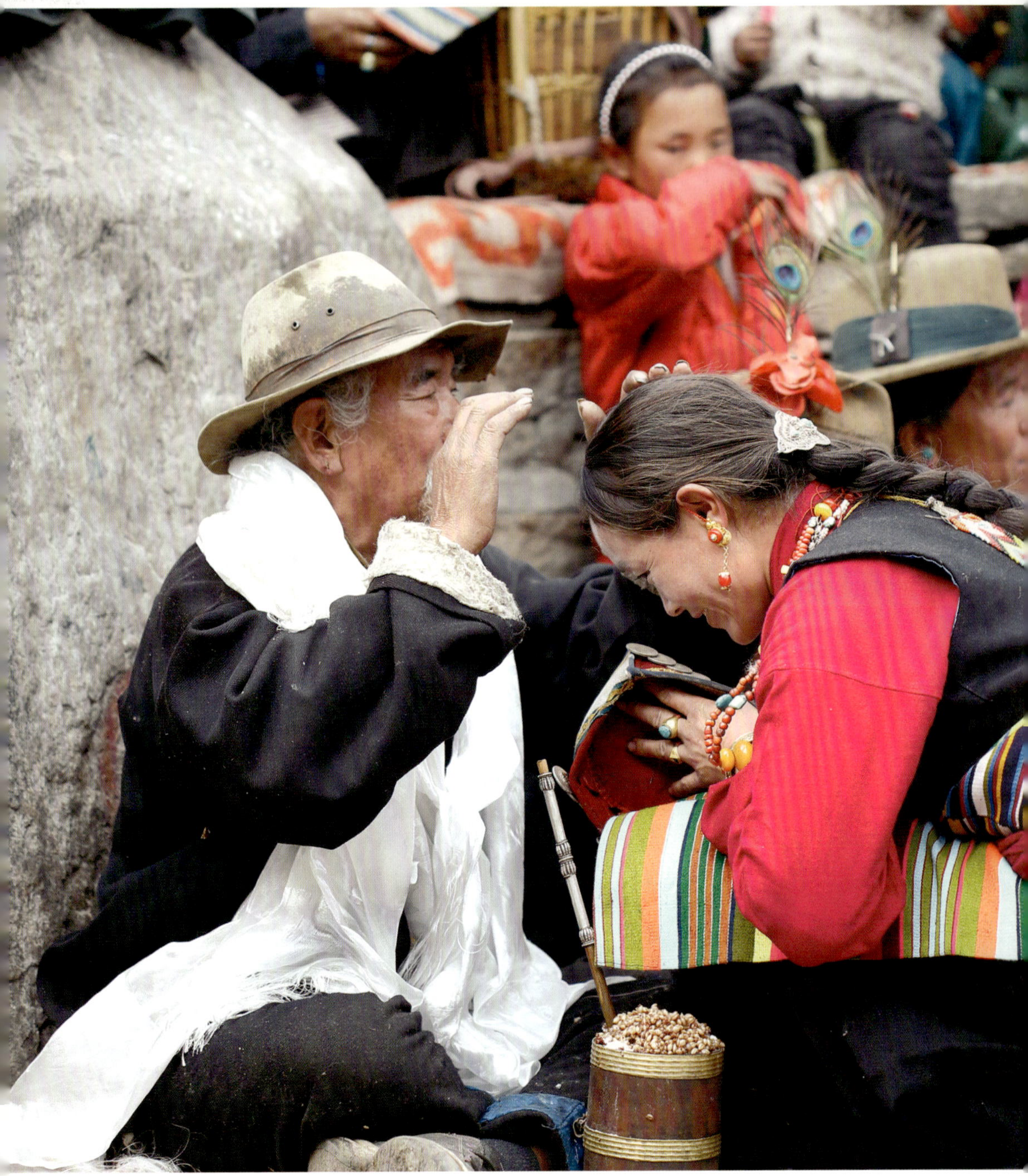

【照片档案 123】

图片说明：戏台上的加持
拍摄时间：2015 年 2 月
拍摄地点：陈塘镇
口述者：云丹诺布

【照片口述】

　　观众席也是有讲究的，供台的东侧底下一排是陈塘地位显赫的男性专座，如洛本老法师、老喇嘛、村镇老干部等。在表演的间隙，信徒们会走到他们跟前，请求灌顶加持。

　　普通人即便被长者邀请到身边坐下，不久也会被维持秩序的人"赶"下来。其他的观众就只能见缝插针，或坐或站地在四周观看了。

【照片档案 124】

图片说明：嘛呢藏戏《曲杰诺桑》中的"温巴"
拍摄时间：2014年1月
拍摄地点：陈塘镇

【照片口述】

"温巴"[1]身穿黑色氆氇制成的藏式上装、红色氆氇制成的宽松裤子，腰缠红白相间的大围巾，并系有黑白相间的牦牛毛绳编成的网状裙，其底端挂着红色或白色的璎珞，这样在高速旋转时，因为璎珞的重量，裙的下方绳结能够甩出去，使观赏性得到极大的提高。他们间杂在"正戏"之间进行表演。这种表演需要舞者具有充沛的体力和极高的技巧，新一辈的嘛呢队员还没有掌握，现在还只能由云丹诺布及与他年龄相近的两位老者来进行。

---

1 藏戏中的角色。

喜马拉雅的艺术之花——夏尔巴人口述影像志：2005—2016

【照片档案 125】

图片说明："温巴"的面具
拍摄时间：2015 年 2 月
拍摄地点：陈塘镇
口述者：云丹诺布

【照片口述】

"温巴"脸上戴的黑色三角形面具是祖传的，面具上面点缀有白色的海贝，它们象征着天上的太阳、月亮和星星；上部开有两个眼洞。"温巴"头上缠着红色的围巾，在后脑束成长条，被腰间的大围巾固定起来。

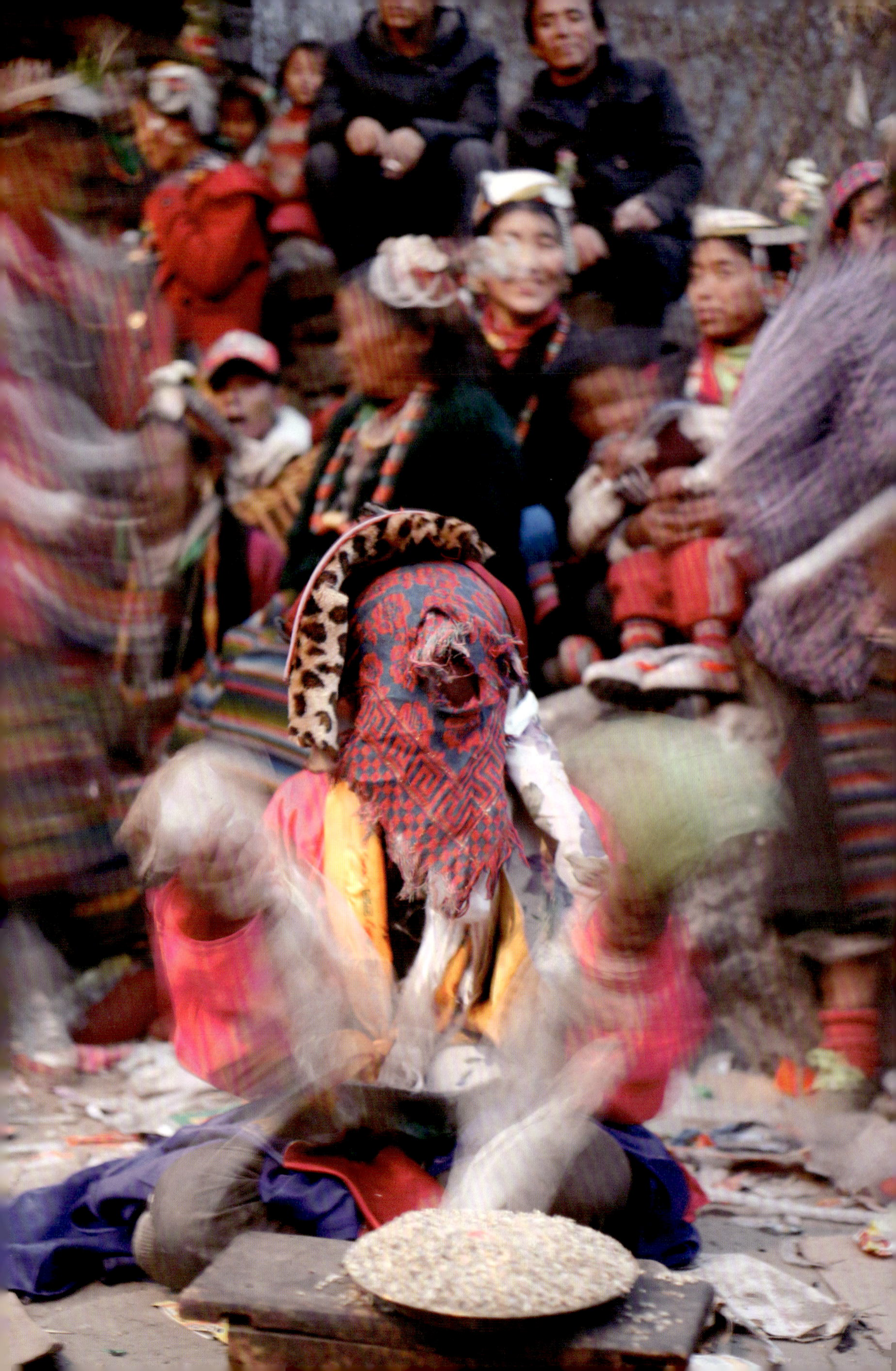

【照片档案 126】
图片说明：全为男性的嘛呢藏戏演员
拍摄时间：2015 年 2 月
拍摄地点：陈塘镇

【照片口述】

　　嘛呢藏戏的演员都是男性，在表演嘛呢期间绝对不能发生性行为。他们在表演时除了卖力地扮演男女角色之外，还有一条更严苛的规矩：在一天的演出开始后，直到结束之前都不能解手。相传如果破了这个规矩，不仅说明他定力不足、功力不够，还会给表演带来差错、危险及之后的厄运。而且他们在表演间歇，对于某些近乎"恶作剧"的敬酒也不能拒绝。

　　陈塘夏尔巴人说起嘛呢时，十有八九都会说到"不能解手"的规矩。

　　嘛呢中也有女性的角色，如公主、仙女等，这时就需要演员男扮女装，头戴五佛冠，身着花绿的藏装。这装扮与陈塘女性法师堪卓玛有点相似。

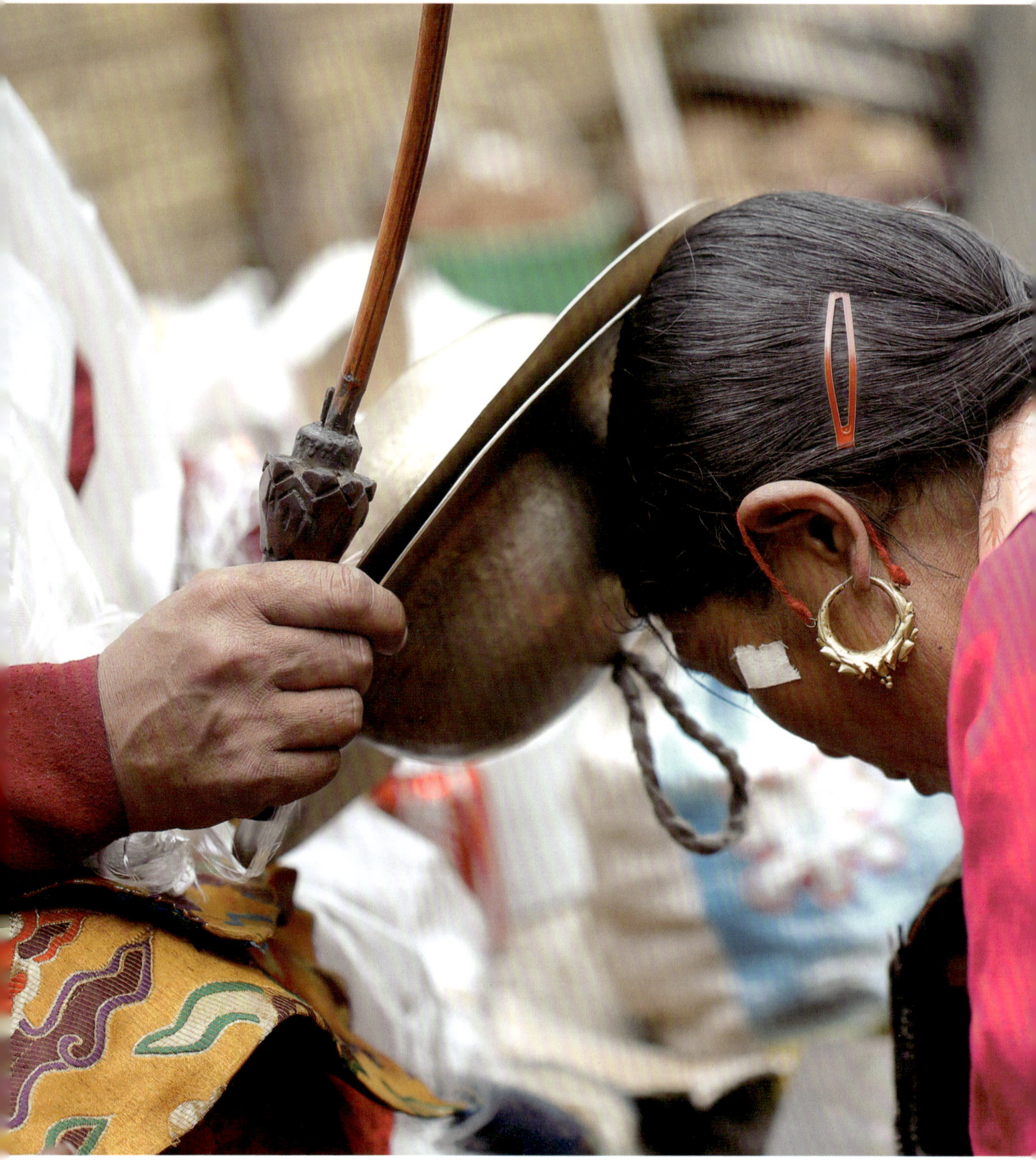

【照片档案 127】

图片说明：铜钹加持

拍摄时间：2015 年 2 月

拍摄地点：陈塘镇

【照片口述】

　　藏戏在给陈塘夏尔巴人带来视听饕餮盛宴的同时，也给演员带来身份的转变——从普通人升华为"宗教人士"，可以像法师一样给神明献新，可以给信众进行摸顶加持，甚至还可以为亡者超度等。

【照片档案 128】

图片说明：给藏戏团供养

拍摄时间：2015 年 2 月

拍摄地点：陈塘镇

口述者：昂给

【照片口述】

对嘛呢表演的"供养"也是比较有趣的，除了私人自愿之外，更多是以集体的名义按一定顺序来进行的。

第一天是嘛呢表演队的演员家庭供养，为当天表演提供后勤保障，包括酒水、一日三餐等。

第二天是扎伊喇嘛供养，由陈塘夏尔巴人中的所有宗教人员：洛本法师、喇嘛及堪卓玛进行集体供养。

第三天是"本布"供养，即镇政府与村干部及家属，包括护林员进行供养。

第四天为以前的富人家庭——"巴若"进行供养，它只有四五户人家。

第五天是以前不富不贵的中等人家——"增巴"进行供养。

第六天是经商的生意人进行供养，这些生意人叫作"循巴那就玛"。在以前的供养人群中，并没有这个群体。

第七天为未婚的年轻人进行供养。

无论是哪个团体进行供养，送供养品的男女老少都会身着盛装，分为男女两队，依次从小广场西侧的小口子入场。他们把手中的供品一一摆在供台旁边，然后分批向供台磕三个头，然后散开，向演员敬酒或观看表演。

奉上的供奉品随心随力，品种不限，土豆、鸡爪谷、糌粑、玉米、荞麦都可以。而人民币不是私下给的，它要平插在铜盘里的粮食上，让观众能清楚地看到。

【照片档案 129】

图片说明：制作嘉赦朵玛
拍摄时间：2014 年 2 月
拍摄地点：陈塘镇

【照片口述】

　　在扎伊喇嘛供养的当天，先是以各个洛本法师的家庭为单位，把要供养给嘛呢的供品送到指定的人家中集合。同时要用鸡爪谷面制作一个巨大的锥形朵玛，上面用酥油粘上吉祥的图案，然后插上十多条竹签，竹签上串着苹果、土豆、鸡蛋、牛肉等一些食物。再将竹签上的物品一一点上酥油，包括朵玛中央作为固定物缠着哈达的竹竿。这个巨大的朵玛夏尔巴语叫"嘉赦"，要装在大脸盆内，随着其他的供品一起送到小广场。

——夏尔巴人口述影像志：2005—2016

【照片档案130】

图片说明：戴嘉赦朵玛

拍摄时间：2014年2月

拍摄地点：陈塘镇

【照片口述】

在去中心小广场的路上，嘉赦朵玛是在队伍最前面的，并且由男性洛本法师端着。它与其他供品的摆放位置不同，要摆放在小广场的中央。在嘛呢表演团队对它进行绕转后，两个演员把它从盆中取出，放到云丹诺布的头顶上。这里又有一个规矩，朵玛不能从头上掉下来，插着各式物品的竹签也不能掉下来，于是云丹诺布不仅头要伸直，身子也不能乱晃，一不小心朵玛就会掉到地下。

由于巨大的朵玛很重，鸡爪谷糌粑又比较软，"戴"上它的云丹诺布眼睛与耳朵都快被遮掩住了。他顶着朵玛在小广场边走边舞一段时间后，就停下来，用手去够朵玛上面的竹签，摸到竹签上面的物品后，要准确说出物品的名称。

【照片档案 131】

图片说明：戴嘉敕朵玛喝酒

拍摄时间：2014年2月

拍摄地点：陈塘镇

【照片口述】

　　云丹诺布还必须顶着朵玛趴在地下。他双腿先摆成弓步，再用双手撑地，试着趴下身子。云丹诺布顶着朵玛趴下后，进行祈祷，再喝一大口酒，然后缓缓地站起来，边走边舞一回，朵玛才被取下。

　　相传朵玛经过这个仪式的加持后，就拥有了神秘的力量，它将被藏戏团成员分食。

喜马拉雅的艺术之花——夏尔巴人口述影像志：2005—2016

【照片档案132】
　　图片说明：藏戏表演结束后的歌舞
　　拍摄时间：2015年2月
　　拍摄地点：陈塘镇

【照片口述】
　　当天的藏戏表演结束时，天色已暗。最后，村民们会在表演场内跳当地最传统的歌舞，分享着大家供给藏戏表演者的酒水，直至尽兴而归。第二天继续剩下的正戏内容，直至全部藏戏演完。

【照片档案 133】

图片说明:"小丑"表演

拍摄时间:2015年2月

拍摄地点:陈塘镇

【照片口述】

嘛呢藏戏,是西藏传统戏剧在喜马拉雅山南麓地区的传承,无论从其音乐唱腔、服饰道具,还是其表演程式和表演习俗上看,无不呈现出喜马拉雅地区的艺术特色。更重要的是其传承地域的封闭性使其保留了更多藏戏早期的特点,对传统藏戏的研究具有重要的参考价值。

年 节

如今陈塘夏尔巴人主要过三个年节，第一个是藏历十一月一日，与林芝工布江达新年同日，是为"夏尔巴新年"；第二个是藏历十二月一日，与后藏新年同日，下文称为"后藏新年"；第三个是藏历正月初一日，与传统的藏历新年同日，下文称为"藏历新年"。这三个年节中，夏尔巴新年也称为"多罗洛萨"；后藏新年称为"嘛呢洛萨"，将举行嘛呢藏戏表演，为官方的新年；藏历新年也称为"堆垛洛萨"，将举行盛大的堆垛法会，也可称之为宗教新年。

藏历新年是最隆重的，年前杀羊宰牛、换粮酿酒、准备柴薪、打扫房屋，给小孩准备礼品新衣也是必不可少的。而且在大年初一，有佛龛的家庭一早就要点上一盏酥油灯，放在佛龛里供佛，家庭成员要对着佛龛磕三个头，祈祷神灵保佑新的一年里平平安安、心想事成。早餐要喝森玛酒加鸡爪谷粉煮成的"羌哥"汤。当天若不是受到盛情邀请，是不能去别人家的。初二早上人们要吃大肉包子，之后就可以出门拜年了。

这三个年节各有不同的活动。夏尔巴新年的主要活动为射箭比赛、民族歌舞表演。2014年堆垛法会是在后藏新年中举行。2015年的嘛呢藏戏表演在藏历新年也有举行。2016年因承办户的老人过世，没有举行堆垛法会。

【照片档案 134】

图片说明：集体打扫卫生
拍摄时间：2014 年 1 月
拍摄地点：陈塘镇
口述者：尼玛

【照片口述】

  每个新年到来之前，陈塘四村（修修玛、比塘、沃雪、萨里）的村民每户都会派出一人，一起打扫公共卫生，那时的陈塘镇是最干净的。在各个年节中，狂欢是必不可少的，所以各种酒水的销量也比往常大幅提高。

喜马拉雅的艺术之花——夏尔巴人口述影像志：2005—2016

【照片档案 135】

图片说明：夏尔巴新年的射箭比赛
拍摄时间：2012年12月
拍摄地点：陈塘镇
拍摄人：敖超

【照片口述】

　　夏尔巴新年与林芝的工布新年不仅日期相同，而且在庆祝形式上也有相同之处，都会举行射箭比赛，也要进行歌舞狂欢。与工布新年射箭相比，夏尔巴新年射箭比赛比较简易，注重射箭的"实用性"，更类似于古老弓箭狩猎的真实展现。

【照片档案 136】

图片说明：射箭比赛 1
拍摄时间：2012 年 12 月
拍摄地点：陈塘镇
拍摄人：敖超

【照片口述】

　　夏尔巴射箭比赛使用的是竹箭。竹箭的箭体由细直的竹竿制成，前端是锋利的铁制箭镞，箭尾有用羽毛制成的尾羽。有的参赛者的箭没有箭羽，只有箭杆与铁制箭镞。射箭比赛上所使用的弓也十分简单，大多由竹片制成，长约 1 米，弓柄中部略宽，两端渐窄，在距离柄尾处刻上凹槽，以便固定弓弦。弓弦大多是麻绳或化纤绳。有些青少年甚至在比赛时，现场用竹竿制作弓，用它参加比赛。

喜马拉雅的艺术之花——夏尔巴人口述影像志：2005—2016

【照片档案 137】

图片说明：射箭比赛 2
拍摄时间：2012 年 12 月
拍摄地点：陈塘镇
拍摄人：敖超

【照片口述】

  射箭比赛固定在陈塘镇中心小学北面的田地上举行，届时田地两头各立有高约 1 米、宽约 30 厘米、相隔约 20 米的木板，相向面的上部都有用黑木炭画的倒三角形箭靶，靶心是在箭靶中画出的"圆盘"。

  比赛的规则简单明了，参加者先是以一侧的木板为界，射向对面的木板，以射中靶为佳、射中靶心为最佳。每人可射击两次。参加者都射完后，大家移到另一侧的木板旁，捡拾自己射出的箭，然后向对面的木板进行射击，如此周而复始。有时在木板上还会竖根青竹，能射中此青竹者会得到大家的尊重，参与者会一起用力把他抛向空中。

179

【照片档案 138】

图片说明：基玛塘卡村的射箭比赛

拍摄时间：2015 年 12 月

拍摄地点：尼泊尔基玛塘卡村

【照片口述】

　　2015 年藏历十一月前，笔者为了参加陈塘夏尔巴人的新年，特意从内地赶到陈塘。直到夏尔巴新年的前一天，才知道因为要全力以赴进行灾后重建，当年不举行夏尔巴新年的庆祝活动。经过特别允许，笔者得以进入尼泊尔的基玛塘卡村，参加尼泊尔的夏尔巴新年。尼泊尔的基玛塘卡村也过夏尔巴新年，也要举行射箭比赛。

——夏尔巴人口述影像志：2005—2016

【照片档案 139】

图片说明：夏尔巴新年时的盛装妇女
拍摄时间：2015 年 12 月
拍摄地点：尼泊尔基玛塘卡村

【照片口述】

  只有男性能参加射箭比赛，他们在射击时，还会大声喊叫"哦嗦嗦嗦嗦"。而女性则着节日盛装，在两旁观战。比赛结束后，大家"吸"着夏尔巴的鸡爪谷酒或喝着白酒、啤酒，唱起古老的夏尔巴民歌，跳起独特的夏尔巴舞蹈，把节日气氛推向高潮。

【照片档案 140】

图片说明：后藏新年中的嘛呢藏戏表演

拍摄时间：2015 年 2 月

拍摄地点：陈塘镇

口述者：多吉平措

【照片口述】

　　陈塘夏尔巴人过的第二个年节是藏历十二月一日，与后藏新年同日。它又称为"嘛呢洛萨"，将举行嘛呢藏戏表演。

【照片档案 141】

图片说明：观看堆垛仪式的人们

拍摄时间：2014 年 1 月

拍摄地点：陈塘镇

【照片口述】

现在堆垛仪式一般轮流在梯格巴族姓的洛本法师家中举行，参加仪式的人员不仅有梯格巴、冲巴，甚至不属于陈塘夏尔巴四村的藏嘎村及那塘村也有群众参加。堆垛仪式一般在藏历新年前的十二月二十九日与十二月三十日这两天举行，但因为各种情况，可能也会有些小变化。笔者参加过三次堆垛仪式，其举办的时间很有意思。

2014 年堆垛仪式举办时间：公历是 1 月 28 日到 29 日，为藏历十一月二十七、二十九日（此年没有十一月二十八日）。

2015 年堆垛仪式举办时间：公历是 2 月 17 日到 18 日，为藏历十二月二十八、二十九两日；于 2 月 17 日 10 点开始，于 18 日 22 点结束。

2016 年因承办户家的老洛本法师过世，故没有举行堆垛仪式。

2017 年堆垛仪式在公历 2 月 23 日到 24 日举行，为藏历十二月二十七、二十八两日，因藏历十二月二十九为不适合举办法会的星期六，所以举办时间提前两天。仪式于 2 月 23 日 12 点开始，于 24 日 22 点 30 分结束。

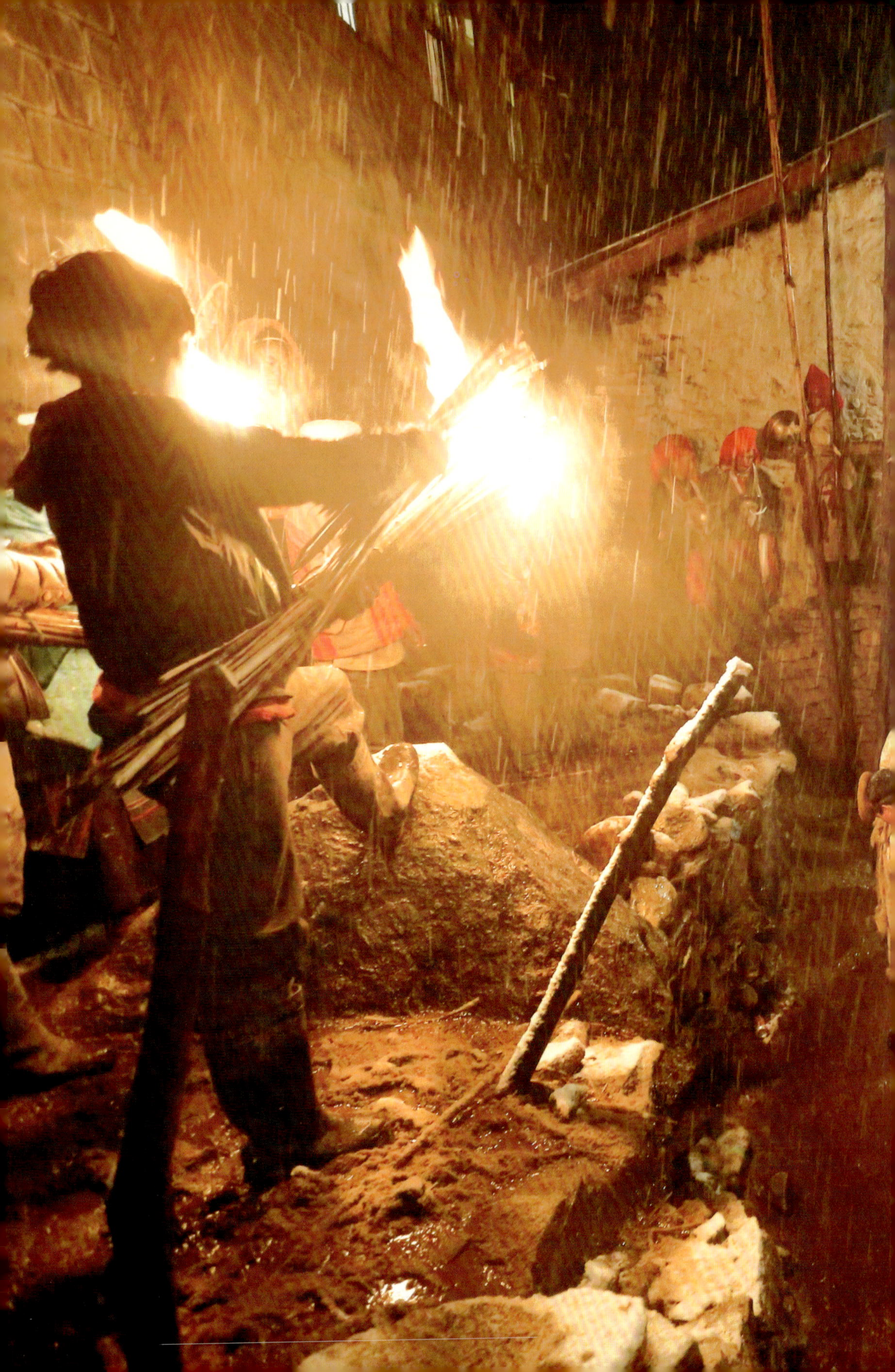

【照片档案 142】

图片说明：堆垛仪式
拍摄时间：2015 年 2 月
拍摄地点：陈塘镇

【照片口述】

纵观整个堆垛仪式，可以大致分成几个环节：一是准备，二是献祭，三是展舞，四是安魂，五是放置垛，六是赤匈碗加持，七是驱鬼，八是焚毁垛坚。

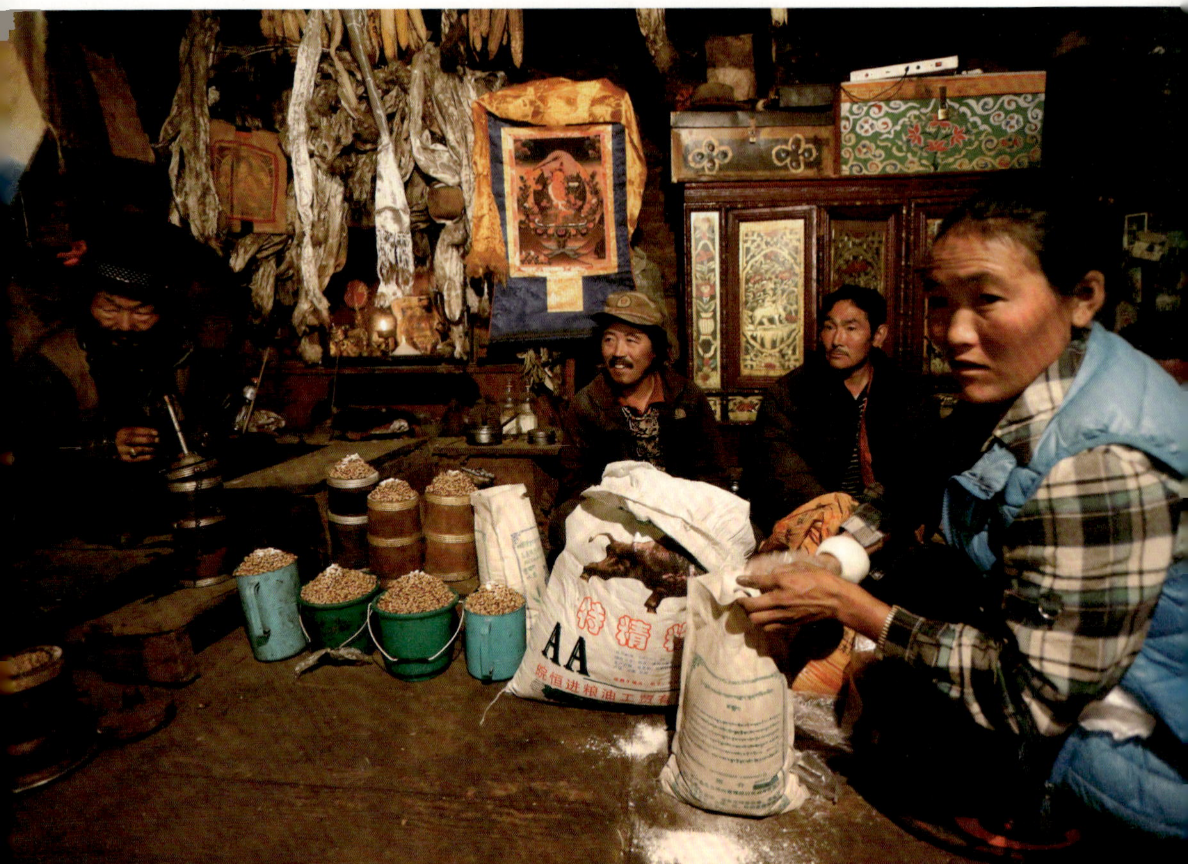
特精
AA

【照片档案 143】
图片说明：堆垛仪式之商议
拍摄时间：2015 年 2 月
拍摄地点：陈塘镇

【照片口述】

　　仪式的主办方要请德高望重的洛本法师、陈塘洛本联合会的会长及组长、阿亚等一起来商议仪式上的细节，主要是决定各个不同环节的举办场地、人员安排、材料安排等，其中最重要的是确定主持仪式中各个环节的法师。主法师在堆垛仪式中，叫"多吉洛本"，还有"拉本""却香巴"[1]等人员。这些法师确定之后，要送给他们一小包酥油、一块牛脂肪及青稞等物品。除了法师，仪式中要有两位堪卓玛、两位鼓手、两位锣钹手，玛本、相布等人物也要安排好。

　　主办者在堆垛仪式的前一天，要请仪式中的主要的洛本法师到家中，调试"董钦"长号[2]、铜钹等法器，由老法师进行一些"法舞"动作的演示。这时，其他洛本法师及信众也会到场观摩。

---

1 以制作朵玛及洒酒施供为主要任务的法师。
2 董钦长号为藏传佛教的一种铜质法器及乐器，可收缩，底部为喇叭筒状，号嘴在顶端。

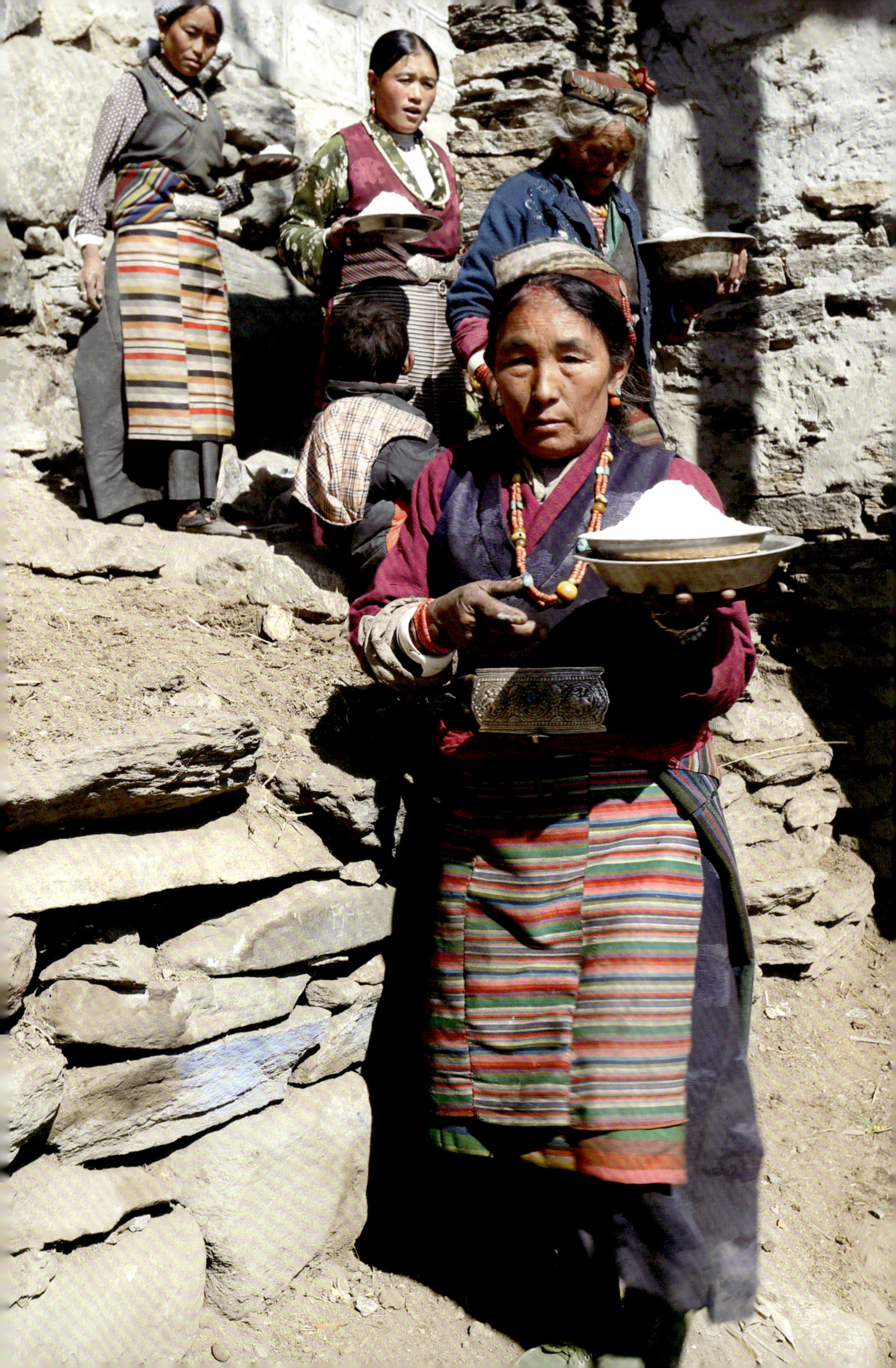

【照片档案 144】
图片说明：堆垛仪式之献礼
拍摄时间：2015 年 2 月
拍摄地点：陈塘镇

【照片口述】
　　堆垛仪式是参与人数最多、参与法师最多的仪式。仪式的参与者要给仪式的举办方送一点粮食或其他物品。

【照片档案 145】

  图片说明：参与仪式的妇女
  拍摄时间：2014 年 1 月
  拍摄地点：陈塘镇

【照片口述】

  不仅陈塘夏尔巴四村的妇女会参加堆垛仪式，藏嘎村与那塘村的妇女也会参加。图中为拿倒赤匈碗与赤垛盘的妇女。

喜马拉雅的艺术之花——夏尔巴人口述影像志：2005—2016

【照片档案 146】

图片说明：摸顶加持
拍摄时间：2015 年 2 月
拍摄地点：陈塘镇

【照片口述】

　　后藏新年及藏历新年期间也是各家各户举办各种法会及结婚的最佳时机。那时，很多村民的房前屋后、院内屋里会活跃着各种法师的身影。按照古老的传承，各种法会夜以继日地进行着，让人目不暇接，着实热闹。

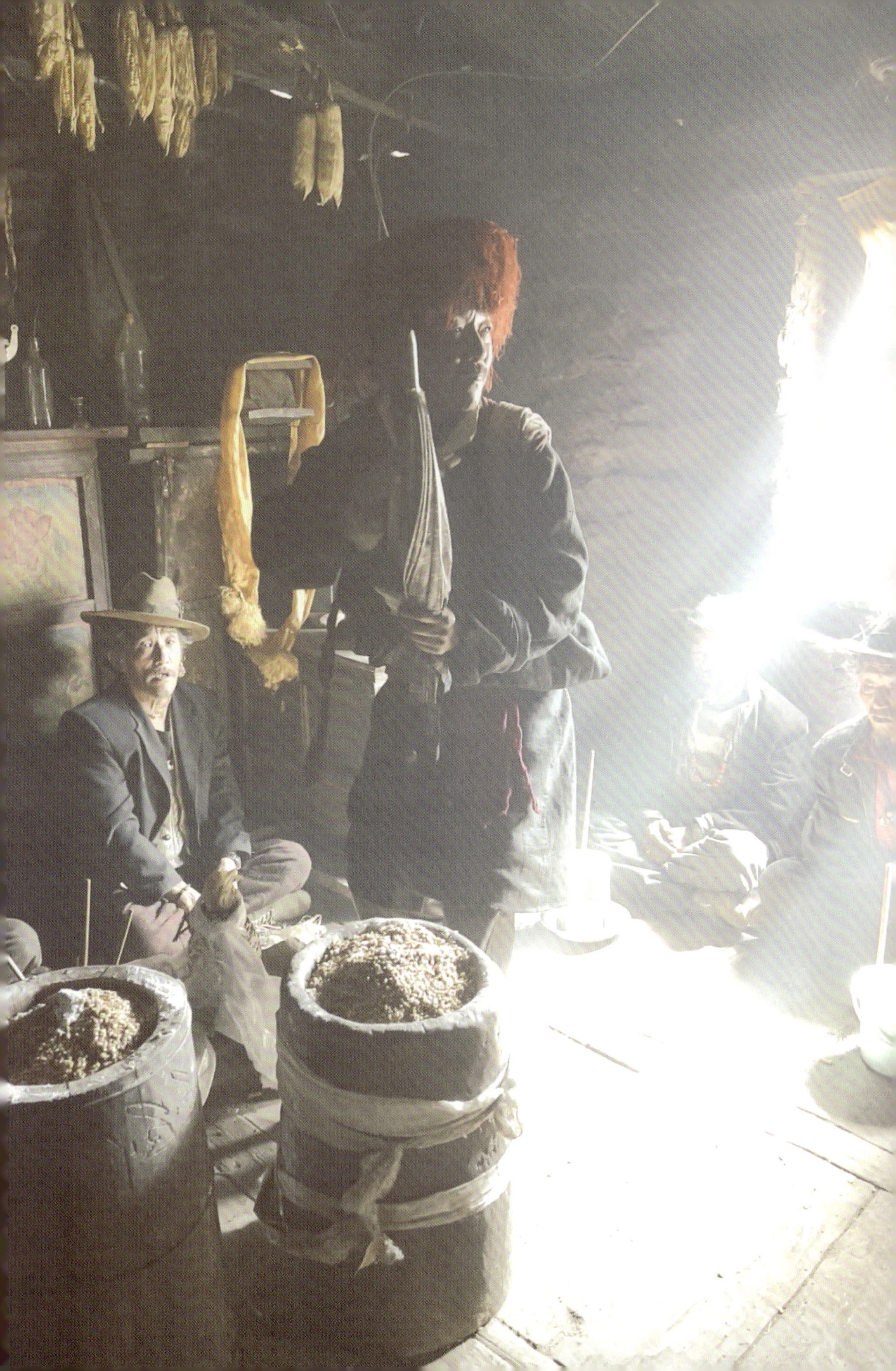

第二章
夏尔巴人人生礼仪

人生礼仪是指人在一生中几个重要阶段中所经历的不同的礼节和仪式。伴随着夏尔巴人生不同阶段礼仪的有许多一般性和独特的风俗，它们共同构成了人生礼仪民俗，主要包括诞生礼仪、结婚礼仪和丧葬礼仪。

诞生礼仪

在很长一段时间内，很多陈塘夏尔巴妇女习惯在家中分娩，有些孕产妇因此而发生事故。陈塘镇内藏汉两种文字写在石头上的宣传标语"住院分娩好，母子保平安"似乎也反映了这个问题。

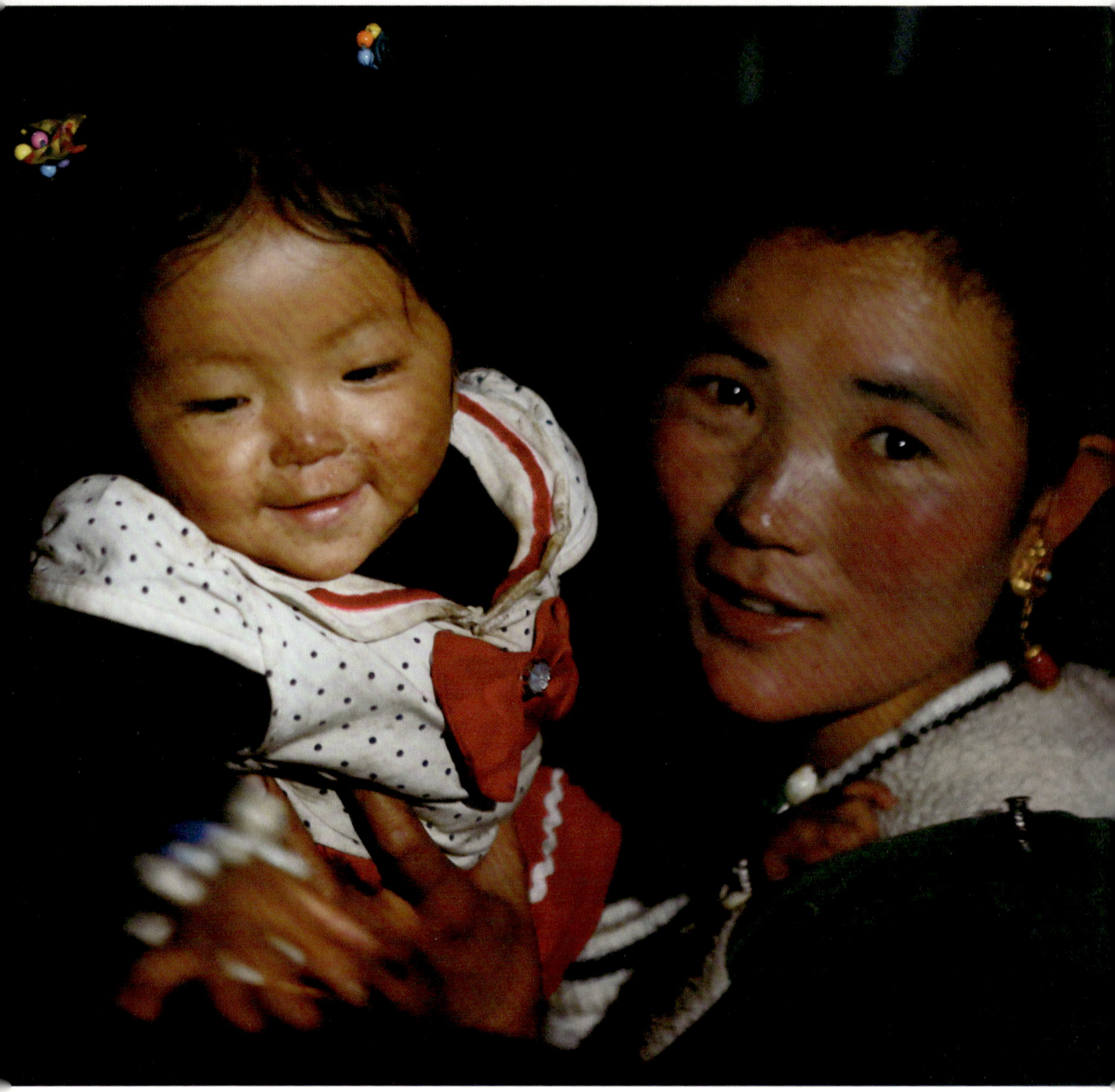

【照片档案 147】

    图片说明：夏尔巴母女

    拍摄时间：2017 年 3 月

    拍摄地点：陈塘镇

【照片口述】

    婴儿出生后，要把胎盘及母亲的脏衣服包起来，然后在野外挖个洞埋起来，不能给狼、狗等动物翻出来或是吃了，这样会对母子不利。母亲产后会食用陈塘土鸡调理身体。

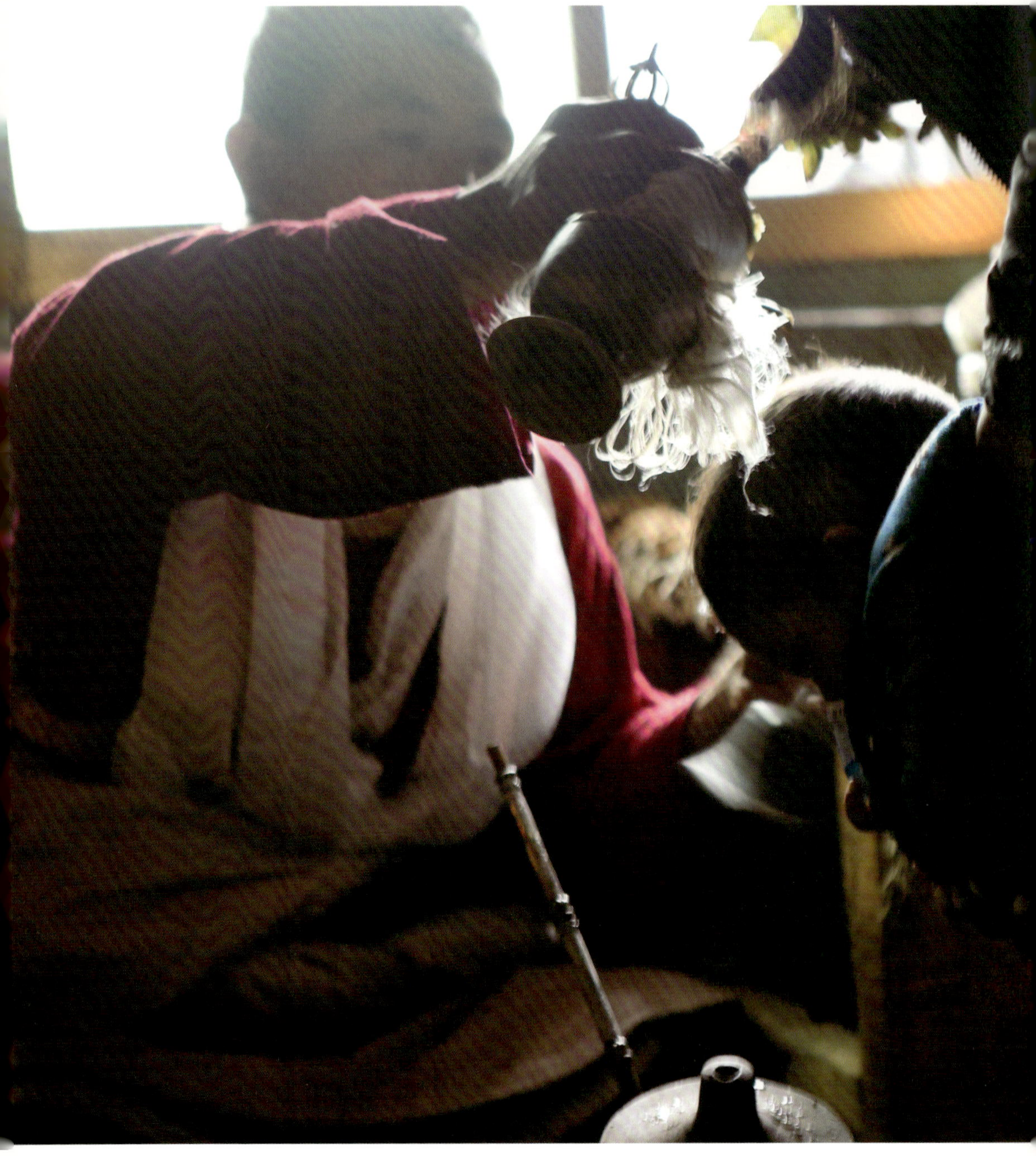

【照片档案 148】

图片说明：托桑仪式
拍摄时间：2017 年 3 月
拍摄地点：陈塘镇

【照片口述】

  新生儿出生后的三天内，陈塘夏尔巴人要请洛本法师或喇嘛来举行托桑仪式，消除生育给地方神和土地神带来的污秽。托桑仪式挑吉日举行，理论上该仪式开始的最佳时间为清晨的阳光刚照到珠穆朗玛峰峰顶的时候，法师还要做一个代表珠峰的披交朵玛[1]，为出生的婴儿进行加持。若请的是洛本法师，则用的法器有贲巴壶及金刚杵[2]、单柄鼓[3]、单面钹[4]，等等。法师边念经边用法器做出各种动作。主人要穿着白色的藏袍，右手持刀，刀刃向内，边摇晃边大声喊叫："喔索索，拉加啰，拉加啰。"[5] 之后，洛本法师用贲巴壶象征性地清洗婴儿全身，象征着净化，即洗涤婴儿身上的污秽，洗刷婴儿生长中的一切障碍。最后，法师还要将贲巴壶中的水洒向房屋四周，净化洗涤以解除污秽对宅神、土地神及其他神灵的打扰。

---

1 披交朵玛用面粉做成置于小圆盘之上，为白色四面金字塔形，塔身上划着横的刻痕，有时塔锥顶上插有三支酥油。朵玛"颇炯"有两种，分别代表着珠穆朗玛峰与冈仁波齐峰。
2 金刚杵是密宗佛教中使用的一种法器，由三股、五股或九股叉与之相连的中心杆两部分组成。它象征着人在无限示现方面的初始状态。金刚杵原来是古代印度的一种武器，坚固无比，能打碎任何东西，故冠以"金刚"之名，在密宗中，它象征摧破烦恼的菩提心。见《苯教与西藏神话的起源——"仲"、"德乌"和"苯"》，第 87 页。
3 单柄鼓是陈塘夏尔巴洛本法师最重要的法器之一，用长木手柄与鼓体相连，法师用手柄持鼓，手柄有时雕刻着精美图案，鼓体直径约 50 厘米，鼓框上绷的是牛皮，用交叉的绳索罩在木框上将鼓面固定。常见为两面蒙牛皮，有的只有一面蒙有鼓皮，因而称为"半面鼓"。这种鼓用弯曲的木槌击打：将鼓握在左手，贴近脸孔，然后右手用木槌向左击打鼓面。
4 单面钹是陈塘夏尔巴洛本法师最重要的法器之一，为一种铜质圆形的打击乐器，是一个圆铜片，中心圆弧鼓起，中间有孔，可以穿绳条等用于持握，另一面系有铃舌。把绳条夹在左手拇指和中指之间，并晃动之，有"叮叮"的清亮声发出，相当于藏传佛教的金刚铃。
5 这句话意为"神胜利了"。

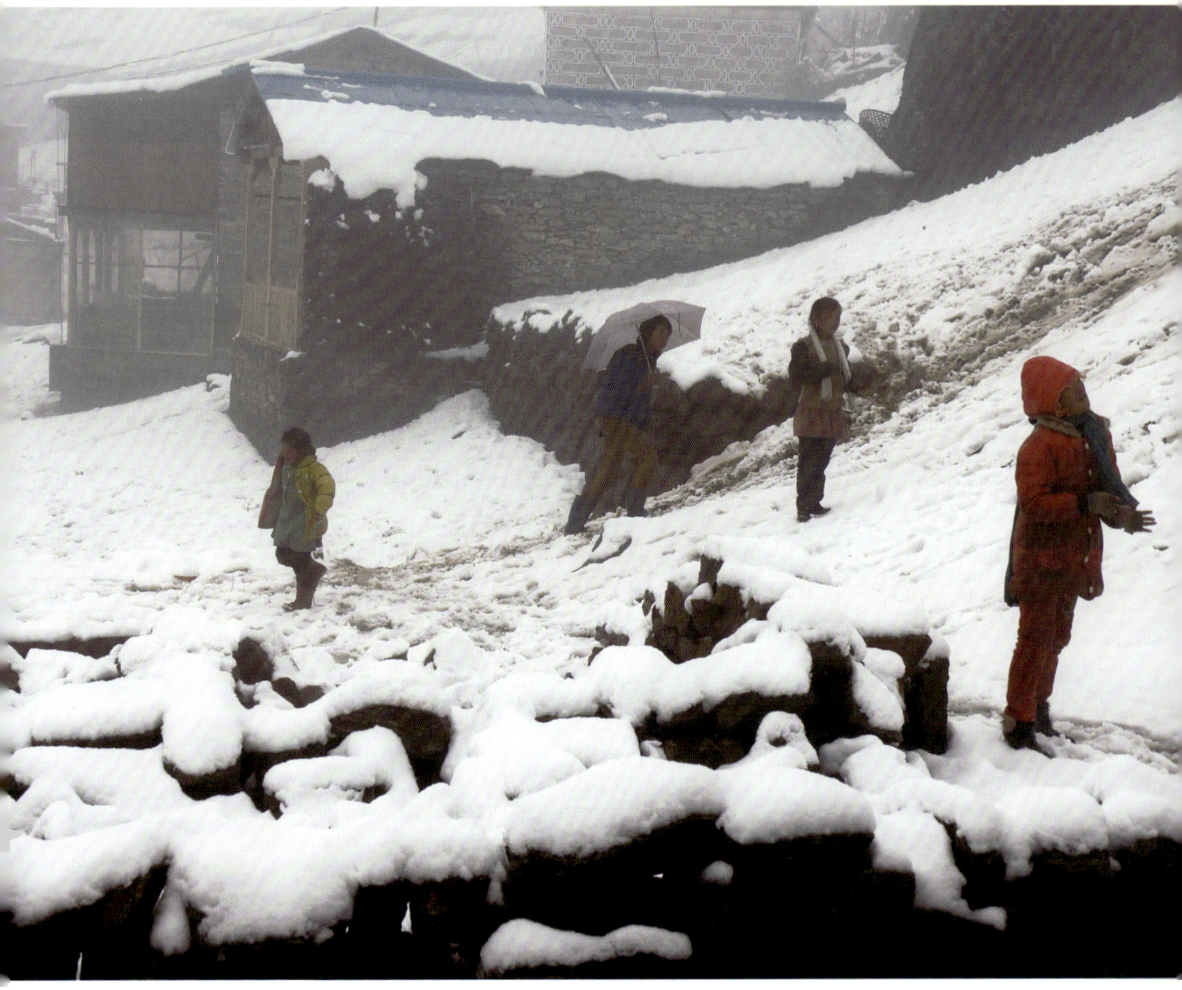

【照片档案 149】

图片说明：玩雪的儿童
拍摄时间：2015 年 2 月
拍摄地点：陈塘镇
口述者：昂给

【照片口述】

　　婴儿出生三天后，就要给他（她）取名字了。爷爷、奶奶取的名字是最好的，也可以让为婴儿举行托桑仪式的喇嘛、洛本法师或学识渊博、德高望重的老者给孩子取名。婴儿的名字与藏族的名字很相似，以日月星辰、吉祥词语、宗教词语、出生的星期与日期为主，翻译成汉语时，以四个字或两个字为主。男孩名多为达瓦、尼玛、普布、嘎玛、多吉、巴桑、诺布、丹增、贡布、扎西、次仁、平措、群培、赤烈等，女孩多叫拉姆、央金、卓玛、德吉、美朵、边巴、米玛等。除此之外，四个字的名字多为复合名字，如巴桑诺布、多吉平措、达瓦桑布、扎西次仁、达瓦次仁、央金拉姆、次仁德吉等。

　　因为重名的很多，所以在称呼的时候，会加上村名及大、小等前缀，如"比塘村的大巴桑"。

【照片档案 150】

图片说明：拉薪仪式
拍摄时间：2015 年 2 月
拍摄地点：陈塘镇
口述者：昂给

【照片口述】

  父母还必须在男性婴儿周岁前，伺机为他举行"拉薪"[1]仪式。"拉"是神灵，"薪"是树木之意，故此仪式也称为"立神树"。仪式借助神树，沟通氏族神、土地神及其他神灵，来护佑男孩健康成长，抵抗防御所有不祥之物及邪祟的侵犯。举行仪式时，必须由婴儿舅舅来砍神树达巴树[2]，并伺候洛本法师，以及做法师的助手。

---

1 "拉薪"也有生命之树的意思。
2 "达巴"为夏尔巴语，即红皮桦树。

【照片档案151】

图片说明：仪式上的小女孩

拍摄时间：2017年2月

拍摄地点：陈塘镇

口述者：昂给

【照片口述】

　　一般没有为女孩举行拉薪仪式的习惯，但是在父母强烈要求之下或是洛本法师占卜后认为若不为女孩举办此仪式会有大灾难的情况下，也可以为她举行此仪式。这时，也要由女孩的舅舅砍拉薪树，但树种不是红皮桦树，而是柳树。

【照片档案 152】

图片说明：经符

拍摄时间：2011年8月

拍摄地点：陈塘镇

口述者：尼玛

【照片口述】

　　初生的小孩若身体不适，要在门口及小孩睡觉的床头上贴经符，当地人相信这样可以驱除侵犯小孩的邪秽恶灵。

【照片档案 153】

图片说明：夏尔巴妇女与儿童
拍摄时间：2010 年 5 月
拍摄地点：陈塘镇
口述者：昂给

【照片口述】

　　若一两岁的小孩身体不好还经常生病，而且久治不愈的话，可能是小孩的生辰属相与家人不和或相冲，就需要考虑给小孩"换"父母。具体做法是在亲朋好友里请一对身体健康的夫妇做爸爸拉拉与阿妈拉拉。然后让他们来到家中，给小孩送上新碗及新衣服等礼物，并大声对孩子说："孩子不要怕，爸爸与妈妈来看你了。"再对着孩子父母说："你们作为孩子的保姆，一定要尽心尽力地照顾好我们的孩子，若不用心的话，我们将对你们不客气。"这样，这对夫妇的身份在某种意义上转变为孩子的父母，而亲生父母则转变成为照看孩子的保姆。如此之后，若孩子的身体没有起色，除继续医治外，还可以多找几对夫妇来当爸爸拉拉和阿妈拉拉。

【照片档案 154】

　　图片说明：喂食的妇女

　　拍摄时间：2015 年 2 月

　　拍摄地点：尼泊尔基玛塘卡村

【照片口述】

　　夏尔巴妇女有用嘴嚼碎食物喂给婴幼儿的习惯。

【照片档案 155】

图片说明：背篓上的小孩
拍摄时间：2011 年 8 月
拍摄地点：陈塘镇

【照片口述】

　　陈塘夏尔巴人习惯将孩子放于一个铺有垫子的长方形竹筐内，一侧插上一把小刀以避邪。小孩也会戴着"子母贝"制成的手镯以避邪。竹筐两端系一根背带，母亲外出或干活时把带子套在前额上背起小筐。孩子在哭闹时，母亲会用后背轻轻地把筐颠起来哄孩子。

【照片档案 156】

图片说明：看护小孩的妇女
拍摄时间：2014 年 1 月
拍摄地点：陈塘镇

【照片口述】

人们平时把筐放在地上，小朋友转着黑漆漆的眼珠，躺在竹筐里，打量着竹筐外面的世界。有时候父母也把孩子放到地上，让他活动。孩子睡着了，就用毛毯把其头脸遮盖住。

婚姻礼仪

　　一般说来，陈塘夏尔巴人是以小家庭为单位生活的，婚姻以一夫一妻制为主。在陈塘四村里，曾经有少数兄弟共妻的现象，如萨里村以前有一户，沃雪村有两户，都为二兄弟共妻。随着社会的发展，这种兄弟共妻的现象在陈塘四村里已经消失。

　　陈塘四村的夏尔巴人在婚俗方面，即使双方父母及男女本人都已经同意这门婚事，仍习惯于采取大致类似"抢婚"的方式完婚。他们迎亲不叫"迎亲"，而是叫"抢亲"，每一次热闹的"抢亲"都为未婚的青年男女提供了斗智交友的良机。一次次"抢"新娘的嬉戏逗闹，一次次喜迎新娘的热闹场面，又孕育着一对对新的情侣。

　　纵观陈塘夏尔巴人的婚姻礼仪，大致分成求婚、试婚、订婚、结婚等步骤，其中大量的载歌载舞、繁文缛节与神秘仪式是必要的。相传古时的陈塘婚礼礼仪比现在还烦琐，到20世纪八九十年代，在老乡长尕米的大力劝说下，婚俗减少了一些不必要的环节。不过，酒作为上佳的载体，仍一如既往地穿插在其中。

【照片档案 157】

图片说明：夏尔巴人祖孙三代

拍摄时间：2010 年 5 月

拍摄地点：陈塘镇

口述者：昂给

【照片口述】

　　陈塘夏尔巴人家庭大都以小家庭的形式存在。由最小的儿子为父母养老送终，父母名下的房屋也由小儿子来继承。其他兄弟在婚前就要开始搭建新房，等房屋建好后再举行婚礼，搬入新房开始自己的小家庭生活。父母过世后，除了对遗产有明确交代之外，除房屋之外的其他财产将在儿子们之间进行分配。由于陈塘夏尔巴人普遍都不富裕，所以父母留下来最重要的财产为其名下的田地。

【照片档案 158】

图片说明：夏尔巴婚礼
拍摄时间：2015 年 2 月
拍摄地点：陈塘镇
口述者：昂给

【照片口述】

  结婚的男女双方不能同属一个族姓，这是陈塘夏尔巴人男女相亲、相恋、结婚的必要条件，也是不可违反的"天条"。古时的陈塘四村的村民一般是从藏嘎村与那塘村娶媳妇，而很少把女儿嫁给藏嘎村或那塘村的男人。如今随着交通环境的改善，陈塘夏尔巴人与其他民族通婚的情况也越来越多了。

  图中的新娘是冲巴，小族姓为哒咕瓦，新郎是梯格巴的贡布日松巴小族姓。

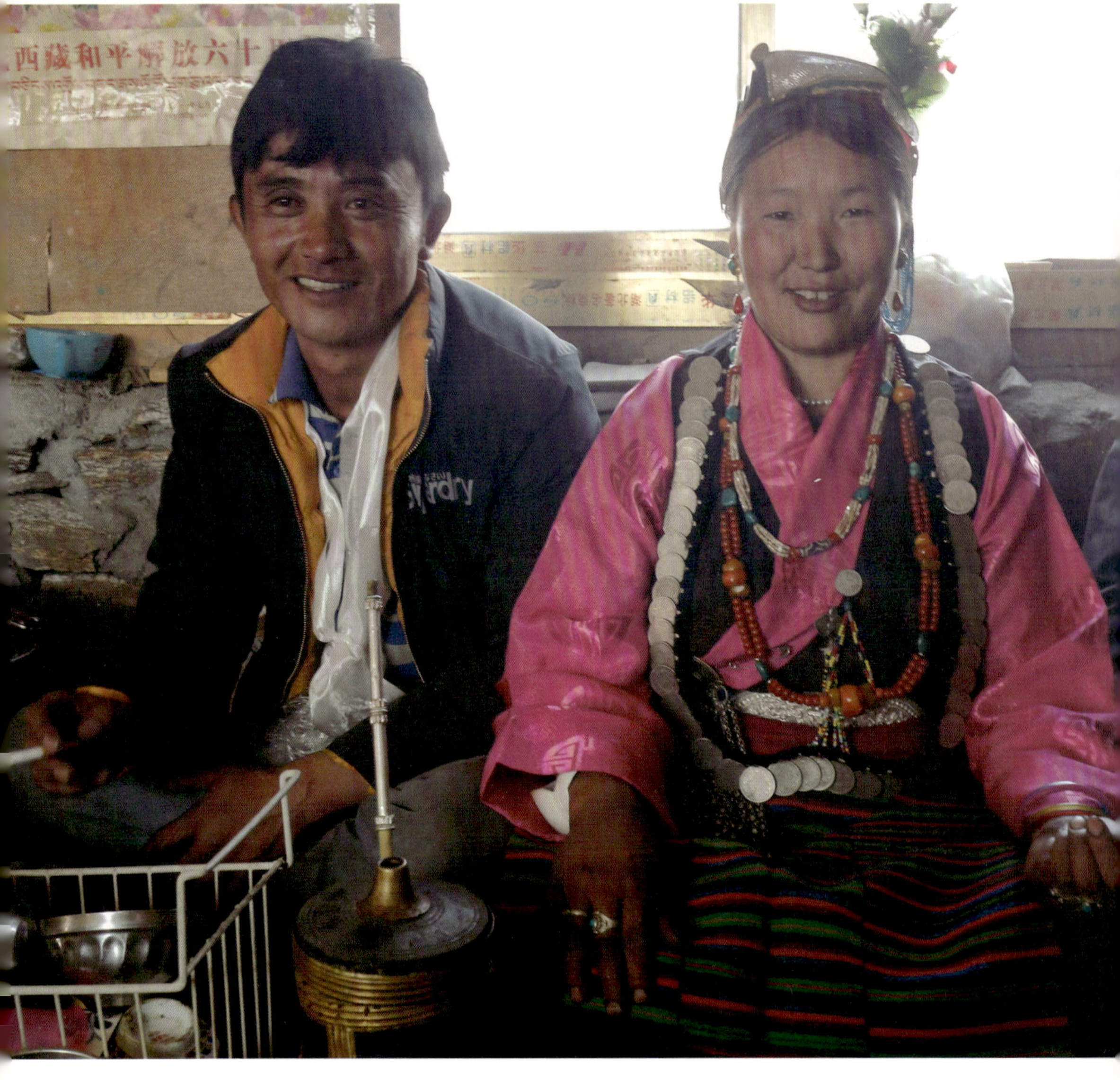
西藏和平解放六十

【照片档案 159】

图片说明：夏尔巴新婚夫妇

拍摄时间：2015 年 2 月

拍摄地点：陈塘镇

口述者：昂给

【照片口述】

  如果男子看上了人家的女儿，而且也满足族姓的条件，男方就要请能说会道的"玛巴"[1]及他的"阿亚"提着一瓶白酒与哈达到女方家提亲，给女方的父母献哈达，说明想娶女子的理由，比如男方十分喜欢女子，想生活在一起，等等。若酒被女方退回来，说明女方不同意。然后玛巴与阿亚接着再过去提亲。如此三次后，女方就必须跟提亲人说不同意的理由，比如已经有意中人了，也收下了意中人的定亲之物，等等。若没有正当理由的话，提亲人就会问，你为什么看不上小伙子，难道他是要饭的？难道他身心不健康？等等。男方必须要女方给一个合理的理由方才罢休。

  女方收下酒后与亲朋们一起把白酒饮完，长辈再回一桶鸡爪谷酒给男方就说明同意婚事了。提亲酒酒瓶要用哈达包裹起来，还必须沾上酥油。

  在陈塘，男女之间的婚嫁不一定讲究门当户对，只要双方相互喜欢，又不是属于同一个族姓，则婚事可成。

---

1 玛巴是陈塘夏尔巴人对一种男性家庭成员特定的称谓，特指直系亲属女性的配偶，如自己的大女婿、哥哥的大女婿、姐夫等。

【照片档案 160－161】

图片说明：订婚仪式（开古所玛）
拍摄时间：2014年2月
拍摄地点：陈塘镇
口述者：昂给

【照片口述】

  双方相处一段时间后，感觉比较合适，就会举行订婚仪式。订婚不仅会让双方家人关系更密切，也向其他人宣示未婚夫妻的关系。订婚仪式夏尔巴语叫"开古所玛"。男方经与女方协商同意后，择吉日先由玛巴背着大桶的鸡爪谷酒走在前，后面跟着四位身着红色或白色氆氇藏袍、头戴古代帽子的特定人士，分别是阿亚、途布、相布、明沃。到达女方家后，他们与女方舅舅、叔伯、父亲的阿亚等喝订婚酒，举行订婚仪式。虽然条件艰苦，但是这个订婚酒是必须管够的。

  订婚之后，男女双方可以试着生活在一起，合则过，不合则分，类似于现在流行的"试婚"。试婚的时候，男方需要生活在女方家中，而且要帮女方家生产劳作。若男方有经济实力，盖了新房，则男女双方也可以搬到新房单独生活。不过在结婚前，男子至少要在女方家生活劳作一年。

【照片档案 162】

图片说明：夏尔巴男孩

拍摄时间：2015 年 2 月

拍摄地点：尼泊尔基玛塘卡

【照片口述】

有时，试婚后，生下男孩才是举行婚礼的首要条件。

陈塘夏尔巴人认为，青年男女之间的了解通达，再没有比在一张床上睡觉的方式更好了。即便一床睡觉，一时也难以了解和沟通，所以试婚期要长，要生了孩子，长到双方都能相互信任、共同承担责任、经受考验。这个试婚过程的长短取决于双方，有时往往持续数年、数十年之久。不过"奉子成婚"，最好还是男孩，则是个不成文的规则。

有了孩子也不一定立刻结婚。在陈塘，孩子都快成年了，父母再举办婚礼也是常有的事。

【照片档案163】

图片说明：夏尔巴传统婚
　　　　　礼仪式
拍摄时间：2015年2月
拍摄地点：陈塘镇
口述者：昂给

【照片口述】

夏尔巴人结婚也需要到政府的民政部门登记，领取结婚证，以获得政府对婚姻关系的认可与支持。但在陈塘夏尔巴人的心目中，举行传统婚礼仪式才是男女双方成为夫妻的标志。领了结婚证而没有举行仪式，其婚姻关系是不会被大家认可的。

相对于提亲、订婚、试婚所经历的各种过程、仪式来说，婚礼是最隆重与烦琐的。婚礼主要在晚上举行，每次精心安排的婚礼都是一场文化庆典和亲友们的狂欢。

这时亲朋好友要聚在一起，共同庆祝，喝结婚酒。在婚礼仪式上，除了双方亲朋好友聚在一起吸鸡爪谷酒，向新人表达祝福之外，男女双方还要在长辈的协商下，签订有关婚姻的契约。这契约约定了双方的生活权利与义务，乃至离婚后的财产分割。

婚事已定，繁简由己。虽然大致的仪式框架不会改变，但是在一些细节上还是会有细微的差别。定下吉日后，通知各位亲友，安排证婚人、叔舅、阿亚等重要人士。在婚礼仪式上，他们将扮演十分重要的角色。陈塘镇为下辖四个村的冬营地，冬季大家基本上都会回到陈塘，所以婚礼在冬季举行为多。

迎亲之前，主家要派专人去亲朋好友的房子里邀请他们，用以召集迎亲队伍。其中订婚仪式上的阿亚、途布、相布、明沃四个人是必须要请的，他们将是迎亲的主角。他们的打扮与订婚仪式中一样，头戴黄色噶夏帽或红缨帽，身穿厚厚的红色或白色氆氇衣。

惠民理发店

【照片档案 164】

图片说明：迎亲队伍
拍摄时间：2015 年 2 月
拍摄地点：陈塘镇

【照片口述】

　　时辰到了，男方的迎亲队伍就出发到女方家迎亲。这是一个只限男性参与的大队伍，打头的男青年要高擎一面杆长约 5 米的旗幡，旗帜为白色，那是代表祖先族姓颇拉的"氏族旗"。四位迎亲人按途布、相布、明沃及阿亚的顺序往前行走。无论下雨与否，他们一般都要撑上雨伞，代表着富有和满足。玛巴还要背着近 1 米高的大鸡爪谷酒桶，这是送给女方的喜酒。中间为喜悦的亲朋好友。大队伍走成一条逶迤的长线形。一路上人们欢歌笑语。以前迎亲队伍出行时有放火铳的习惯，如今变成了小朋友扔的"摔炮"（摔在地上会响的鞭炮），照样热闹无比。

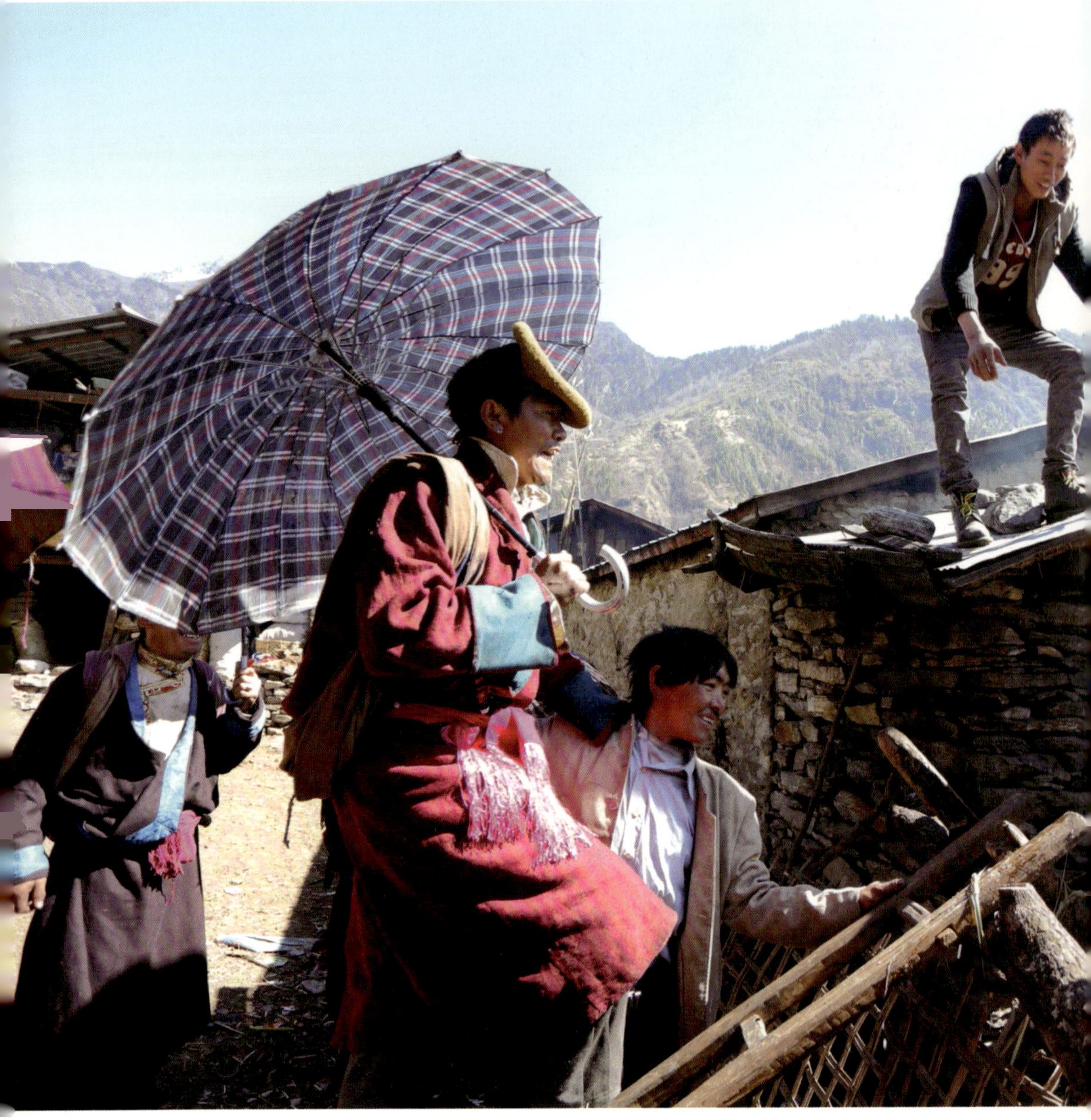

【照片档案 165】

图片说明：迎亲人过"独木梯"
拍摄时间：2015 年 2 月
拍摄地点：陈塘镇

【照片口述】

　　到了新娘家门口，迎亲队伍并不能在第一时间进入新娘的家里，需要按照古老的类似"抢亲"的剧本进行"表演"。首先，女方亲友要关闭大门，搭高门槛，在上面设"独木桥"，以防止他们把新娘"抢走"。阿亚必须从高门槛上的独木桥上走过。这时，女方会爬上房顶上往迎亲人身上泼水，扔刺人痒痛的蝎子草，抛掷雪球、土块等物品，这时阿亚的雨伞就派上用场了——把从上往下扔的各式物品——挡住。然后女方把独木桥等路障拆除，背酒的玛巴、途布、明沃、相布及其他迎亲人依次来到女方的房门前。此时，房顶上还会源源不断地泼冷水，让大家防不胜防。

【照片档案166】

图片说明："抢亲"

拍摄时间：2017年2月

拍摄地点：陈塘镇

口述者：昂给

【照片口述】

  到达紧闭的房门后，迎亲人要求情送礼，门才会打开。男方的迎亲队伍进入大门后，女方亲友要与迎亲队伍摆出抢亲与反击抢亲的动作，双方面红耳赤地对着，跺脚、推搡、摇摆，不时有人被推倒在地板上，引起大家大笑，但爬起来还要继续闹。女方的亲朋好友往迎亲队伍的成员身上泼凉水是大家乐此不疲的"游戏"。据说闹得越凶越乱，新人越幸福，所以再结实的木板房，也会有摇晃的感觉；再干燥的木板地面，遇到这种阵势，也会湿透了，走在上面滑溜溜的。

【照片档案 167】

图片说明：献上迎亲酒

拍摄时间：2015 年 2 月

拍摄地点：陈塘镇

【照片口述】

　　混乱只会持续几分钟，之后，四位迎亲主角来到屋内，主迎亲人向新娘的父母、舅舅、姑姑等长辈献哈达，送上两大桶鸡爪谷酒，然后滔滔不绝地说着吉祥祝福等应景话语。

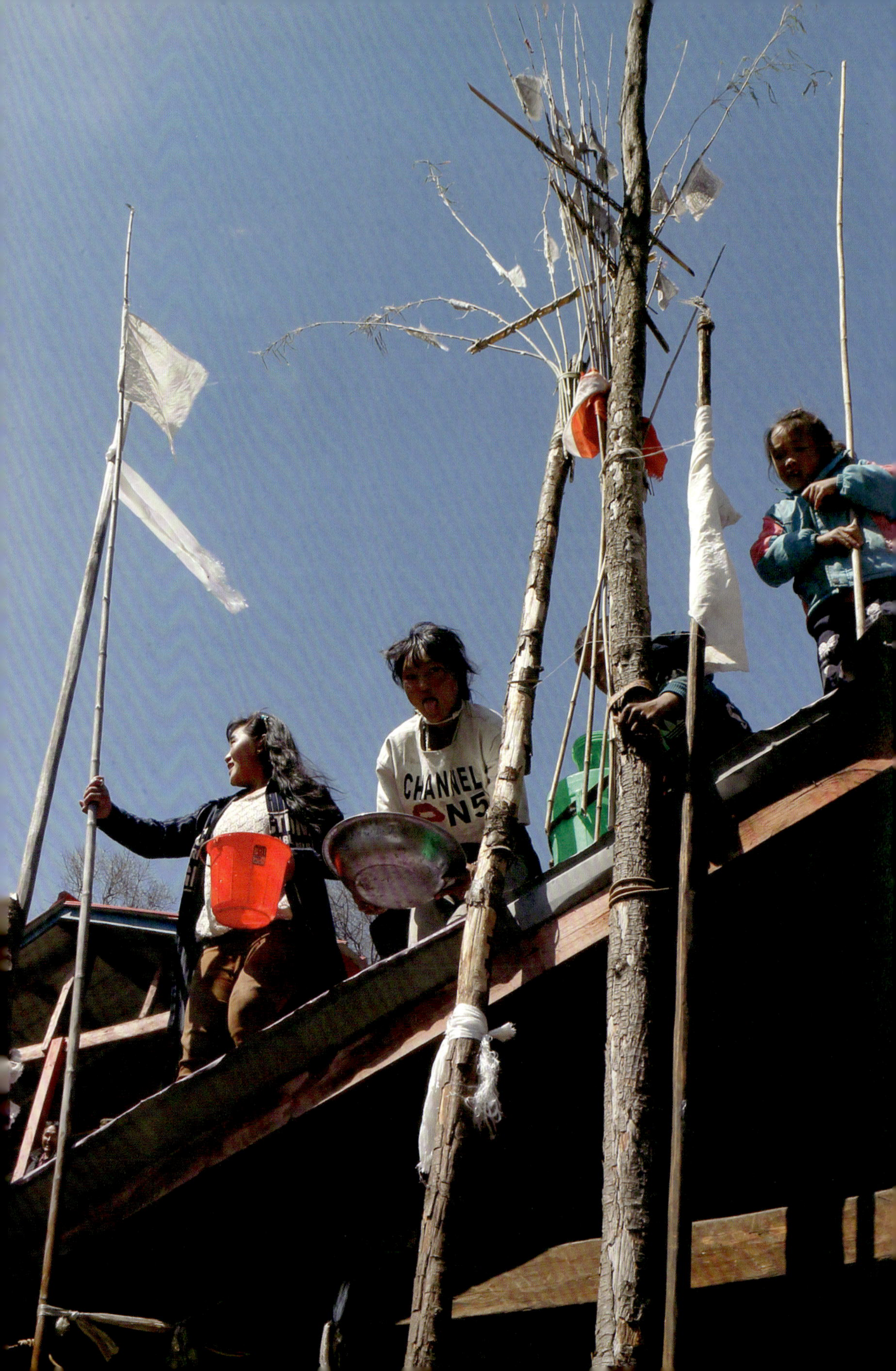
CHANNEL
N5

【照片档案168】
　　图片说明：氏族旗
　　拍摄时间：2017年2月
　　拍摄地点：陈塘镇

【照片口述】
　　迎亲队伍要把带来的氏族旗暂时插在新娘的家门口。新娘的家人也会立一杆氏族旗。图中的两面旗分别代表梯格巴与冲巴两大族姓。

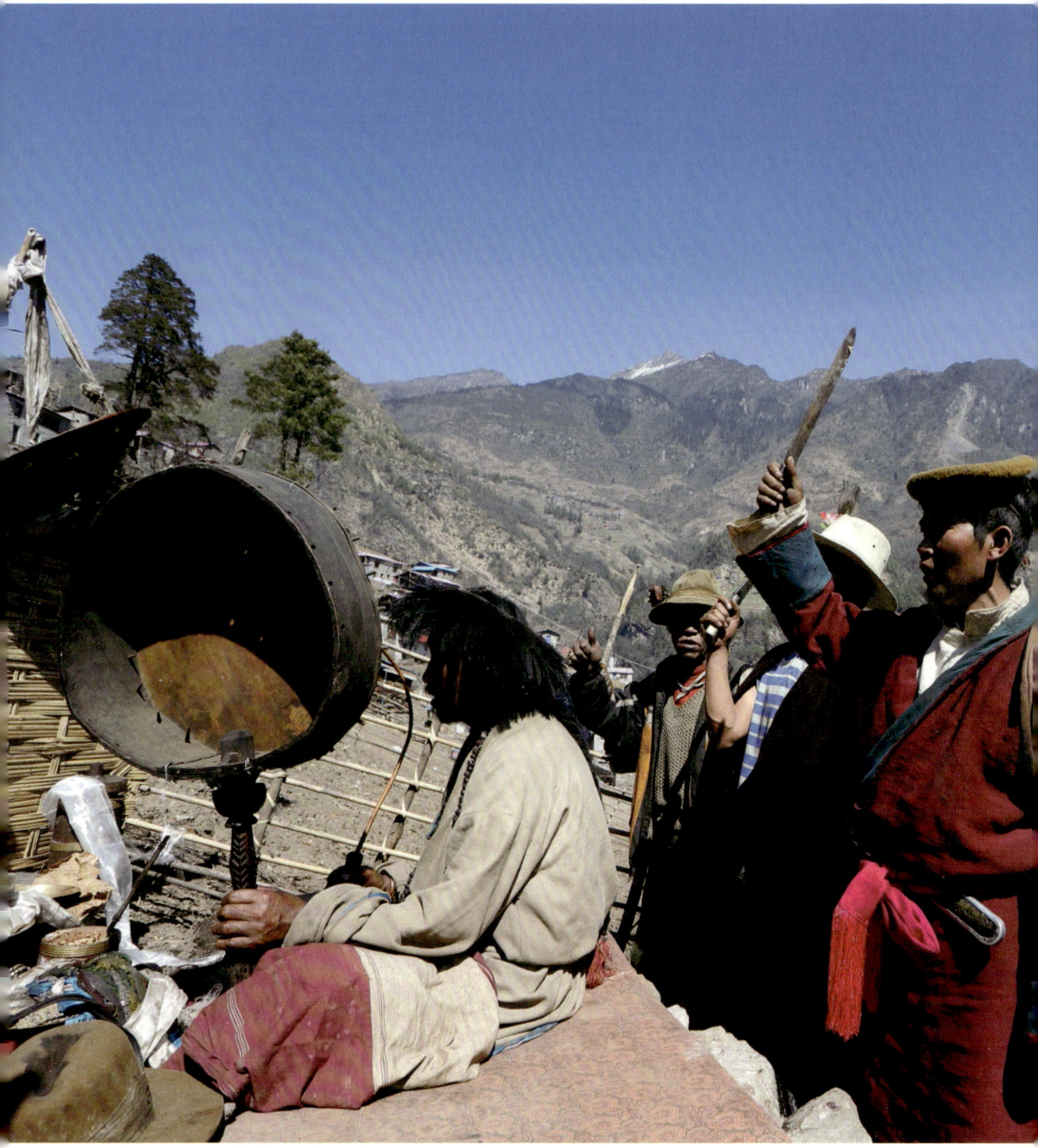

【照片档案169】

图片说明：孔桑仪式

拍摄时间：2015年2月

拍摄地点：陈塘镇

口述者：昂给

【照片口述】

　　之后，途布、相布、明沃及阿亚等四位迎亲人必须回到男方家，参加男方为婚礼而举行的孔桑小型仪式。"孔桑"的意思为"半天的仪式"。

　　孔桑仪式像缩小版的拉薪仪式，也搭有祭台，其后面要插一根白色旗面的氏族旗。这仪式是祈请氏族神及拉神保佑新郎，避免因婚礼活动而受到打扰的神灵对新郎加以伤害。途布、相布、明沃、阿亚及新郎在仪式的某个环节中，要拿起刀刃上贴有酥油的夏尔巴"棋"刀，刀锋向内，站成一排，配合着鼓点，嘴上喊叫着："索和，索和，索和，拉加啰。"叫喊"拉加啰"时要快且大声，同时右手向上举起棋刀到头顶。

【照片档案 170】

图片说明：证婚人
拍摄时间：2017 年 2 月
拍摄地点：陈塘镇

【照片口述】

　　孔桑仪式结束后，四位迎亲人、新郎的另一个阿亚及其他人一起到女方家接亲。这时，女方家旁边的田地上要摆设两条用卡垫铺成的"座位"，中间摆上一些矮柜，用来摆放亲朋好友给新娘的礼品。卡垫的摆放是东西方向的，坐上方靠北位置的是证婚人。证婚人有数人，他们坐北朝南，由政府官员、法师[1]、新娘的舅舅、新娘的叔叔及一两位与新娘同族姓的年轻人[2]组成，他们的前面都要放一桶鸡爪谷酒。

四位迎亲人与阿亚到达现场后,先是站成一排,由阿亚向证婚人表示感谢,并说请证婚人喝好酒等话语。说完一个事项,大家一起向他们鞠三个躬。然后四位迎亲人坐在证婚人对面的卡垫上,女方家人为他们各端上一桶鸡爪谷酒。

---

1 可请洛本法师或喇嘛,也可以将两者同请过来。
2 这同族姓的年轻人夏尔巴语叫"帕布"。

【照片档案 171】

图片说明:"拉卜羌"酒

拍摄时间:2015年2月

拍摄地点:陈塘镇

口述者:昂给

【照片口述】

　　迎亲时男方玛巴背过的两大桶鸡爪谷酒也分别摆在边上,上面插数根吸酒管。这两桶酒有个讲究,插着一个竹条的一桶叫"拉卜羌",是新娘的直系亲属专享的,若新娘的长辈邀请,别人也可以吸这桶酒;另一桶叫"洒羌",是大家可以共享的喜酒,前来送礼的普通人都会吸上几口沾喜气。

【照片档案 172】

图片说明：为新郎送上"告诫箭"
拍摄时间：2017 年 2 月
拍摄地点：陈塘镇

【照片口述】

  不久，身穿白色藏袍的新郎也来到现场，他坐在迎亲人的身后，女方家会给他端上一桶酒、一盘米饭及一大块带骨头的牛脚肉，请他享用。但很快，专门给他"定制"的"告诫箭"就会送上来，插到他面前。这时候新郎的表情是最有意思的，喜悦中又带着尴尬。

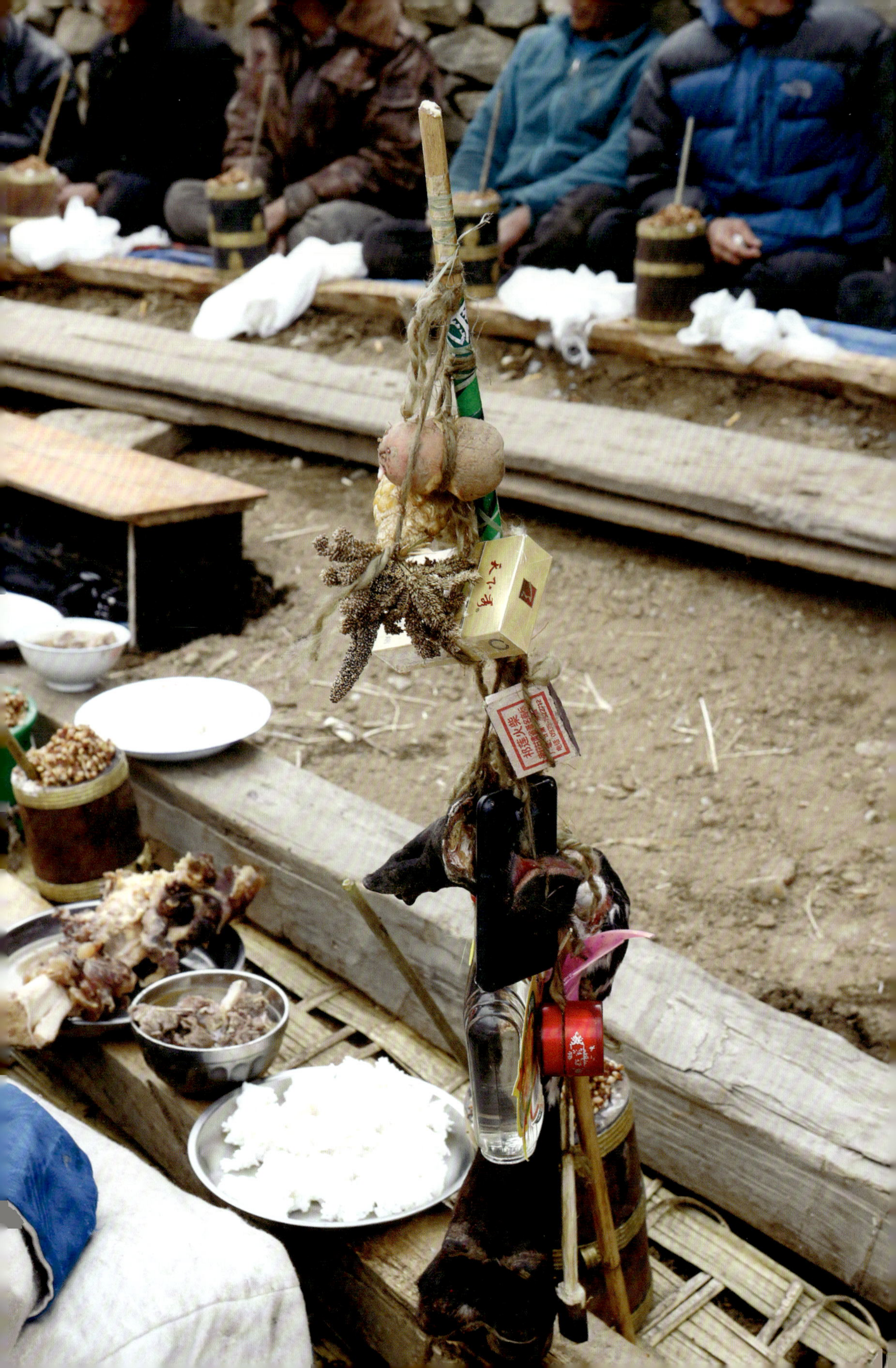

天下秀
祁莲火柴

【照片档案 173】
图片说明：新郎的"告诫箭"
拍摄时间：2017年2月
拍摄地点：陈塘镇
口述者：昂给

【照片口述】
　　"告诫箭"一般用青竹竿制成，一头尖，上面用绳子绑着各种物品，比如牛蹄、鸡爪谷、镜子、土豆、手机、白酒、香烟、尼泊尔的嚼烟、化妆品、扑克、塑料方向盘等物品，顶端系着一根哈达。有时箭的最上端还塞上一张五十或一百的大额人民币。这些物品都有特定含义，比如牛蹄代表的意思是新郎以后干活的时候，步子与速度都要快一点儿；手机的意思是平时不要时时刻刻看手机，浪费时间；镜子的意思是不要经常照镜子、太爱惜容貌；土豆是要求新郎要爱惜土豆；白酒是说新郎嗜白酒，要改掉这个毛病；扑克意为不要沉溺于赌博；塑料方向盘意为开车不要太快，要慢一点儿。女方家在婚礼现场把"告诫箭"送给新郎，并且把新郎的缺点及对他的意见说了出来，一是希望大家能监督，二是希望新郎改掉这些缺点。

【照片档案 174】

图片说明：送新郎与"告诫箭"回家

拍摄时间：2017 年 2 月

拍摄地点：陈塘镇

口述者：昂给

【照片口述】

　　新郎在拉卜羌酒桶里喝几口酒后，由女方家的一名男性扛着这"告诫箭"，将新郎送回，以时刻提醒之。

喜马拉雅的艺术之花——夏尔巴人口述影像志：2005—2016

【照片档案 175】

图片说明：新娘收礼品现场

拍摄时间：2015 年 2 月

拍摄地点：陈塘镇

口述者：昂给

【照片口述】

  在收礼现场，新娘与姑姑及迎亲人坐成一排，数位证婚人坐对面，也坐成一排。每人的前面都有一桶鸡爪谷酒。在他们中间，摆放着几排矮凳，上面是新娘家人送的陪嫁品，一些空的矮凳将用来摆放其他人的贺礼。

【照片档案 176】

图片说明：婚礼上的记账师
拍摄时间：2017 年 2 月
拍摄地点：陈塘镇

【照片口述】

　　为了保证礼物能被如实、准确无误地登记，在新娘接受贺礼的现场，除了证婚人，还必须有以下几个特定的角色：叫作"冲英"的记账师——他记录祝贺者的贺礼及礼金，最后还要统计；司仪——由新娘父亲的阿亚担任，为最能说会道者担任；司仪助手——把礼物从送礼的亲友手中拿到司仪手上。

【照片档案 177】

图片说明：婚礼上的司仪

拍摄时间：2015 年 2 月

拍摄地点：陈塘镇

【照片口述】

　　婚礼上的司仪一般由新娘父亲的阿亚担任。哈达必须挂到新娘的脖子上，但礼物却不是直接交给新娘的，而是先交给司仪的助手，再由他交到司仪的手上。司仪大声报出送礼人、礼物数量、现金数额后，再摆到矮凳上去。司仪必须声如洪钟，这样一旁的记账师才能准确地进行记录。司仪也必须在报出基本信息时，加入各种吉祥祝福的话，送给新婚夫妇，也送给送礼者。

【照片档案 178 – 179】

图片说明：贺礼
拍摄时间：2017 年 2 月
拍摄地点：陈塘镇
口述者：昂给

【照片口述】

　　献给新娘的白哈达是必不可少的，除此之外，亲友的贺礼都十分简单，基本上是一盘子粮食：玉米、鸡爪谷、青稞、糌粑、面粉等。然后在上面再放上一碗粮食，再加上一条哈达。这样的礼品有个专门的称谓——却夏索的祖塔。"却夏"是碗之意，"索"是盘之意，"祖"是粮食，"塔"为哈达，合起来就是一碗粮食、一盘粮食加一根哈达。无论亲友送什么品种的粮食，都被简化为粮食。

　　也有人另外给少许现金或只给现金。嫁妆和礼品都要登记造册，方便事后还礼。有的人送结婚礼品的目的是希望自己家有事时也能得到大家的帮助。

【照片档案 180】
图片说明：经书加持
拍摄时间：2017 年 2 月
拍摄地点：陈塘镇

【照片口述】

接受完贺礼之后，天也全黑了，新娘与送亲人、迎亲人一起回到娘家，举行最后的送别仪式。新娘向爷爷奶奶、爸爸妈妈及其他直系长辈一一叩头告别。新娘向上座的喇嘛磕三个头后，喇嘛将经书往即将离家的新娘的头上放几下，表示经书的加持及祝福。

【照片档案 181】

图片说明：亲人祝福
拍摄时间：2015 年 2 月
拍摄地点：陈塘镇

【照片口述】

　　新娘按长辈的辈分，向他们一一告别。长辈们给新娘献过哈达后，再往新娘头顶上贴酥油，说一些祝福及传授为妇之道的话。新娘的儿女头上也会被贴上酥油。

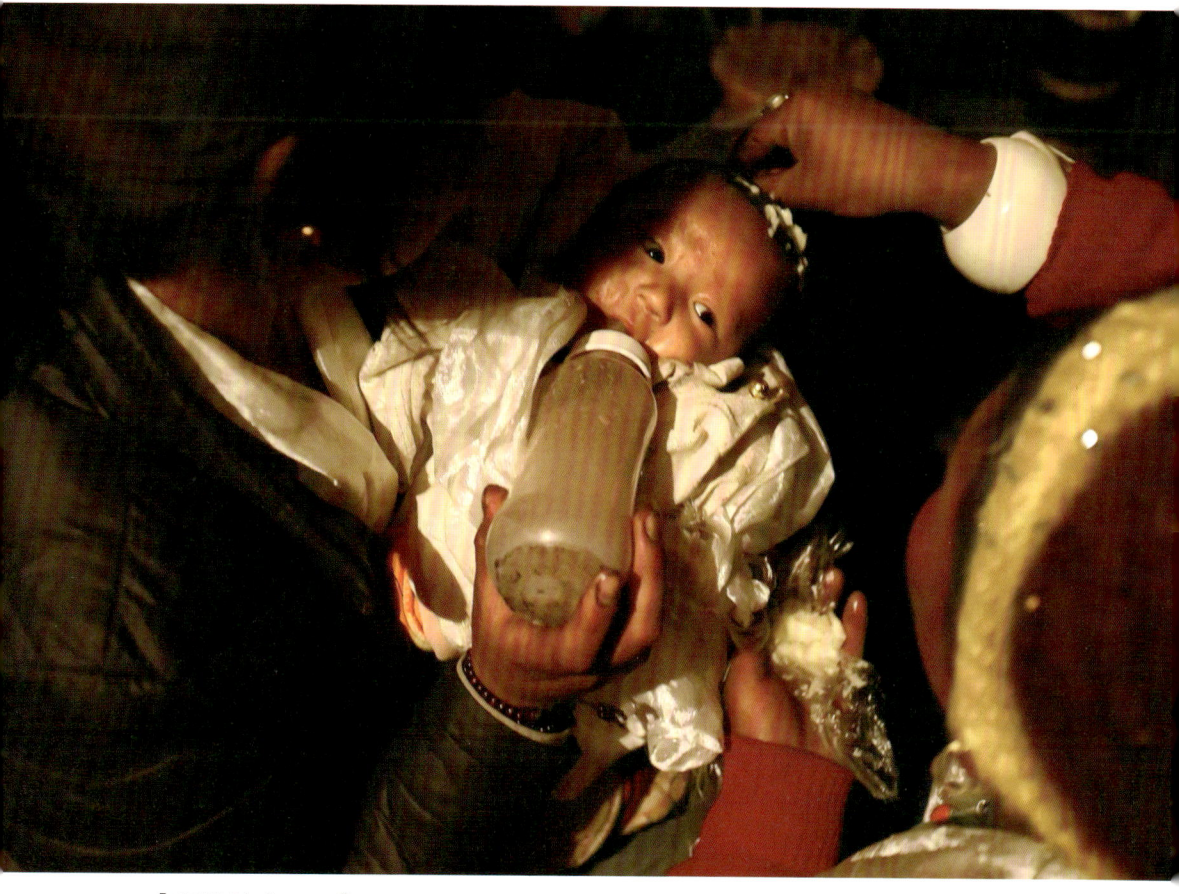

喜马拉雅的艺术之花——夏尔巴人口述影像志：2005—2016

【照片档案 182】
　　图片说明：婚礼上的儿女
　　拍摄时间：2015 年 2 月
　　拍摄地点：陈塘镇

【照片口述】
　　如果新娘与新郎在婚前有了孩子，这孩子也要与新娘一起被长辈贴酥油，而且新娘还要带上孩子一起到新郎家，这样孩子才会被认为是新郎的骨肉。

239

【照片档案183】

图片说明：挂竹拐杖的姑姑
拍摄时间：2017年2月
拍摄地点：陈塘镇
口述者：昂给

【照片口述】

　　在迎亲人的多次催促下，新娘向长辈们告别。随后，迎亲人要向喇嘛、领导及新婚父母告别。然后，由途布牵着，在迎亲人的拥簇下，新娘离开了家。新娘与姑姑往新郎家走时，按风俗还必须挂一根竹拐杖。

喜马拉雅的艺术之花——夏尔巴人口述影像志：2005—2016

【照片档案184】

图片说明：新娘进门时的卡赤仪式

拍摄时间：2015年2月

拍摄地点：陈塘镇

【照片口述】

  新娘到新郎家时同样也是以氏族旗打头，其嫁妆与贺礼由亲朋好友充当的送亲人背着，在后面跟随。队伍到达新郎家后，并不能直接进入房内，还需要在新郎家旁边的空地上举行"卡赤"[1]仪式。这时空地上已经聚集了身着"布勒陪当"长衣或盛装藏装的妇女，被称为"苏将玛"，她们拿着装在酒瓶或水壶中的森玛酒，早已等候多时了。

---

1 陈塘法师主持的一种"净化"仪式，意为"以口净化"。

【照片档案 185 – 186】

图片说明：新娘进门时的利吉玛仪式

拍摄时间：2017 年 2 月

拍摄地点：陈塘镇

口述者：昂给

【照片口述】

　　欢迎场地与新娘接受贺礼的场地很相似：原新娘的位子由洛本法师及助手坐着；原摆放礼品的几排矮凳变成了一个，上面放着装有法师法器的盘子，原证婚人的位子如今为新娘、姑姑、送亲人及迎亲人的位子。每人的前面都摆着贴有酥油的酒杯，酒杯放在木柱条上。

　　新娘、姑姑及四位迎亲人到达后，先要跟着"氏族旗"绕场地三圈后，才在卡垫上入座。新娘的卡垫上面用青稞撒绘十字金刚杵纹或雍仲符等吉祥图案。这图案在下文点酥油仪式上及新郎的卡垫上也要撒绘。而人们在新人的座位上撒绘这些图案，一方面组构成简易的"坛城"，避免仪式过程中邪祟侵入，另一方面利用符号所蕴含的力量，祝愿新人的婚姻关系稳妥如大地。

　　氏族旗要由站在洛本法师身边的旗手手持着。新娘入座后，迎亲妇女"苏将玛"的酒放在第一排木条柱的两侧，然后男方用这些酒给木条柱上面的酒杯倒酒，每个酒杯上面都要贴酥油。

　　煨桑后，就由洛本法师开始进行卡赤仪式。洛本法师在新娘头上贴酥油，并用金刚杵在新娘头上加持，给新娘抛撒驱鬼的青稞粒，用嘴喷出葫芦瓶里的酒在新娘身上进行"净化"等仪式。这时迎亲的妇女"苏将玛"手拉着手，围成半圆形，跳着独特的夏尔巴舞，唱着古老吉祥的夏尔巴民歌，为新娘祝福。在仪式过程中，洛本法师的助手会拿着酥油，依次在现场所有人的头上贴上一小块酥油。

　　卡赤仪式结束后，四位迎亲主角及送亲人还要喝"孛"酒。孛酒的酒具是碗口沿贴上三片尖锥形酥油的大号酥油木碗；敬到你喝时，会有人不断地往木碗中倒酒。然而按孛酒的规矩，不能让碗中酒漏出或溢出，所以必须用比倒酒还要快的速度喝。当有人向你端来孛酒的木碗时，边上会有人拉着长调喊"和久""和久"，然后周边的人附和着竖起大拇指。当你开始喝的时候，有人怪叫着"哦哈哈""哦哈哈"，直到你败下阵来、窘态十足。这时也是最热闹的时候。

【照片档案 187】

图片说明："途布玛"领新娘进门

拍摄时间：2017 年 2 月

拍摄地点：陈塘镇

口述者：昂给

【照片口述】

　　卡赤仪式结束后，新娘与迎亲人在氏族旗的带领下，围着场地顺时针转三圈后，来到新郎的家门口。以前这时是需要鸣放火铳的，现在改由放几个鞭炮替代了。

　　这时有人穿着白色藏袍，头戴羚羊角做的头盔，左手拿竹盾牌，右手拿刀，与新娘一起站在氏族旗下。此人为"途布玛"，他用刀在新娘身上放几下，并大叫着"拉加啰""拉加啰"，意味着从现在开始，新娘就成为男方家的人了，不再是娘家的成员。"途布玛"的族姓与新郎相同，他的儿子将与新娘和新郎的儿子形成一种特殊的关系，即今天这对新人的儿子，以后将成为"途布玛"儿子的婚礼上牵新娘到家的"途布"。

【照片档案 188】

图片说明：婆婆的彩箭加持

拍摄时间：2015 年 2 月

拍摄地点：陈塘镇

【照片口述】

"途布玛"完成仪式后，需要经过一两分钟的等待，房门才会打开。开门的是新郎的母亲。她左手拿着白色朵玛盘，右手挥动着五彩神箭"达达"[1]，用它们分别在新娘身上和头上进行"加持"，希望新娘得到神明的保佑，能多子多福，身体健康。

---

1 "达达"是夏尔巴人及藏族的一种顶端挂着五色丝带的箭，有种说法是五色丝带代表着五大要素，在仪式上，它用来招财和延寿。

【照片档案 189】

图片说明：歌舞欢迎仪式
拍摄时间：2017 年 2 月
拍摄地点：陈塘镇

【照片口述】

　　新娘进屋后，屋内迎亲的"苏将玛"与迎亲人一起唱起古老的祝福歌，祝家庭和睦、福气运势旺盛、身体健康平安，等等。欢迎歌舞之后，男方的迎亲人及女方的送亲人在屋内入座。

——夏尔巴人口述影像志：2005—2016

【照片档案 190 - 191】

图片说明：婚礼上的"吐巴"粥

拍摄时间：2017年2月

拍摄地点：陈塘镇

【照片口述】

　　主人要为宾客提供一种用面粉或大麦粉制成的西藏传统食物"吐巴"[1]粥。当日的这个"吐巴"粥中的面疙瘩要做成巨大的栩栩如生的男女性生殖器形。

　　有时，在面疙瘩里面，会加入一些"异物"，比如扑克牌、木炭、石头、辣椒等，它们都有特定的含义，谁吃到不同的物品，分食的帮工就会叫出这种物品所代表的意思。比如吃到了一个红方块J的扑克牌，他们是这样解释的：想赌博却又没有钱。而吃到辣椒，则代表这个人拙于言、口才不行，等等。

---

1 "吐巴"粥为藏族的一种传统面食，用面粉做圆形或条状的面块，放入牛羊肉熬煮而成。

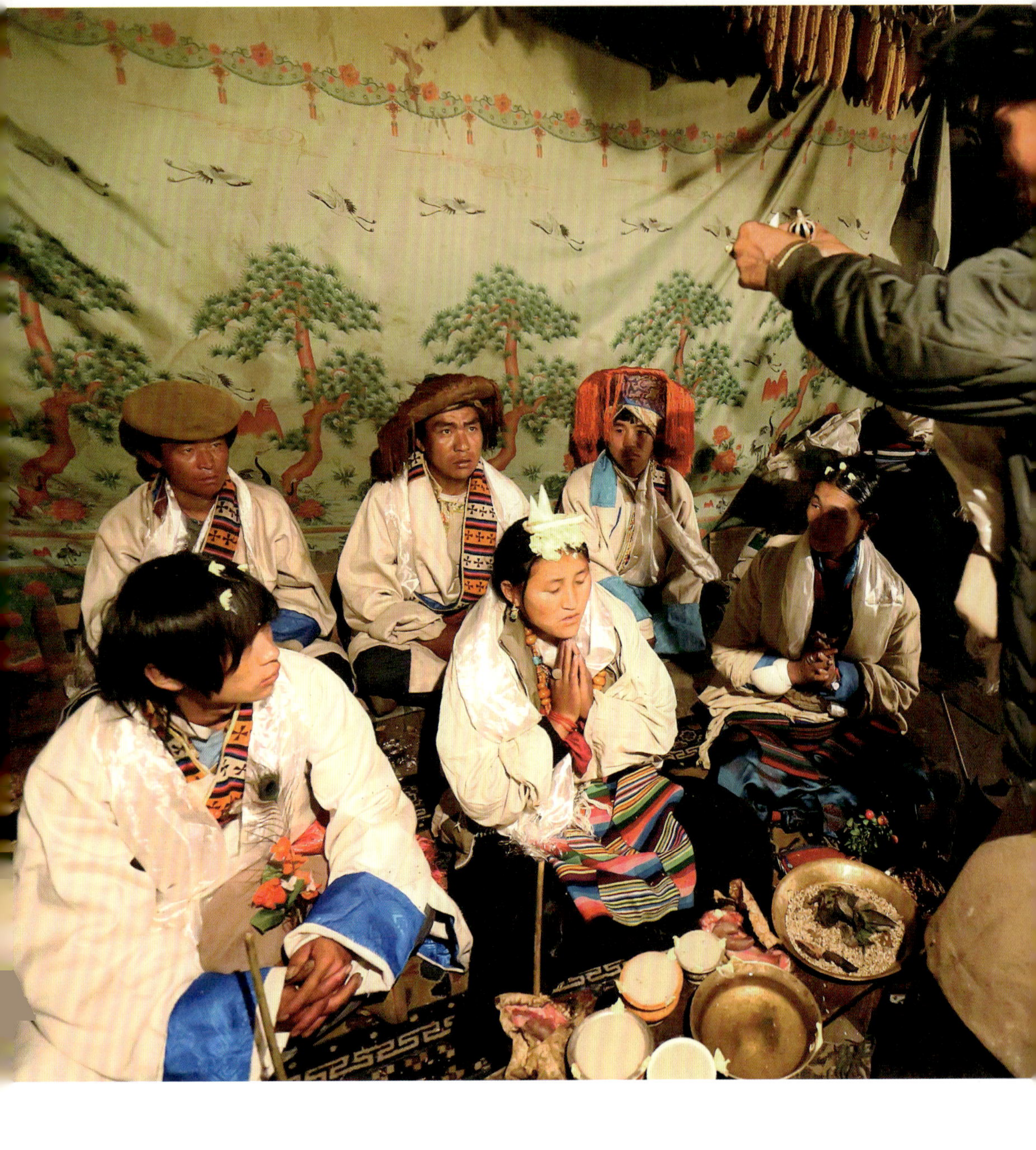

【照片档案 192】

图片说明：扎西玛各仪式
拍摄时间：2015 年 2 月
拍摄地点：陈塘镇

【照片口述】

　　用完食品后，男方家要摆一矮桌，上面要摆放好进行"扎西玛各"仪式时所需的一切，两边都有卡垫。一侧的卡垫上面也要用青稞撒绘两个十字金刚杵纹或雍仲符等吉祥图案。新郎与新娘将要坐在这图案的上面。

　　新郎坐在新娘的右侧，当新人双双就座后，亲友依次给新人们送礼，继而由洛本法师坐在他们对面的卡垫上念经祝福。法师边念经边撒青稞，进行喷酒净化、给羊肉、敬酒、金刚杵加持等仪式，最后是最紧张的"扎西玛各"。

　　法师先往新娘头顶上贴酥油，然后在酥油上面放一个长条形的酥油块，继而在长条形的酥油块上放置三个圆锥体，最高的锥体要放在长条形酥油的最中央，两个相同的放在两边，使之成为"山"字形。这三个锥体只能隔空放，若它们自上而下"自由"落到新娘头上，则为好兆头。锥体不能落到地下，不能放歪，"山"字形还必须对称。这考验着新娘的"定力"及法师的技巧，所以在进行这个仪式时，亲友们都会紧张地提着心，不说话，不喝酒，直到仪式结束。

【照片档案 193】

图片说明：夏尔巴新娘头上的"山"字形酥油花
拍摄时间：2015 年 2 月
拍摄地点：陈塘镇

【照片口述】

张国英先生认为这个贴酥油的扎西玛各仪式"表示新娘将成为家庭的顶梁柱,并通过她使娘婆两家永远友好"[1]。把酥油贴成"山"字形,也有祈请"佛、法、僧"及各路神灵护佑的因素。也有夏尔巴人认为,这"山"字形源自一种古老的叫"果烈"的帽子。可惜没能找到实物。

在点酥油的同时,还要请"氏族神"来喝酒。梯格巴颇拉叫"思列多多",其氏族象征或氏族神为绵羊;冲巴的颇拉"藏列颇堆",其氏族象征或氏族神为公牦牛。这时要用草杠做成"Y"的形状,象征"颇拉"。若新郎的族姓是梯格巴的话,这"Y"形草杠象征思列多多,为羊角;若是冲巴,则象征藏列颇堆,为牛角。它用一根绳子与木柴相连,拿着它的人以跟跄的脚步走进房内,然后把"Y"形草杠插入准备好的一个酒桶里,意味着氏族神喝酒了。最后是把草杠与木柴放到窗台上。

刘洪记先生《夏尔巴习俗述略》一文中记载,樟木夏尔巴人也有给新娘贴酥油的习俗。这种习俗是樟木夏尔巴婚礼中不可缺少的仪式之一,被称为"点酥油"。它是把酥油用锅融化后掺入"阿让"白酒内,倒入碗里,碗边抹上奇数的糌粑点或酥油块。然后用手指或香蒿等吉祥物蘸浮于酒表面的酥油往新人头上撒几下,以表示祝福和消除新人头脑中的一切杂念。

樟木夏尔巴人"点酥油"不是由法师来进行的,而是新郎的父亲或新郎家口才好的男子为新娘来点,同时由新娘家的一人为新郎点酥油。新郎家口才好的男子还要对新娘进行训诫:"从今天起,新娘将得到媳妇的地位,必须始终与新郎一起生活,如果你与其他男人同居,是会被发现的。祝你们夫妻白头偕老!不管是什么力量也不能阻止你们共同生活。在今后的生活中,可能有许多比你丈夫富裕的人,但是你不应跟他们走,即使他们向你显示他们所有的财富;可能有比你丈夫更强壮、更健康的人,他们或许试图勾引你,但是你不应该听从他们;可能有比你丈夫更漂亮的男人,他们试图劝你跟他们,但是你不应该被他们说动心……"新郎也要受到新娘家同样的训诫:从现在起,如果他同别的女人生活也会被发现的……

---

1 张国英:《珠穆朗玛峰东南麓陈塘藏族及其宗教习俗》,参见《民族学研究》,1986年,第293–300页。

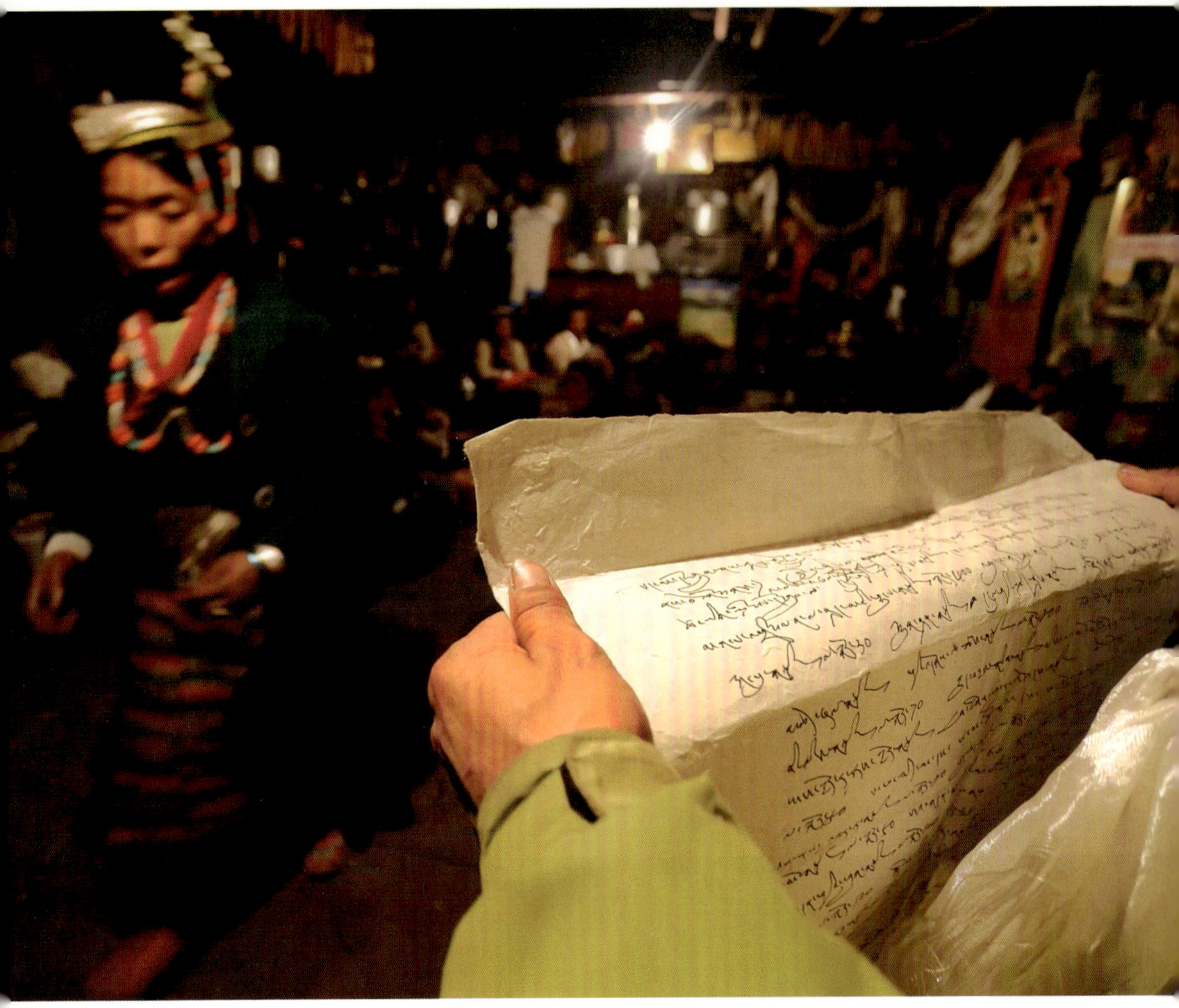

【照片档案 194】

图片说明：念婚姻契约及新娘的"财产公示"
拍摄时间：2015 年 2 月
拍摄地点：陈塘镇

【照片口述】

贴完"山"形酥油，已经是凌晨两三点钟了，不过仪式还没有结束，还必须当着双方亲朋好友的面，念婚姻契约及新娘的"财产公示"。

先是念婚姻契约。与其说是婚姻契约，还不如说是新郎及家人对新娘的"保证书"，它由男方单独拟定，大致是说新娘入门了，不会让她吃苦受累，会好好善待她，男方不会变心，不会去找其他女人，等等。这契约念完之后，迎亲的阿亚、途布、相布、明沃等四人在上面按手印[1]，然后交给女方保存。以后若男方有不遵守的情况，可凭着契约要求他改正。

新娘的"财产公示"是指由贺礼现场的记账师一一念出新娘的陪嫁品、送贺礼的人及其所送礼品。还要对上面的物品进行统计，如玉米多少盘、鸡爪谷多少盘、现金多少等汇总数据。这些财产，若因男方出问题而导致双方日后离婚，男方是需要全额返还给新娘的。

婚后第二天，男方家要大办宴席请亲朋好友及所有村民。这天无论是否给新人送了贺礼，陈塘四村所有夏尔巴人都可以去新郎家祝贺、用餐及喝酒，进行通宵达旦的狂欢。

第三天，新娘回家省亲，这时男方家要送一大桶鸡爪谷酒、一支大牛腿、一片大牛排、一袋大米、一小桶白酒给女方家，以表感谢。这天又会是个不休不眠的歌舞之夜。

---

[1] 用拇指在铁锅底的锅灰中按一下，然后再印到契约上。

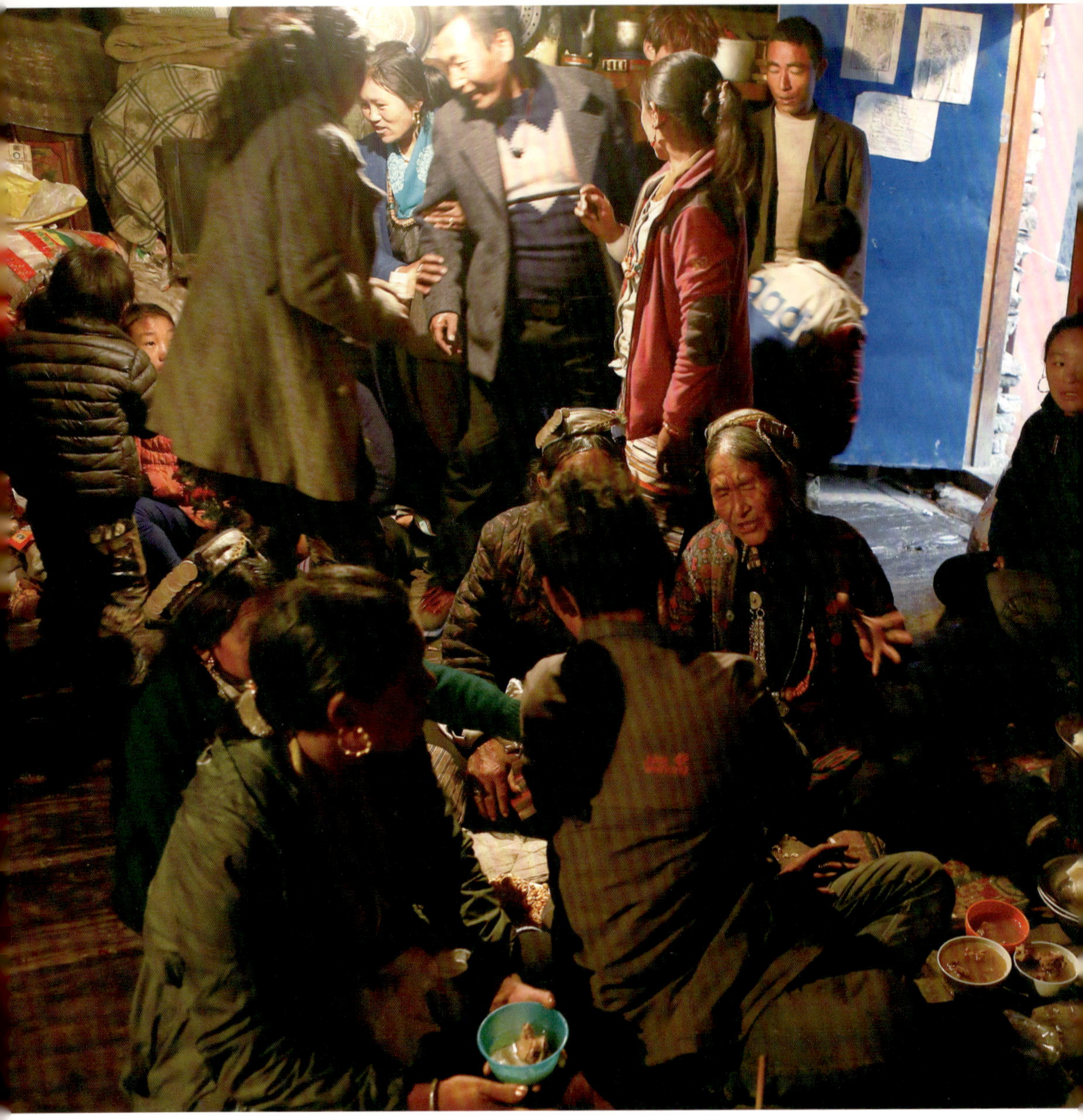

【照片档案 195】

图片说明：非婚生子女的"录玲折巴"仪式
拍摄时间：2017 年 3 月
拍摄地点：陈塘镇

【照片口述】

婚后的陈塘夏尔巴夫妻之间是平等的，他们共同劳动，共同享受劳动成果，没有谁依附谁的关系。离婚也相对简单。而且女性离婚并不会对她的地位造成影响。女子结婚后，名义上也失去了对娘家财产的支配权。

陈塘夏尔巴男女婚前会有一段至少一年的"试婚"期，如果试婚的过程中发生了什么麻烦和困难，这门亲事随时可以中止。这时若双方有孩子，一般是归男方。若双方在试婚过程中生育有子女，但双方中有一方亡故，则这些非婚生子女将被称为"那绿录瓦"，这是个贬义词。

若非婚生子女的身份没有转变，男性就没有参与分配父亲财产的权利，女性也不能在父亲家中出嫁，而且亲朋好友也不能出席他（她）的婚礼并送上贺礼。要转变那绿录瓦身份，须举行"录玲折巴"仪式。通过这个仪式，非婚生子女被父系族姓接纳，转为正式成员，以后他们就有权利享受一切正常子女的待遇了。

【照片档案 196】

图片说明：按次序饮酒
拍摄时间：2017 年 3 月
拍摄地点：陈塘镇

【照片口述】

这个"录玲折巴"仪式的主角是位"向令啊"族姓的成年男子普布（化名）。父亲在他幼年时过世，之后"优领巴"族姓的母亲与其他男人组建了家庭，他从小在其大舅舅家长大，并由舅舅们资助学业，如今为在读大学生。

综观这个仪式，与新娘出嫁的仪式很相似，为其缩小简化版，只是这次"嫁"出去的是男性。他"嫁"入爷爷家后，将获得与亡父一样的权利。

仪式是在大舅舅家中举行的，对着门的一侧依次坐着普布的三个阿亚、普布的舅舅、领导、洛本法师、喇嘛。在靠着喇嘛的一侧，依次坐着大舅舅的阿亚、记账师。大舅舅、外婆等坐在火塘边上的角落里。每个人的面前都摆有鸡爪谷酒。现场帮忙的帮工坐在火塘的另一侧。

上述之人差不多到齐后，爷爷家背来的一大一小两桶鸡爪谷酒中的大桶酒就要移到房屋中央，主人家的玛巴作为"监酒官"，则搬一个凳子坐到酒桶前，手上拿着一把吸酒管。这时洛本法师来到大酒桶前，口中念念有词，把酒桶里的"酒新"献给神灵后，吸一口酒桶中的酒。洛本法师吸酒时，玛巴把吸酒管插到酒桶中，还要用条竹篾在酒桶中拱个拱桥。之后，主人家的另外一个玛巴当"请酒官"，他叫着"曲累、曲累"，按照特定的顺序请大家到酒桶前吸酒。众人在吸酒时，他也会叫着"喔曲达、喔曲达"，意为"多吸点呀"。

这个特定的顺序是：喇嘛及洛本法师、普布的外婆及母亲、普布的舅舅、普布的阿亚及主人的阿亚、帮工阿妈垜玛[1]及阿妈羌玛[2]、参加仪式的其他人员，比如记账师、过来送礼的人等。按此顺序，要轮流喝三次或其他单数次。

---

1 管饭的女性帮工，需要为参加仪式的人员提供饭菜。
2 管酒的女性帮工，为大酒桶添酒醪及开水。

【照片档案 197】

图片说明：法师给仪式主角加持
拍摄时间：2017 年 3 月
拍摄地点：陈塘镇

【照片口述】

　　喇嘛给主人家的五彩神箭加持，女主人在盛装之上加件布勒陪当的长衣，接过五彩神箭后，把它放在家中藏柜的上方。这时主人公普布出场，母亲给他靓丽的藏装上加上件白色的藏装上衣。他跪在喇嘛的面前，喇嘛用金刚杵给他加持，并在他的头上贴一大块酥油。

——夏尔巴人口述影像志：2005—2016

【照片档案 198】

图片说明：收礼环节
拍摄时间：2017 年 3 月
拍摄地点：陈塘镇

【照片口述】

之后，普布面向主人方向的阿亚而坐。他面前摆着一个矮凳，上面摆放贴着酥油的大碗。其他人依次为他穿上白色藏袍，插上夏尔巴棋刀，戴上圆毡帽，再叫上表哥当"伴郎"，与婚礼一样的送礼的环节便开始了。

送礼的形式与婚礼一样，也有司仪念出礼品的品种，记账师记下。有的送礼人不是把礼品送给普布，而是给他的外婆或舅舅，感谢或补偿他们这么多年来对普布的照顾与支持。

259

【照片档案 199】

图片说明：仪式上的记账师
拍摄时间：2017 年 3 月
拍摄地点：陈塘镇

【照片口述】

普布接受完礼品之后，与新娘一样，要向外婆及舅舅们告别及接受喇嘛经书加持，然后众人背着礼品到达爷爷家，不需要进行卡赤仪式与点酥油仪式。在记账官念完普布带过来的财产之后，仪式结束。普布以后念大学的开支将由亡父家来支持，普布也将获得与亡父一样的分配爷爷的田地及其他财产的权利。

根据苯教高僧丹增南达的说法，非婚生子女会带来霉运或引发灾难[1]，所以非婚生子女身份低下，没有继承权。禳解这种霉运及灾难应是举行"录玲折巴"仪式的根本原因。经过近似婚礼的环节，在阿亚、领导、各位法师及参与人员的公证与见证之下，非婚生子女以"明媒正娶"身份进入父系家族，在母系与父系的认可之下，"光明正大"地改变自身的身份，获得应有的权利。这就是举行仪式的意义。

---

1 曲杰·南喀诺布：《苯教与西藏神话的起源——"仲"、"德乌"和"苯"》，向红茄，才让太，译。中国藏学出版社 2014 年版，第 186 页。

丧葬礼仪

相对于夭折的小孩，成年人的葬礼就隆重多了。它需要用堪卓玛的轻吟、洛本法师的舞蹈与喇嘛的梵呗一起来为亡者进行超荐法事。堪卓玛、洛本法师、喇嘛包含了陈塘所有的宗教形态。

若亡者死于夏营地，则在夏营地附近的火葬地进行火葬；若亡于陈塘镇，则在镇上方的火葬台火葬。亡于外面者，不准进房，在镇外面举行"歇将"仪式后，绕过陈塘镇到达火葬台火葬；逝于家里者，则放在屋里由三种法师进行相关仪式。

无论是喇嘛还是洛本法师的信徒，都有为亡者进行七七祭祀的习俗，每天都要像亡者在世时一样，早晚用餐时供一碗饭菜给亡者。喇嘛或洛本法师每隔七天进行一次诵经超度，要进行七次，一共是四十九天。

为了不打扰亡者的灵魂，生人是不允许进入亡者的房里的，也不能拍照录像。

在出殡之前，还需要进行很多特定的仪轨。无论亡者生前信仰哪种宗教，去世后都要遵循这些仪轨走完自己最后的道路。

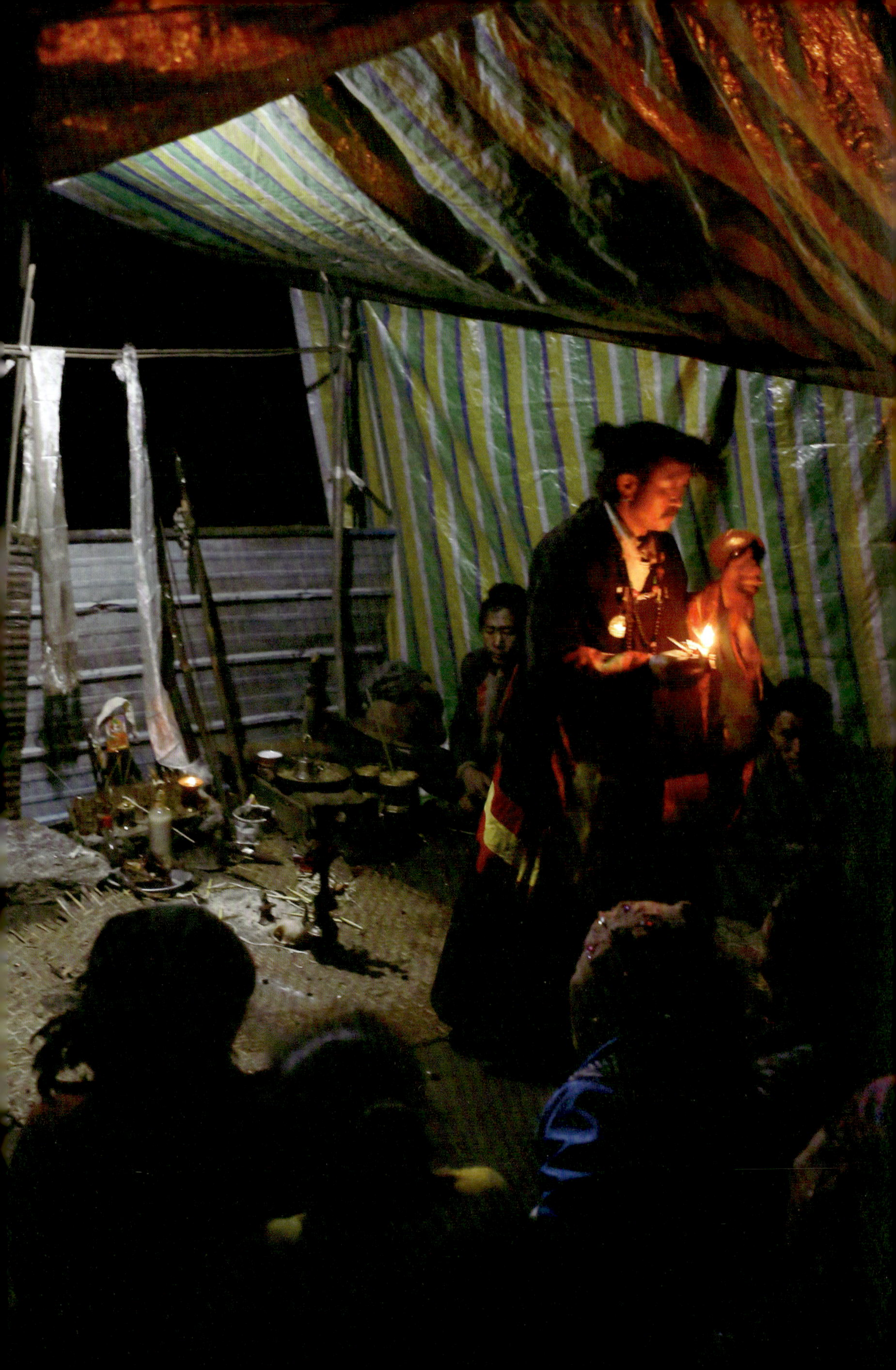

【照片档案 200】

图片说明：歇将仪式
拍摄时间：2017 年 3 月
拍摄地点：陈塘镇

【照片口述】

　　歇将仪式是陈塘夏尔巴人为亡者举办的一种传统的超荐仪式。一般会分三种情况来对亡者进行处置：一是亡于家中，若是亡于夏营地，则在夏营地火葬；若亡于冬营地陈塘镇，则在陈塘镇背后的贡巴拉神山进行火葬。二是亡于家外及非陈塘的外地，这时家属就必须在尽可能短的时间内把尸体运回陈塘镇，但不能进入家中，只能在镇的入口处举行歇将仪式，然后在贡巴拉神山上火化。三是失踪，从失踪之日算起，过 49 天后在镇的入口处为亡者举行歇将仪式。为这三种情况的亡者举行的歇将仪式基本相同。

　　图中是为失踪人员举办的歇将仪式。此人为沃雪村村民，因病于 2017 年 1 月 13 日在日喀则市人民医院就医，14 日 19 时后失踪。家人向派出所报警后一直没有得到警方确切的音信，加之病人体质虚弱，会经常性晕倒，所以家人揣测他已死亡，于是在他失踪次日的第 49 天后，即 3 月 4 日凌晨为他举行歇将仪式，以超度他的亡魂。

【照片档案 201】

图片说明：搭建祭坛

拍摄时间：2017年3月

拍摄地点：陈塘镇

【照片口述】

正常的歇将仪式流程大致相同，一般会在亡者身旁举行。这种情形下，若对仪式进行全过程的记录与拍摄，会触犯亡者的尊严、隐私及各种禁忌，所以只能通过第三方的描述来进行记录。此次的歇将仪式超荐的亡者与笔者是相识的，他的爱人及很多直系亲属与笔者都是好朋友，故笔者被允许在一个角落全程观察仪式。但是关于仪式某些内容的解读大家还是忌讳甚深的。

歇将仪式大致可以分四个环节或阶段。第一个环节是准备阶段。此时搭建一个祭坛，制作朵玛、火梭、却炯[1]垛等法物，按仪轨要求进行各种物品的摆设。

在东边的村头、陈塘镇福利院北侧的空地上搭建举办法会的简易棚屋。它三面及上方用彩条布围起，敞开的东面对着田地，也对着从台阶路上到陈塘镇的北面路口。[2] 夏尔巴人认为，若非正常死亡者及失踪者的灵魂神识未经法会的禳解及安抚而进入陈塘镇，会造成不良的后果，所以棚屋敞开的一面对着路口及田地，既能让亡者的灵魂神识进入法会现场，也能把它们"安全"地控制在棚屋内。

---

[1] "却炯"是来自内地五台山的护法神。
[2] 从藏嘎村出发沿台阶路往上走，过了第五个亭子后，有个岔路口，往西的路通向陈塘镇的南入口，往北经过田地后，最初到达陈塘镇的位置就是搭建棚屋之地。

【照片档案 202】

图片说明：颇瓦超度
拍摄时间：2017 年 3 月
拍摄地点：陈塘镇

【照片口述】

  "颇瓦"超度仪式可由喇嘛或洛本法师来举行。夏尔巴人认为，人死后，其灵魂神识不灭，会经过七七四十九天的"中阴"阶段再转世。在这段时间内，家人每次就餐时，都要为亡者供养一份食物。法师每隔七天做一次法事，为亡者的灵魂神识进行正确的引导。这也是此次仪式于亡者失踪后的第 49 天举行的原因。在正常的情况下，法师是在亡者的耳边念诵颇瓦经文，让亡者在往生转世的过程中不会迷失及陷入无边的黑暗之中。

【照片档案 203】

图片说明：抛掷却炯垛
拍摄时间：2017 年 3 月
拍摄地点：陈塘镇

【照片口述】

在歇将仪式上，抛掷却炯垛之前要献祭一只公鸡。处理好的公鸡将放在祭坛下面。这公鸡将是亡者的"替身"，与下面环节中的"人俑"一样，法师在仪式中与相关神灵进行"约定"，让它们与亡者进行"平等交换"。当地人认为这样亡者在中阴阶段所受的滋扰就会转嫁到公鸡与人俑体内。

【照片档案 204 – 205】

图片说明：摧灭人俑坛城
拍摄时间：2017 年 3 月
拍摄地点：陈塘镇

【照片口述】

　　最后的歇将仪式要在祭台下方的竹席上摆一个圆形的人俑坛城。里面的人俑及猴头骨被白线围住，并用五组两根交叉的木橛围住各个方位。献祭鸡血之后，在一系列复杂的仪轨之下，代表亡者的人俑将被摧灭，而亡者在世时所作的所有恶业被转移到猴头骨内，并用蜂蜡封印在里面。

　　为亡者举行歇将仪式后，亡者将在淌金·多吉林巴护法神及旺久玛[1]女神的帮助下，避免转世过程中的种种无明及非难，得到好的结果。仪式中的颇瓦环节可由洛本法师或喇嘛来进行。为亡者进行颇瓦超度的法师将在葬礼上作为亡者的"领路人"[2]。喇嘛拉巴丹增有一套扎嘎利唐卡，专门是用在这个仪式上的。但由于喇嘛不杀生，所以第三与第四环节只能由洛本法师来进行。

---

1 旺久玛为"哈嘛"五姐妹女神中的老二。
2 法师通过一根哈达与装亡者的竹筐相连，走在前面，意为领路人。

【背景资料】

　　人俑坛城摆放在鸡盘前面的竹席上，它由几个部分组成：外沿是一根白绳，围成一个不甚规则的圆圈，白绳围的地方撒着白色的粉末。绳体上面有等距离的五组两根交叉的木橛，两根木橛的交叉点压着白绳。长柄鸡血勺从白绳下方穿过，勺柄在白绳围成的圆圈外，勺体在圆圈内，下面垫着一块和着鸡血的糌粑，勺中塞着白色的羊毛。贲巴壶在圆圈之外，挨着白绳，瓶嘴正对着祭台和圆圈内的人俑。人俑高约15厘米，用糌粑混着勺内的鸡血捏制而成，它的下身为圆桶形的底座，双手张开，胸部像袋鼠一样多了一个"碗"，里面装着木勺里的鸡血，而头部张开的大嘴正对着贲巴壶的瓶嘴，似乎在急不可耐地喝着瓶嘴流出的甘露。在人俑与贲巴壶之间，有个嘴对着人俑的猴颅骨，它的后脑勺背着贲巴壶。此猴颅骨取出时，被坛城上的白绳包裹着，白绳与颅骨之间插着一根根木橛，收回去时，也要还原为取出时的状态。

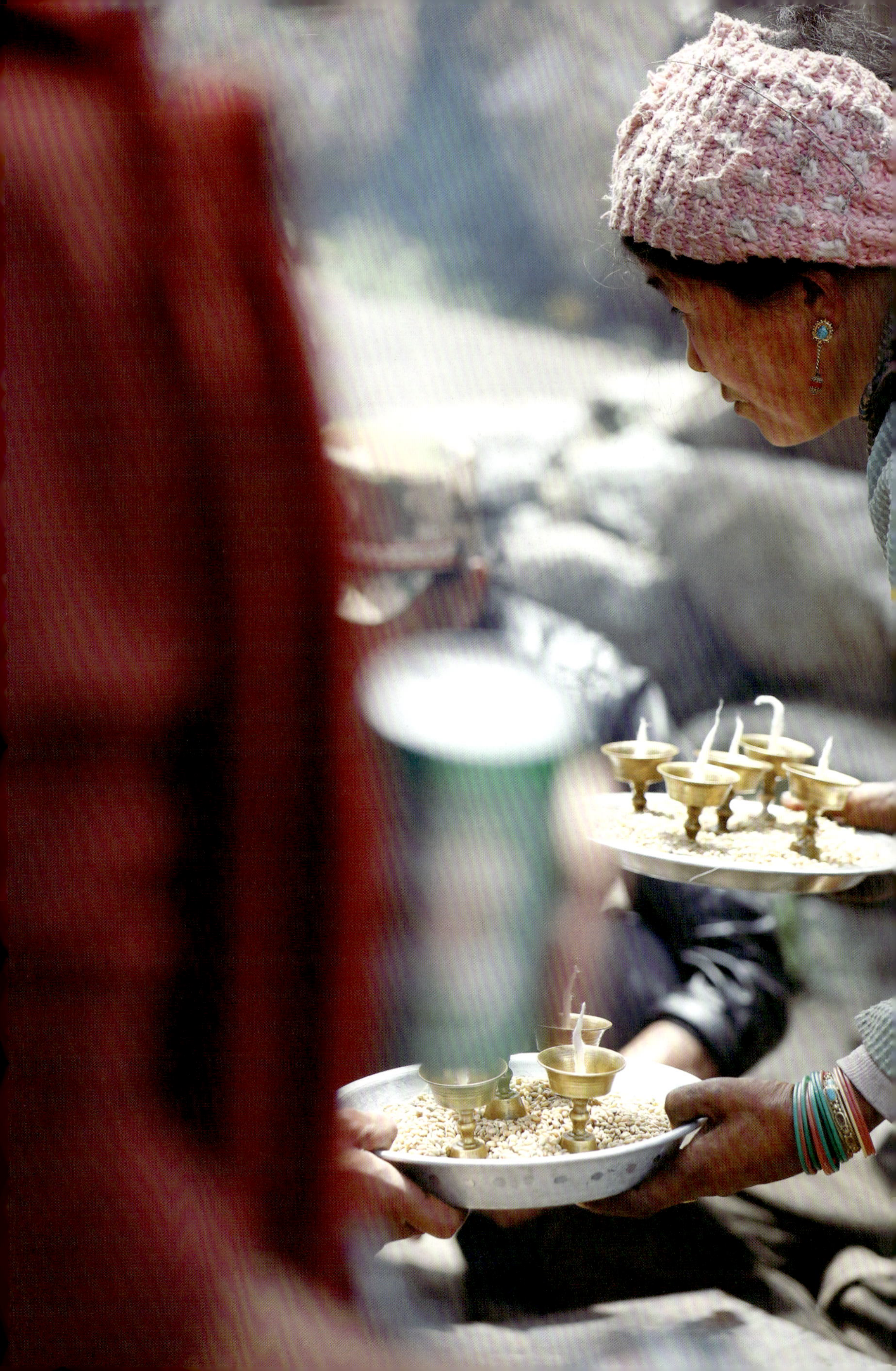

喜马拉雅的艺术之花——夏尔巴人口述影像志：2005—2016

【照片档案 206 - 207】

图片说明：给亡者送酥油灯
拍摄时间：2017 年 6 月
拍摄地点：那塘村

【照片口述】

　　当某人去世时，他的亲朋好友及同一个小族姓的夏尔巴人都会给这户人家送鸡爪谷酒、钱或粮食等其他物品。亲朋好友为了点亮亡魂前往极乐世界或转世的道路，也有送酥油灯的。只是这灯的数量一定是单数，绝不能是双数，送 108 盏酥油灯除外。这种送灯方式叫"将决"。送酥油灯的人要比亡者年纪小也是个不成文的规定。

【照片档案 208】

图片说明：出殡前的仪式
拍摄时间：2017 年 6 月
拍摄地点：那塘村

【照片口述】

  人死后，不要去动尸体，家人要以最快的速度请洛本法师过来进行相关的颇瓦超度仪式，以祈祷神灵护佑亡者早日往生。

  房屋外要放置轮回图，意思是保护尸体不受魔鬼恶煞的侵害。然后由家中的小儿子为亡者在腰下绑一根绳子，防止污物流下，再擦净身体，绑成胎儿状，用裹尸白布"优拉"包好，再放进大竹筐内。

  出殡前，亡者的亲友或供灯，或哭丧，表达对亡者的悲痛心情。

  图中仪式的亡者是自杀，不能在家中举行相关的仪式，所以出殡前的仪式在临时搭建的帐篷内进行，在那塘村的火葬场进行火葬。

【照片档案 209】

图片说明：观看葬礼的老人
拍摄时间：2010 年 5 月
拍摄地点：陈塘镇

【照片口述】

　　一般亡者在三天之内就必须出殡火化。由于害怕惊动山水中的鲁神[1]，进而干扰亡者的往生，所以在出殡的当天，镇里的人不能劳作，也不能外出，更不能有娱乐活动。当天镇内的朗玛厅也会因此歇业。如今这个规矩并没有得到严格的遵守。

---

1 鲁神是生活在地下的各种精灵恶鬼，当地人说是游荡于山间的厉神。

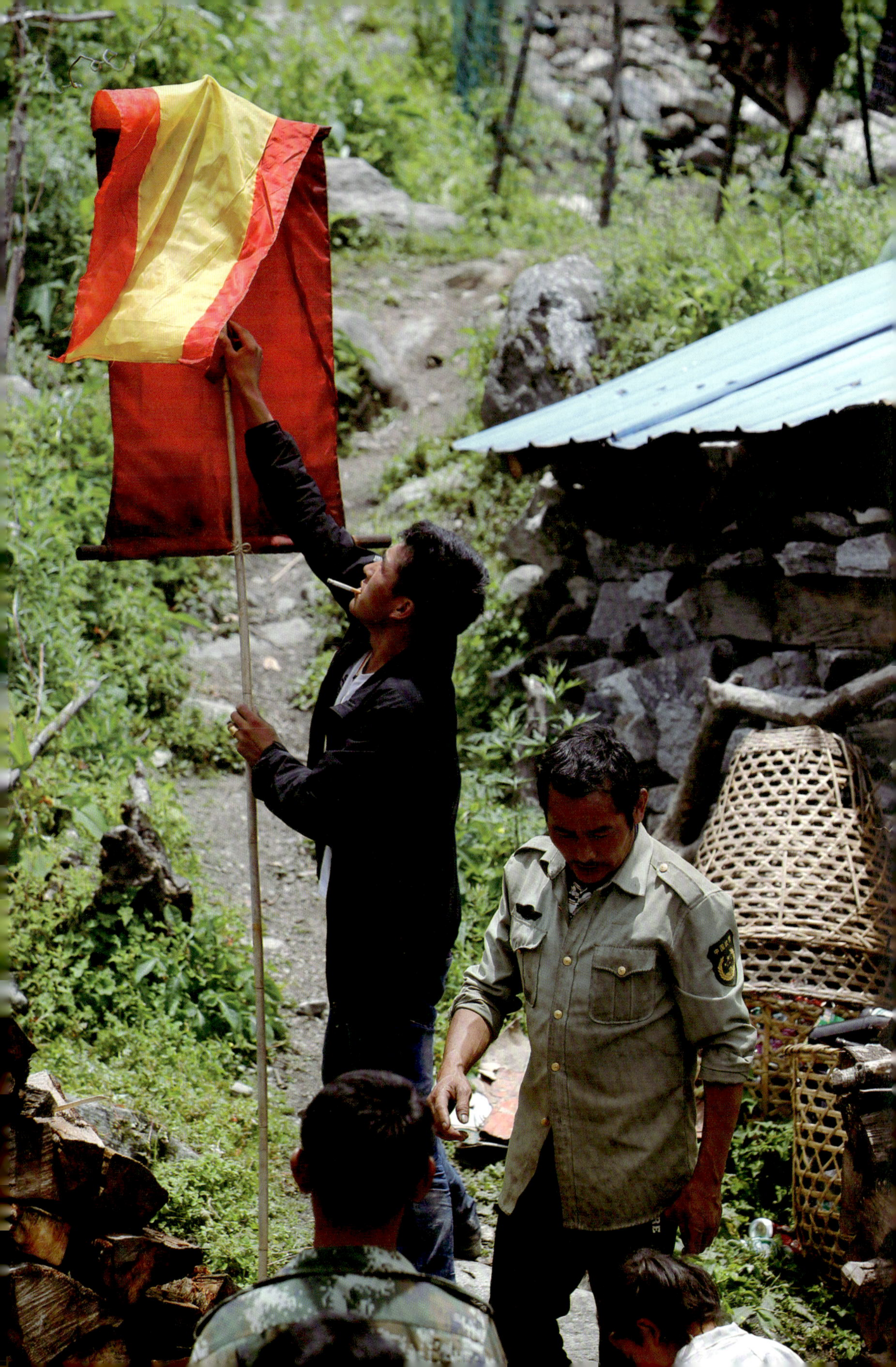

【照片档案 210】

图片说明：准备六道轮回唐卡

拍摄时间：2017 年 6 月

拍摄地点：那塘村

【照片口述】

出殡的时间基本上在下午 1 到 3 点，视仪式的结束时间而定。这种选择在交通不便的喜马拉雅山区也是十分现实的，这样远方的亲朋好友才能赶上出殡仪式。出殡队伍一般都比较长，也十分讲究。

打头的一般为亡者最好的朋友或直系亲属，提着点燃桑烟的煨桑炉开道。

出殡队伍的第二个人举着挂有"轮回图"唐卡的竹竿。"轮回图"图案在西藏比较常见，也是藏族葬仪中不可或缺的图案。它以图解的形式阐述了佛陀关于无常、苦难、羯磨、死亡和转世进入六道轮回及十二因缘等教法。

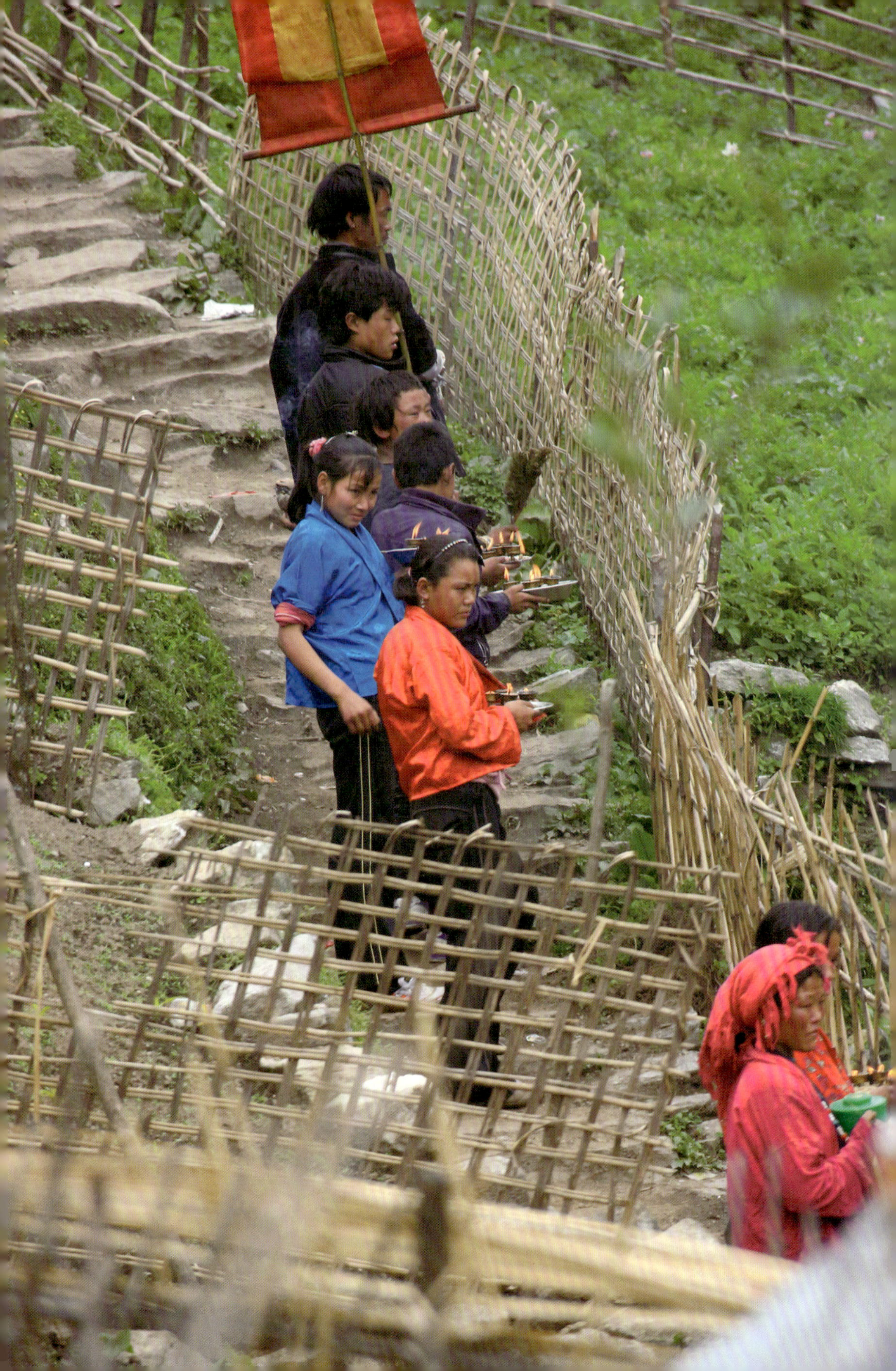

【照片档案 211】
图片说明：持灯的少女
拍摄时间：2010 年 5 月
拍摄地点：陈塘镇

【照片口述】
　　在"六道轮回"唐卡之后，有人捧着插着孔雀羽毛的贲巴壶。其后是手捧酥油灯的年轻女性。这些酥油灯据说能照亮亡者灵魂前往极乐世界的道路。如前文所述，灯的数量是单数。

【照片档案212】

图片说明：贡巴拉神山的送葬队伍
拍摄时间：2017年3月
拍摄地点：陈塘镇

【照片口述】

亡者头上必须戴着帽子，头向上竖直地装入竹筐内，里面还放着他生前随身的贵重器物。竹筐下面安着一个木架，由十几个亲朋好友抬着。由于去火葬场的道路狭窄，曲折难行，整个队伍行进十分缓慢。

亡者的上方要打一把边上缝着红、绿、黄、白、蓝五条哈达的大伞，象征着"宝伞"。宝伞有这样的功能："其伞下阴影使人免受热带阳光暴

晒之苦。阴凉象征着保护人们免受酷热之苦，避开欲、障、疾病和邪恶力量。"[1]
想必这也是给亡者顶上打伞的原因吧。

宝伞边上缝着的红、绿、黄、白、蓝五条哈达是为了阻隔来自东南西北中各个方向的阳光及恶灵污秽对亡者的打扰。这五色哈达可能与五部佛有关。五色哈达分别对应不同的佛及方向。

陈塘镇建在贡巴拉神山地势平缓的半山腰上，往上，山头较窄，不能农耕与建屋，再往上就是神山的心脏邦嘎巴，绝大多数陈塘夏尔巴人就是在这个约定俗成的火葬场火化的。

---

1 罗伯特·比尔：《藏传佛教象征符号与器物图解》，向红茄译，中国藏学出版社2014年版，第4页。

【照片档案 213】

图片说明：为亡者准备柴火
拍摄时间：2017 年 3 月
拍摄地点：陈塘镇

【照片口述】

在出殡前，亡者的家人要先请喇嘛卜算亡者火葬时面朝的方向，然后在火葬台上用柴火搭一个木台子。在亡者面朝的方向，木台子边上要留个放灯的木框。人们把亡者放到台上后，所有送葬的人要顺时针绕着木台转三圈，祝福亡者一路走好，早日往生。之后，妇女与一部分人下山，剩下的人将参与火葬的最后过程。

亡者的小儿子先把亡者的辫子解开，然后给亡者梳头，以头部中线为准，把头发分到两边。当地人认为发线分得越直越干净，亡者在阴间的路也越直越平坦。

之后除了亡者的玛巴、一位与亡者同族姓的男子及洛本法师留下，其他人都要回去。洛本法师把一个用鸡爪谷糌粑制成的酥油灯放到木台的木框内，倒上清油后，由玛巴点燃灯，开始火葬。这时洛本法师要在旁边念诵经文。

【照片档案 214】

图片说明：藏骨洞
拍摄时间：2013 年 7 月
拍摄地点：陈塘镇

【照片口述】

　　火葬后的骨骸用石头盖好，一个星期后再去收集，进行"二次葬"，或是藏于山洞内，或是投入河中，或是和泥制成擦擦，或是修筑佛塔等，因人而异。

　　"藏骨骸于山洞"的二次葬做法是：把火葬后的骨灰、骨头及旁边的木炭收拾起来，用箱子或是袋子包好，装入竹篓里，然后把竹篓放进火葬点西方上的"赤烈林"附近的山洞中。山洞旁边的岩窒里修有简陋的"闭关"屋，那是洛本法师闭关修法的地方。也可以放在准觉玛附近的山洞，那里有个喇嘛闭关屋。有的人还会要求洛本法师或喇嘛把亡者的骨骸放于九眼温泉茶曲玛附近。

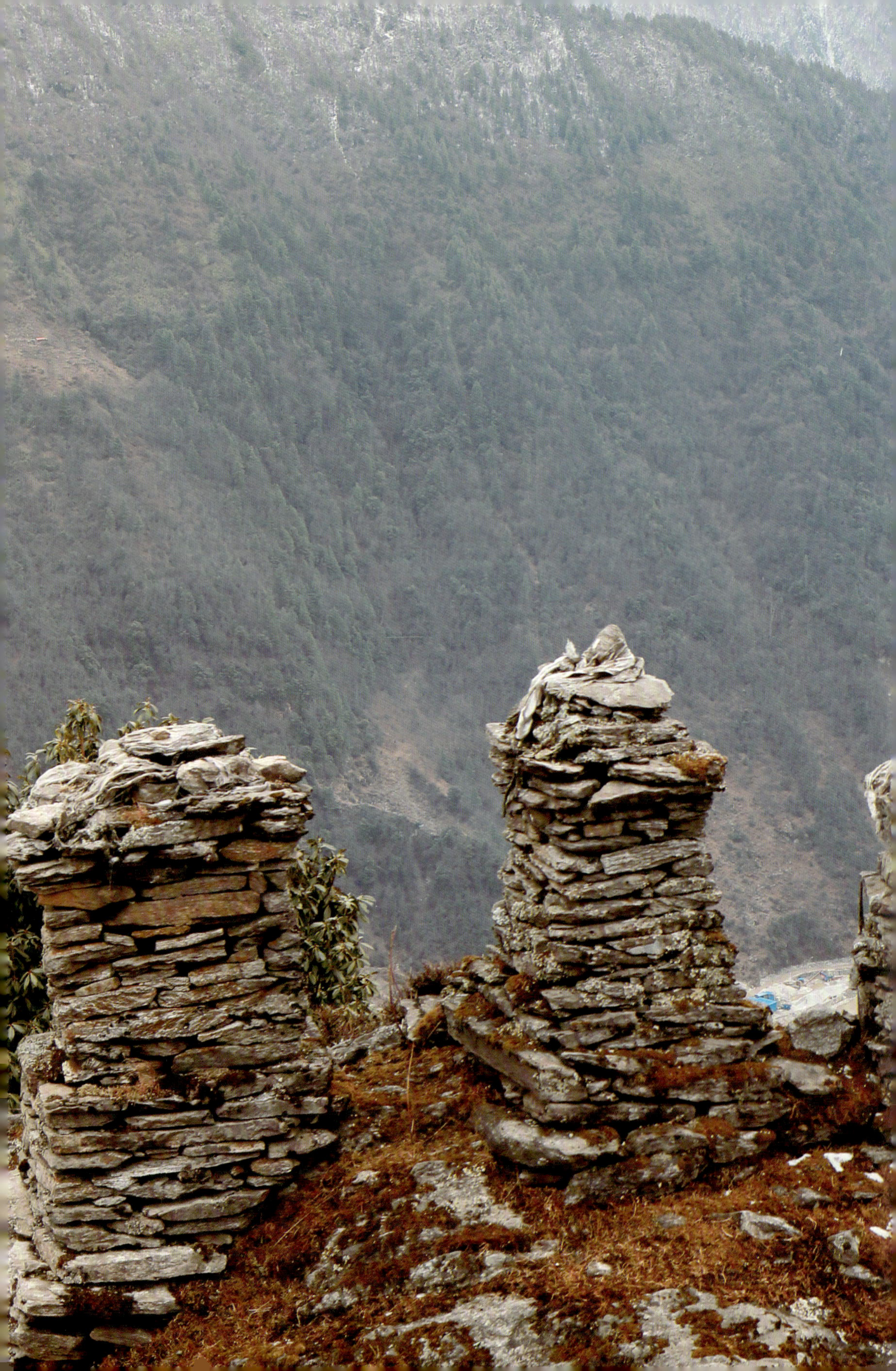

【照片档案 215】

图片说明：佛塔

拍摄时间：2013 年 7 月

拍摄地点：陈塘镇

【照片口述】

若有的亡者身份尊贵，比如德高望重的洛本法师、喇嘛、建筑师、泥瓦匠等，他的家人会给他在贡巴拉神山上修筑一个佛塔。

这种佛塔由片石修筑而成，在其塔腹要放一根用红皮桦树做成的命木。命木中间要掏一个方框，里面放一个和着亡者骨灰制成的擦擦、一点点"仁钦达鲁"粉末、一片纸经咒及小块绿松石红珊瑚等物品，然后再把佛塔封闭起来。

佛塔必须在亡者火葬一个星期后，也就是取骨骸的那天开始修筑。如今随着生活条件的改善，贡巴拉神山上的佛塔也越来越多了。

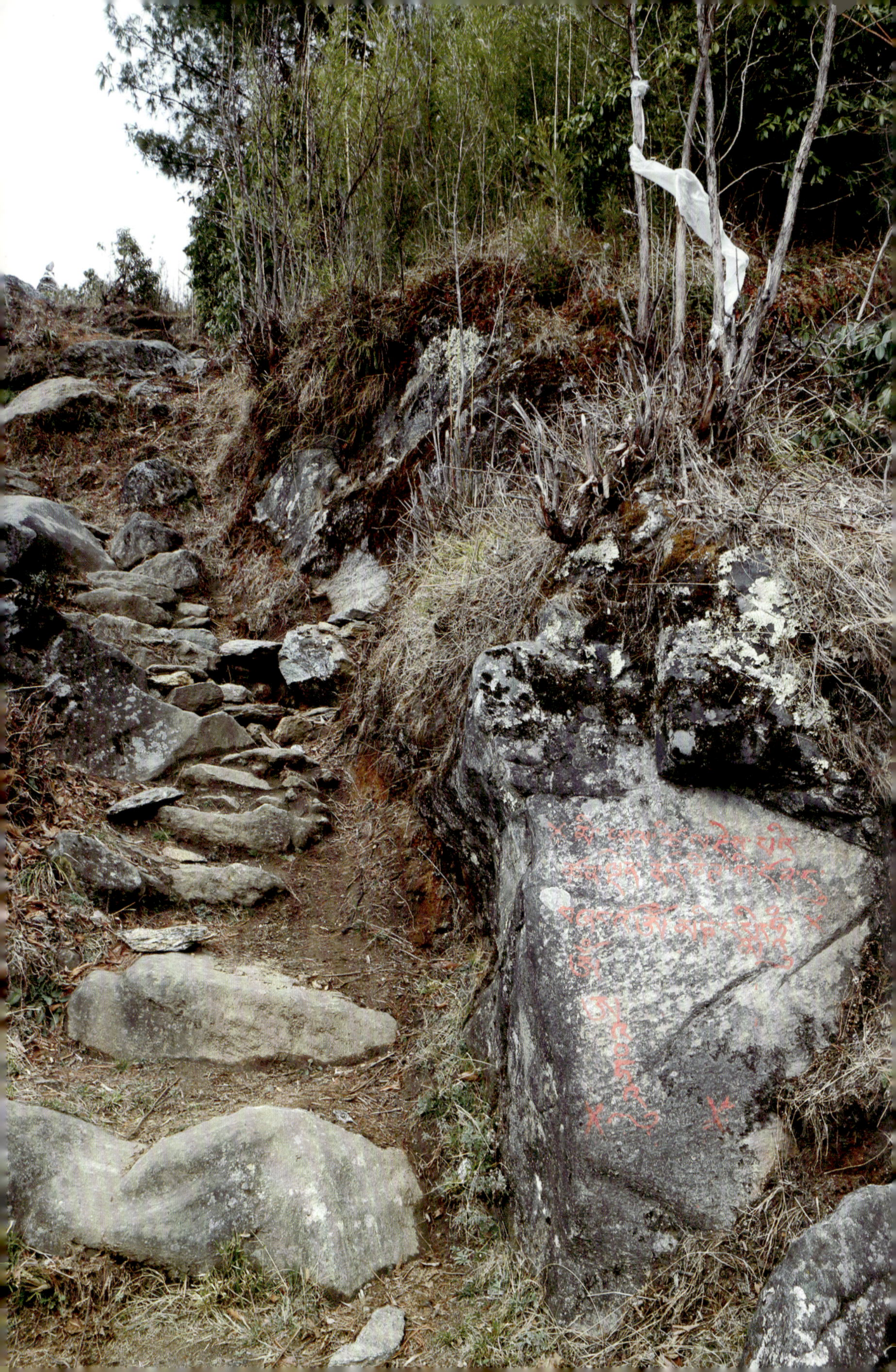

喜马拉雅的艺术之花——夏尔巴人口述影像志：2005—2016

【照片档案 216 – 217】

图片说明：修路碑
拍摄时间：2017 年 3 月
拍摄地点：陈塘镇

【照片口述】

　　在以后的日子里，要尽可能不提亡者的名字及生平，也要避免与亡者有关的事物出现。比如笔者有时在陈塘拍摄的人像洗印后，在下次带到陈塘时，就有人说，相片中的某某已经逝去，建议把这相片扔到火塘中烧了，不要让他的家人见到。

　　但有时为了给亡者积攒功德，亲友们以他（她）的名义修缮山路时，就要把亡者的名字写在山路的旁边，以供路人缅怀。

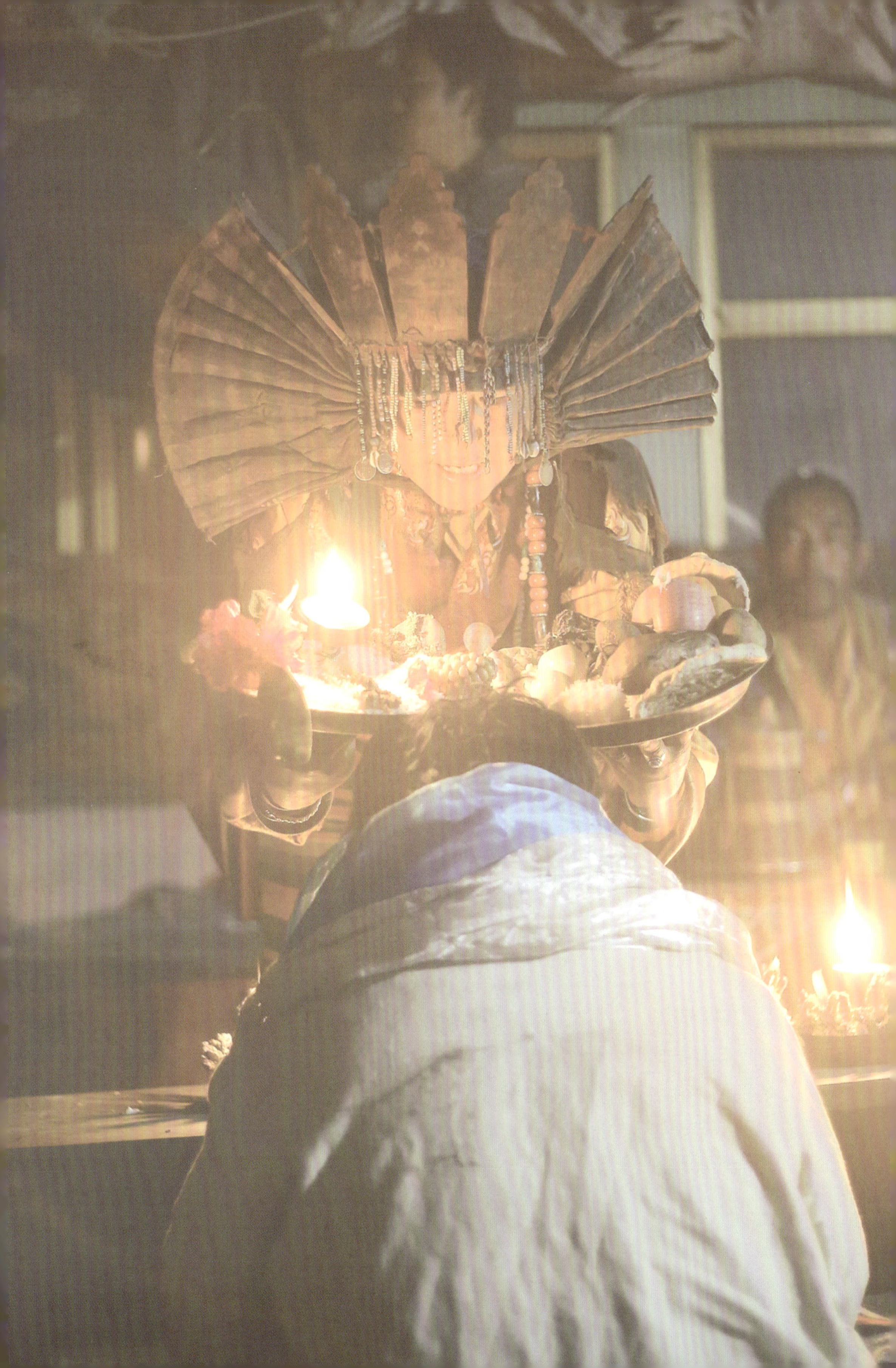

第三章
夏尔巴人宗教艺术

陈塘夏尔巴人有三种宗教人士：喇嘛、洛本法师及堪卓玛。他（她）们都允许结婚，不脱离世俗生活，平时不穿法衣僧服，参加生产劳动，应信徒的要求举行各种仪式，以祈福禳灾，祈祷平安。

陈塘的洛本法师和堪卓玛是民间宗教信仰的法师。喇嘛是陈塘夏尔巴人对一种宗教人士的称谓，与严格意义上的藏传佛教的僧人有所不同。他们有活动场所伟萨确林寺。

洛本法师可直接称为"洛本"，是陈塘夏尔巴人对一种宗教人士的称谓，他既是宗教职业者，也是在家俗人，擅长咒术和法术。在藏语中，"洛本"有"轨范师、传授知识的人"之意。寺院中的铁棒喇嘛也可称为洛本，也可理解为领诵师、大师、老师，等等。洛本法师自称为苯波，即苯教，使用苯教独有的法器单面钹及藏传佛教法器；通用手抄经本，有少量苯教经典，但是多为藏传佛教宁玛派的经本；强调万物有灵。

堪卓玛也叫作桑玛，为女性宗教人士。平时，她们与一般夏尔巴妇女并无不同。她们没有经本。相传她们能降神附体，沟通阴阳。她们分两种类型——"居必"堪卓玛与"咕汝"堪卓玛。居必堪卓玛的藏文可翻译为"秘密空行母"，意为师徒之间秘密传承的堪卓玛，在仪式上不打鼓。咕汝堪卓玛可翻译为"上师空行母"，她可以说是被"神灵"选择的堪卓玛，她的仪轨源自尼泊尔地方，在仪式上击鼓。

相对而言，陈塘夏尔巴人的宗教文化沿袭古制，传承不断。它展示了一种粗犷的民间信仰的世界，其固有的仪式自成体系。

陈塘的喇嘛

据不完全统计，1980年时，陈塘有12位喇嘛[1]，2009年为4位，2013年为6位，2017年为8位，其名字为拉巴丹增、达娃、结巴、达琼、拉加、扎西、尼玛次仁、尼玛扎能。

若用美国著名学者巴伯若·尼姆里·阿吉兹所著的《藏边人家》中的"赛吉"僧人来套用陈塘的喇嘛是很有意思的事。《藏边人家》是一本关于定日县"赛吉"僧人的人类学调查专著。"赛吉"是僧人的一种，这种僧人允许结婚，不脱离世俗生活，平时不着袈裟，参加生产劳动，每遇宗教节日或黄道吉日时则身着僧衣（有时也不穿僧衣）进寺院诵经，祈福禳灾，祈祷平安。

陈塘的喇嘛也可娶妻生子。

"当一个'赛吉扎巴'或'阿尼'应召为一户世俗人家举行某种仪式时，他便前往施主家中，而不是到他自己的'拉康'里去。所以'赛吉'是经常不在他们本村里的，他们自己的寺庙经常锁起来闲置不用，这便会给人以这样的印象，该寺已经废弃，或者会使人感到这里的宗教已经衰微。"[2] 这几乎可以用来套用陈塘的喇嘛及伟萨确林寺。

相对于洛本法师"爆炸"性的增长——从1980年16人到2013年的44人；喇嘛人数近几年有了增长，但直到2017年只有8人，相比于1980年的12人，其数量不仅没有增加，还减少了。

---

1 张国英：《珠穆朗玛峰东南麓陈塘藏族及其宗教习俗》，参见《民族学研究》，1986年，第293-300页。
2 巴伯若·尼姆里·阿吉兹：《藏边人家：关于三代定日人的真实记述》，西藏人民出版社1987年版，第87页。

【照片档案 218】

图片说明：伟萨确林寺
拍摄时间：2010 年 5 月
拍摄地点：陈塘镇

【照片口述】

　　伟萨确林寺曾经被毁坏，但是在 1982 年就被恢复了。"贯彻中发〔1982〕19 号文件，由国家财政先后拨款 79450 元，加上群众集资筹劳，恢复了扎西群培寺，贡巴强寺和陈塘拉岗等宗教活动场所。批准了住寺 18 名喇嘛从事宗教职业，以寺养寺。"[1] 2012 年，国家拨款 60 万，对其进行修缮及对外观进行改造，从 2015 年后，它就以金碧辉煌的面貌耸立在镇政府的旁边，寺顶上修建了高规格的"金瓦顶"。

1《定结县志》，电子版（出版信息不详）。

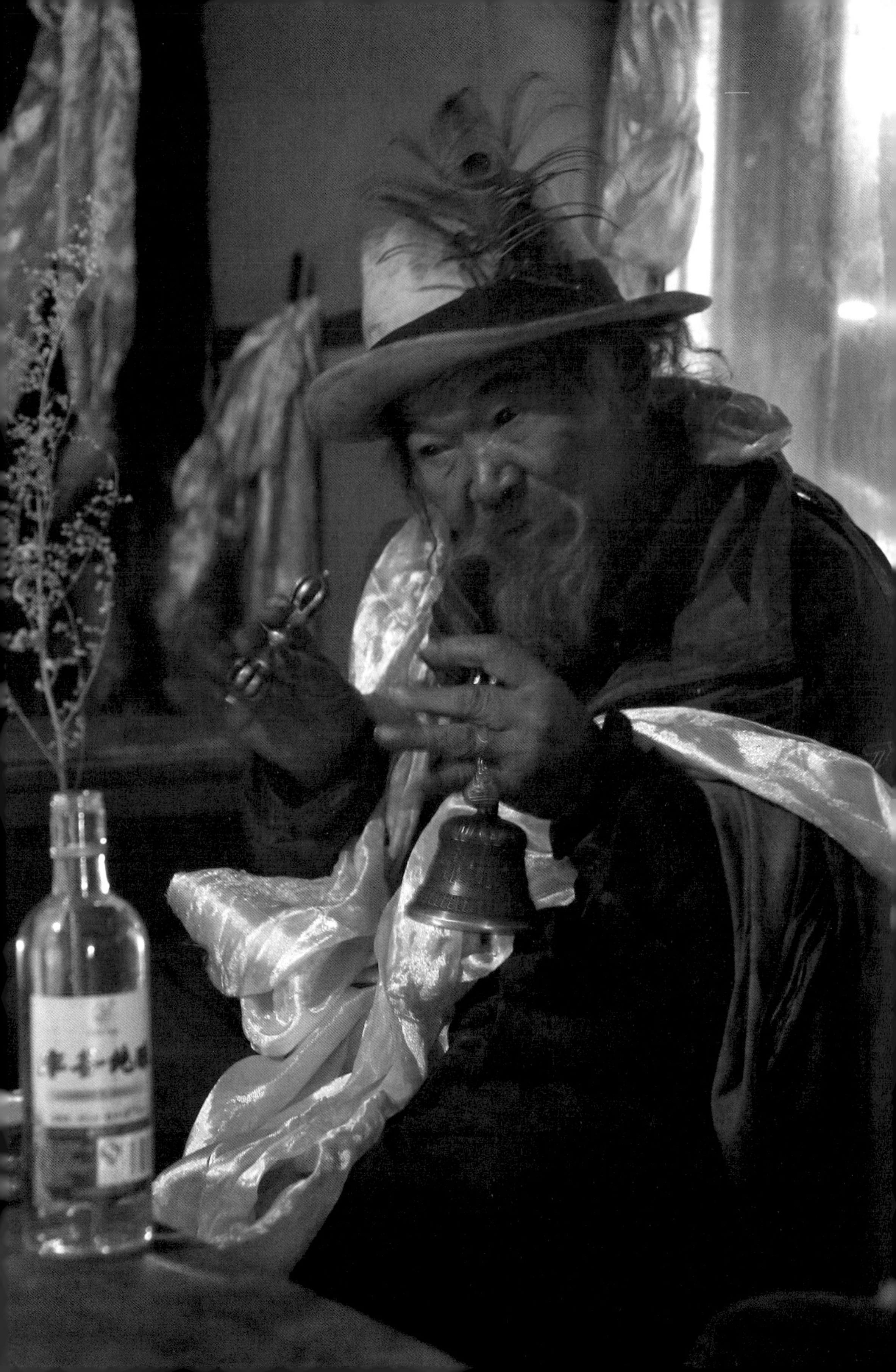

【照片档案 219】

    图片说明：正在举行仪式的边巴喇嘛

    拍摄时间：2014 年 2 月

    拍摄地点：陈塘镇

【照片口述】

    边巴喇嘛是伟萨确林寺最年长的喇嘛，去世前寺里的钥匙由他保管。老人家头戴老式的瓜皮帽，留了一个康巴式的辫子，头发的尾梢缠有红绳，脖子上挂着念珠，明黄色的衬衣外面套了件油亮油亮的红色抓绒夹克。他赤着脚，拄着拐杖从家中赶到寺院为我们开门。老人家得了一种病，双手颤抖得厉害，没有一刻是静止的。

    伟萨确林寺有两道门，内门上装饰着铜皮，门框上还有彩绘，透露出一丝庄重的威严。可打开门以后，里面空空荡荡，犹如一处民房。边巴喇嘛坐到最里面的卡垫上，等待我们对他的采访。他面前的桌子上铺满厚厚的灰尘，让桌面变成了白色。

    陈塘的喇嘛平时住在家中，娶妻生子，生产劳作，与老百姓一样。边巴喇嘛也如此。78 岁的他，膝下有 2 个女儿和 1 个儿子，如今还有了 5 个孙子辈的后代，可谓子孙满堂。伟萨确林寺据说有 700 年的历史了，资料上关于它的教派有多种说法，有人认为是萨迦派的，有人认为是宁玛派的。不过老人说他们现在认为它是格鲁派或"桑阿巴"。

    "桑阿巴"是一个陌生的名词，是否是西藏宁玛派一种叫"阿巴"密咒师的夏尔巴称谓？据边巴说，寺内原先供有莲花生大师像、观世音菩萨像，还有一个上师像，上师的名字叫定巴仁波切。所有这些现都不存在了。现在寺内供奉的是三尊释迦牟尼像。原先这里还有一些经书，被淋湿后，就放在寺院的阁楼上。除了每年的藏历六月初四寺院要举行最重要的仪式之外，平时边巴喇嘛与其他喇嘛（其中一个是他儿子）是不到寺院的。其他一些寺院常用的法器和佛像也搬到家中保存。

【照片档案 220】

图片说明：传承
拍摄时间：2015 年 2 月
拍摄地点：陈塘镇
口述者：拉巴丹增

【照片口述】

　　"桑阿巴"为萨迦派的一支。其在陈塘的传承如下：萨迦寺的仁钦·贡桑多吉传于朗章喇嘛，朗章喇嘛传于益西喇嘛，益西喇嘛传白玛喇嘛，白玛喇嘛传智古喇嘛，智古喇嘛传朗加喇嘛，朗加喇嘛传两兄弟——丹萨喇嘛及将曾喇嘛，兄弟俩又传于如今居住在尼泊尔基玛塘卡村的达娃喇嘛。这样算下来，从朗章喇嘛到现在的达娃喇嘛，已经七代人了。

【照片档案 221】

图片说明：贡巴强寺的灵塔
拍摄时间：2017 年 6 月
拍摄地点：定结县萨尔乡

【照片口述】

也有喇嘛认为，伟萨确林寺的历史要比朗章喇嘛还早，是属于宁玛派的"桑阿巴"（持密者）。张国英先生也认为陈塘的喇嘛属于宁玛派[1]。达娃喇嘛说在"宗颠顶"的地方，有佛祖释迦牟尼，他传法给四个人，他们像兄弟一样，最后形成了四个派别：格鲁派、萨迦派、宁玛派、噶举派。陈塘喇嘛就属于宁玛派，其法脉传承源自定结县萨尔乡的普贵寺。

普贵寺，也叫贡巴强寺，意为北寺庙，坐落于西藏自治区日喀则市定结县萨尔乡，位于前文提到的萨尔宗的北面，普贵村北侧依珠日山脚下，由"仁增白玛曲培"于公元 1297 年创建，信奉宁玛派，曾被毁，1983 年于原址重建[2]。普贵寺的喇嘛传法于陈塘夏尔巴人，之后才修筑了伟萨确林寺。陈塘夏尔巴人再向阿龙河流域传法，在尼泊尔陈塘玛姆修筑了寺院巧龙卡学寺，这三个地方的佛法是一样的。其传播路线为：普贵寺→伟萨确林寺→巧龙卡学寺。

---

1 张国英：《珠穆朗玛峰东南麓陈塘藏族及其宗教习俗》，参见《民族学研究》，1986 年，第 293-300 页。
2 定结县委宣传部 2012 年提供的资料。

【照片档案222】

图片说明：喇嘛拉巴丹增
拍摄时间：2015年2月
拍摄地点：陈塘镇
口述者：拉巴丹增

【照片口述】

　　喇嘛的传承有师徒相授与血脉相传。我是冲巴族姓下面的哒咕瓦小族姓，沃雪村人，1972年生人。父亲为喇嘛，我自小时就想当喇嘛，于是14岁开始跟父亲学习，并拜边巴喇嘛为师，在他们的指导下，依据经典学习，再去闭关修行。我学习的过程也与洛本法师相似，也是从学习藏文开始的，再学习经典；与师父一起做法事，熟悉仪轨；闭关修行，最终成为一名陈塘夏尔巴人认可的、合格的喇嘛。

【照片档案 223】

图片说明：大鹏金翅鸟

【照片档案 224】

图片说明：四臂观音

【照片档案 223-224】

图片说明：喇嘛的重要神灵

拍摄时间：2016 年 10 月

拍摄地点：陈塘镇

口述者：拉巴丹增

【照片口述】

　　喇嘛的经本既有手抄的经本，又有印刷的经本。念诵的经文与洛本法师的不太一样。四臂观音、金刚手、文殊菩萨、度母、马头明王、莲花生大师等神灵是他们必须十分熟悉的，吐吉钦布、拥·帕母多吉[1]及拥·措姆那姆[2]也是仪式中祈请的重要对象。

---

1 可能为藏传佛教中的"多吉帕母"，意为猪面空行母。有时为双头，一头为女人形，右侧一头伸出个猪面。
2 可能为藏传佛教中的"卡雀玛"空行母，其左臂倚着"天杖"，双手持钺刀与颅碗在胸前。

【照片档案225】图片说明：喇嘛的法器之鼗鼓

【照片档案226】图片说明：喇嘛的法器之金刚杵

【照片档案 227】图片说明：喇嘛的法器之右旋海螺

【照片档案 228】
图片说明：喇嘛的法器之擦擦

【照片档案 229】
图片说明：喇嘛的法器之供水器

【照片档案 230】
图片说明：喇嘛的法器之金刚橛

【照片档案231】
图片说明：喇嘛的法器之酥油灯

【照片档案232】
图片说明：喇嘛的护身法器之嘎乌盒

【照片档案225－232】
图片说明：各种法器
拍摄时间：2017年3月
拍摄地点：陈塘镇
口述者：拉巴丹增

【照片口述】

　　喇嘛在仪式上，会使用多种法器，如金刚铃、金刚杵、金刚橛、长柄鼓、达达彩箭、火梭等，还有唢呐一样的"甲铃"，海螺、钹鼓、钹、朵玛、拉侣锝等不同的法器。它们代表不同的调伏。

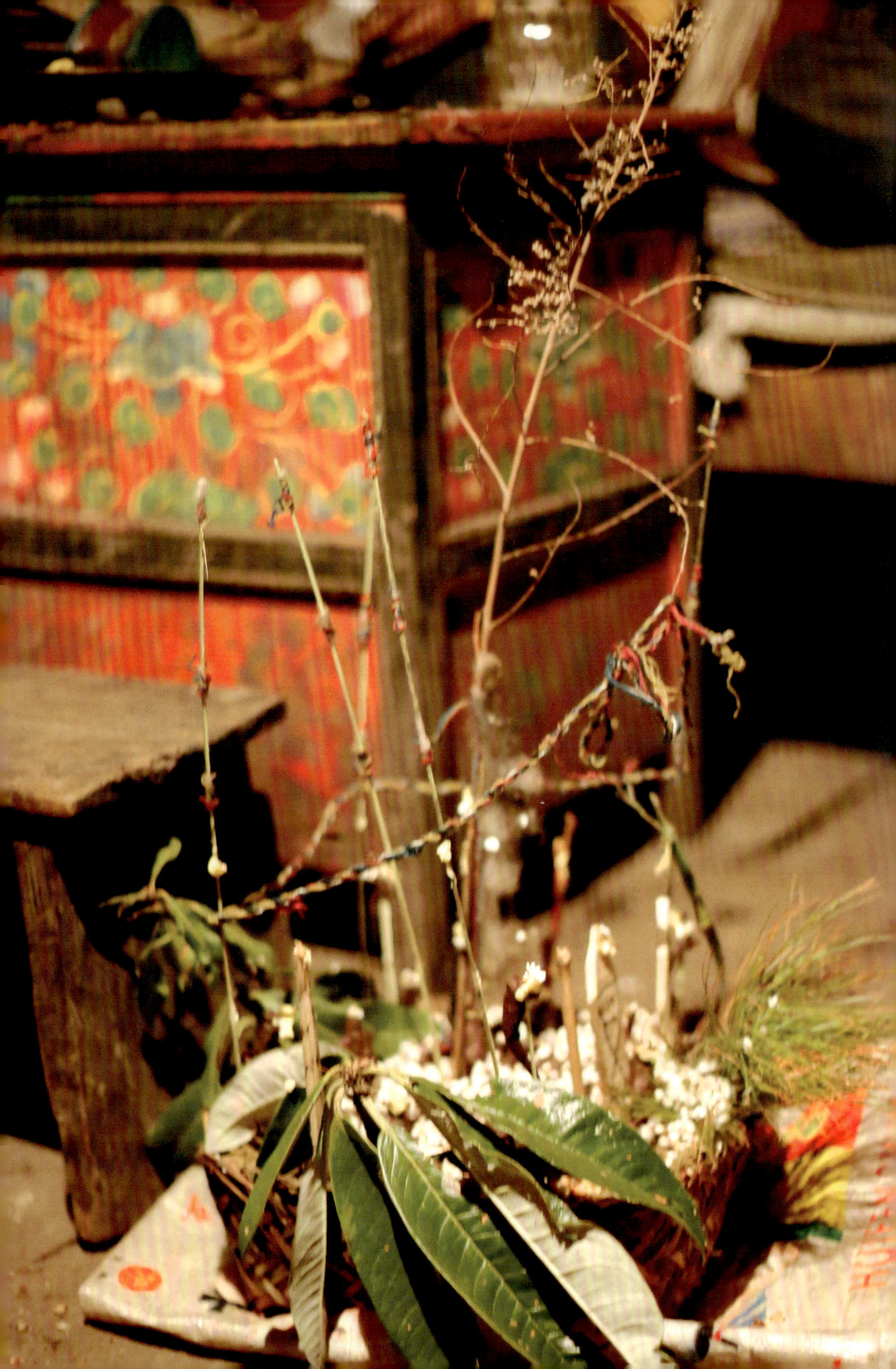

【照片档案 233】
图片说明：喇嘛的法器之拉侣锊
拍摄时间：2017 年 3 月
拍摄地点：陈塘镇
口述者：拉巴丹增

【照片口述】
　　拉侣锊装于方形竹筐之中，四边插着缠有丝线、贴有酥油的竹条，中间插着一根系着黑白相间羊毛的坎巴草。四边插着各种绿叶。垛中间要放朵玛、弓、箭，两块分别代表男女的木板，木板上用黑炭画着简单的男女图案。还有一个木头雕成的纺锤，上面绑着五彩丝线。

【照片档案234】 　　【照片档案235】 　　【照片档案236】

【照片档案237】 　　【照片档案238】 　　【照片档案239】

【照片档案240】 　　【照片档案241】 　　【照片档案242】

【照片档案 243】

【照片档案 234 – 244】

图片说明：举行颇瓦仪式时使用的小唐卡

拍摄时间：2016 年 10 月

拍摄地点：陈塘镇

口述者：拉巴丹增

【照片口述】

这一套唐卡是祖传的，在颇瓦仪式上的不同环节中使用。

【照片档案 244】

【照片档案 245】

图片说明：佛龛

拍摄时间：2016 年 10 月

拍摄地点：陈塘镇

口述者：拉巴丹增

【照片口述】

　　这是家中的佛龛。佛龛中的酥油花是父亲教会我做的。

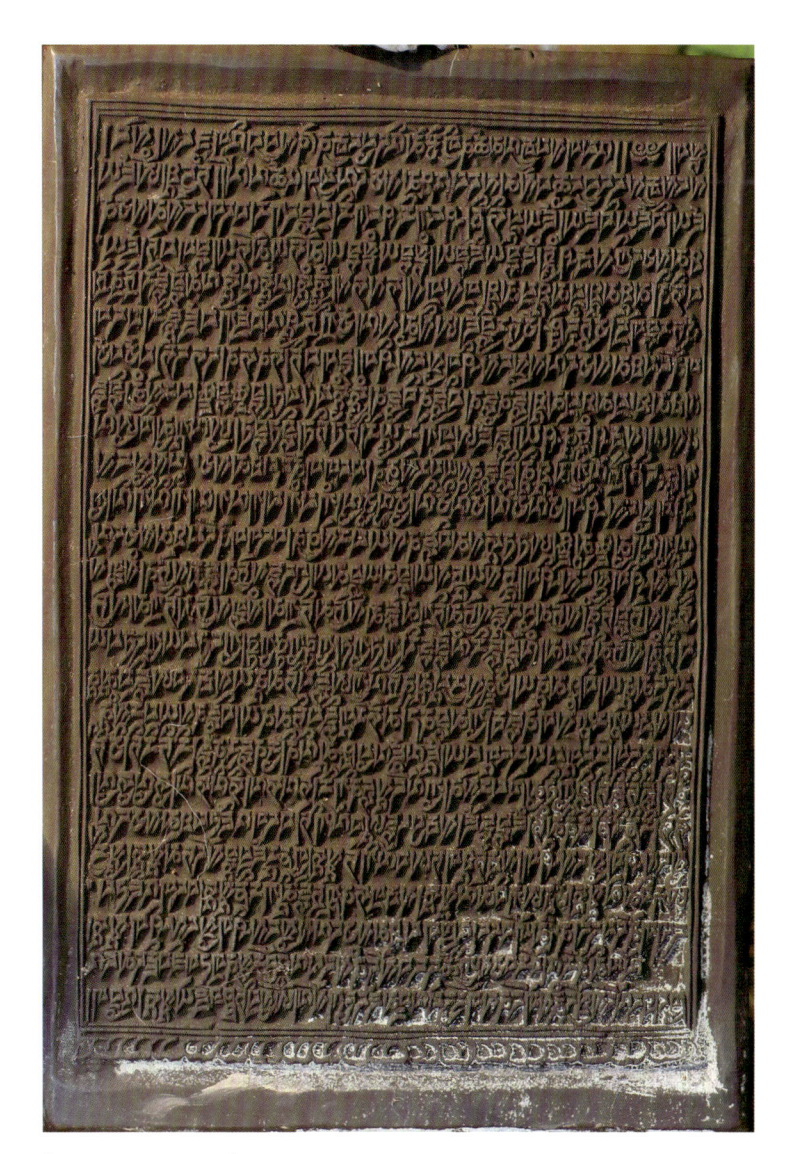

【照片档案 246】

图片说明：印经版

拍摄时间：2016 年 10 月

拍摄地点：陈塘镇

口述者：拉巴丹增

【照片口述】

　　这些印经版刷上墨汁后，就可以用白纸印制成各种经符。

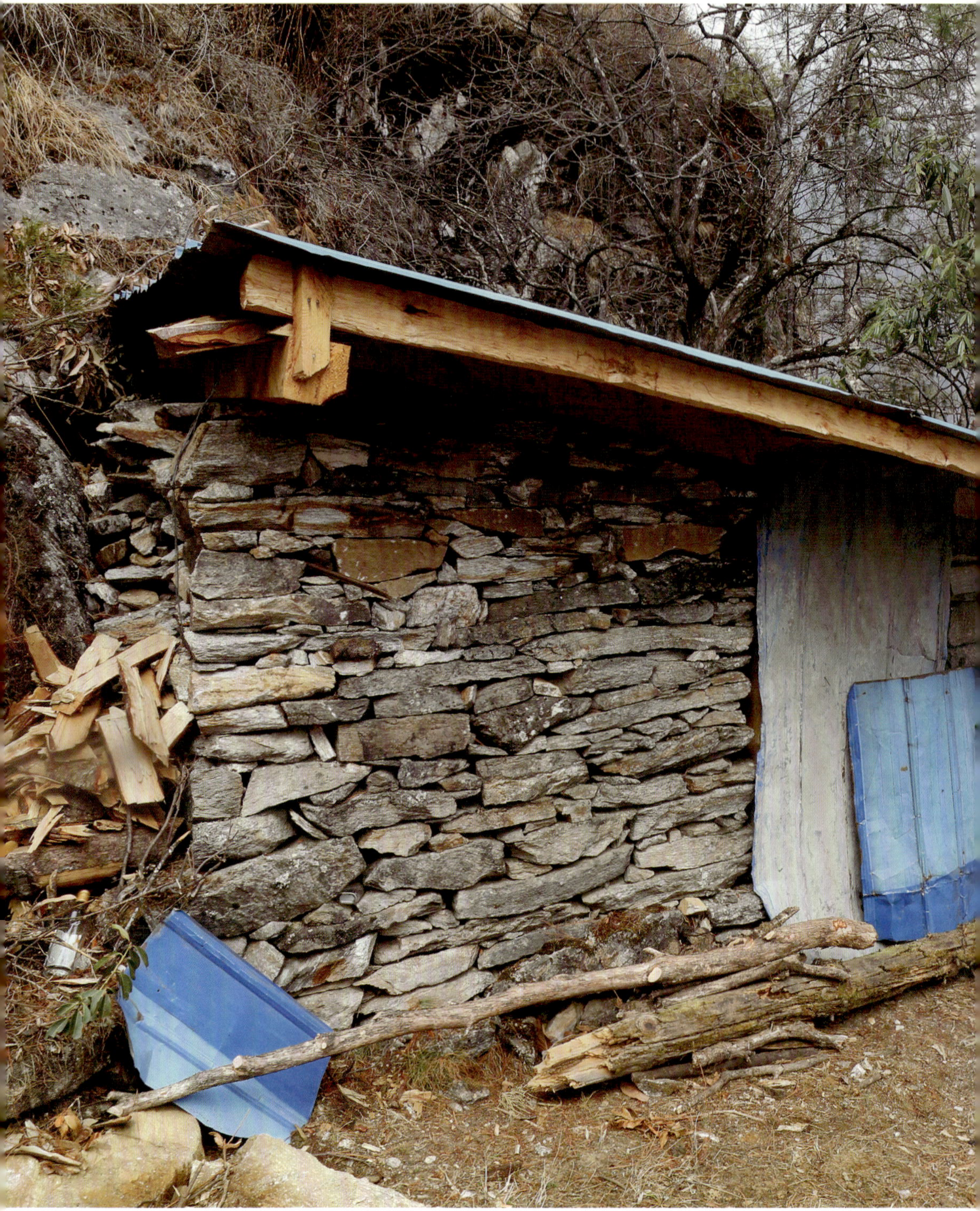

【照片档案247】

图片说明：喇嘛的闭关所
拍摄时间：2017年2月
拍摄地点：陈塘镇
口述者：拉巴丹增

【照片口述】

"闭关"也是喇嘛修行的一种重要方式，有时可以在陈塘镇上的闭关洞里修行，有时也能到陈塘对面的尼泊尔基玛塘卡村的扎西确林寺闭关修行。

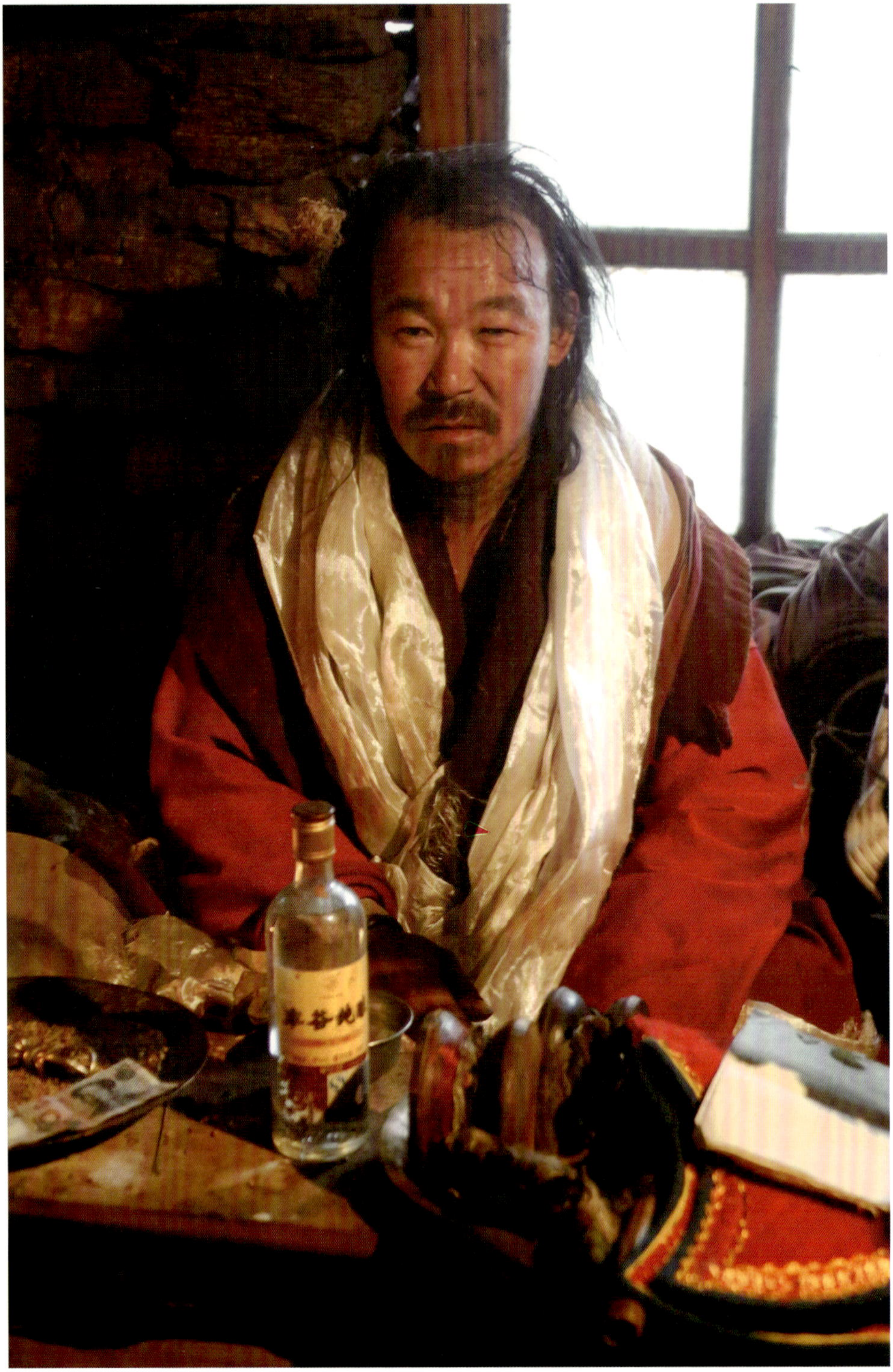

【照片档案 248】

图片说明：出关仪式
拍摄时间：2015 年 3 月
拍摄地点：陈塘镇
口述者：拉巴丹增

【照片口述】

　　此次闭关修行由结巴喇嘛带着三个人在陈塘对面的尼泊尔基玛塘卡村的扎西确林寺进行，历时一个月。他们的老师是朗章喇嘛的第六代传人达娃喇嘛，相传扎西确林寺是由比塘村参根加姆组的一位喇嘛创建的，其创始人年代与事迹不详。

　　出关回到陈塘镇之后，他们举行了历时两天的隆重的出关仪式。闭关者把放在闭关处的朵玛及其他"圣物"合在一起，为相关的人员重新制作朵玛。这些朵玛由一个顶端贴着酥油的锥形朵玛及周围数十个圆形小朵玛组成，放在写有主人名字的碗中。

洛本法师的宗教仪式及艺术

洛本法师的人数不断增加，其速度超过了人口增长率。1980年陈塘总人口数为1080人，洛本法师为16人，占人口比例约为1.48%；2002年总人口数为1628人，洛本法师为28人，占人口比例约为1.72%；2011年有44个洛本，人口总数不详；2013年总人口数为2120人，洛本法师保持44人，占人口比例约为2.07%；2016年总人口数为2387人，洛本法师为48人，占人口比例约2.01%。从总体数据上分析，洛本法师的增长率比人口的增长率还高，所占的比重也逐渐变大，到了2013年后，就基本稳定在2%。

洛本法师有条自古相传的规矩：若父亲是洛本法师，其儿子中必须有一位成为洛本法师，以给他养老送终的小儿子为最佳人选，否则会给家庭所有成员带来恶果。如果儿子成为洛本法师，就能继承父亲的宗教财产。若有几个儿子都是洛本法师，则按父亲的意愿在其生前进行宗教财产的分配。

比塘村的巴桑就是这样的例子，他的爷爷贡布与父亲都是洛本法师，然而其他兄弟都对此不感兴趣，所以作为最小的儿子，巴桑在2006年，他30岁的时候，师从父亲开始学习洛本法师相关知识。

也有兄弟相传的，比如沃雪村的老人吉阿[1]。他的老师就是哥哥班杰，其具体传承为：爸爸次旺多吉传班杰（兄），兄传吉阿（弟）及两个孩子巴桑与次旺。吉阿有三个孩子，

---

[1] 沃雪村村民，1940年出生。

只有索朗一人为洛本法师。

但是洛本法师大多数还是通过父子与师徒这两种方式进行传承。陈塘的扎西次仁家族就是一个最好的例子。扎西次仁是陈塘的著名人物，人称"陈塘扎西"，曾为陈塘最好的骨科藏医。他自1976年开始在定结县委统战部工作，1990年亡于任内。其父为洛本法师，他与弟弟当巴扎西也为洛本法师。他在统战部工作期间，放弃了洛本法师的身份。扎西次仁的弟弟当巴扎西也师从其父成为洛本法师，后传儿子顿珠。

扎西次仁有三个儿子，大儿吉加（亡）传举巴。二儿塔杰传赤烈及增巴。小儿多吉平措传儿子群培、丹增及诺布。扎西次仁有一个徒弟拉巴旺堆（亡），徒弟又传给儿子南加，南加再传给儿子尼玛次央。

这样，在比塘村的7名合格的洛本法师中，扎西次仁系统（含其弟）的有多吉平措、群培、丹增、当巴扎西、顿珠、诺布6名。

而在陈塘镇36名合格洛本法师中，扎西次仁系统中共有12名，占1/3的比例。以上分析是建立在2013年多吉平措提供的数据之上，近年可能会有变化。

要成为一个合格并被陈塘人认可的洛本法师并不是一蹴而就的事，它是一个不断学习与提升的过程。有志于成为洛本法师的梯格巴族姓青年，必须给师父献上哈达及一份厚礼，这个礼节在父子之间也不能避免。师父也要看弟子身体素质、接受能力、脑子是否好用灵活等再做决定。"兴趣是最好的老师。"有成为洛本法师的信念也是必需的,当然徒弟有藏文基础是更好的。

学习的过程是按部就班的,类似于现今从小学到中学。它大致有以下阶段:

第一,学习最基础的藏文。

第二,从最简单的仪式开始,比如学习瑟金仪式[1]、吃饭喝酒时向神灵"献新"[2]、煨桑等最简单的仪式。

第三,学习宗教经典及法器的应用,比如控制打鼓的节奏等。

第四,进行稍微复杂的仪式的学习,如新生儿出生时举行的托桑仪式、为一般人家清除污秽的卡赤仪式、竖经幡等。

第五,学习有献祭的仪式,比如拉薪仪式,在此仪式上会献祭三只鸡。

第六,学习各种朵玛及仪式上使用的某些法器的制作方式。

第七,学习复杂的仪式及过程,比如为亡者超度的歇将仪式、火葬的仪轨,等等。

第八,学习最复杂的仪式,如拉仪式、堆垛仪式,等等。

学习的方式也有几种,比如在老师的指导下念诵及背诵

---

[1] 为了方便叙述,下文中的仪式是指一种包含着世俗及宗教意义的行为,其目的是祈福、驱鬼怪、沟通神灵等。

[2] 指的是供神用的第一口食物和饮品。曲杰·南喀诺布:《苯教与西藏神话的起源——"仲"、"德乌"和"苯"》,向红茄,才让太,译,中国藏学出版社2014年版,第104页。

经文，加深对经文的理解；熟记并练习各法器的运用及仪式上的动作；跟随老师一起参加各种仪式，近距离深入地观察老师的仪式流程；闭关修行；等等。随着参加仪式次数的积累，他们掌握的仪式数量越来越多，"技艺"日臻完善，仪轨越来越娴熟，其地位也不断提升，最终成为一名被大家认可的合格的洛本法师。

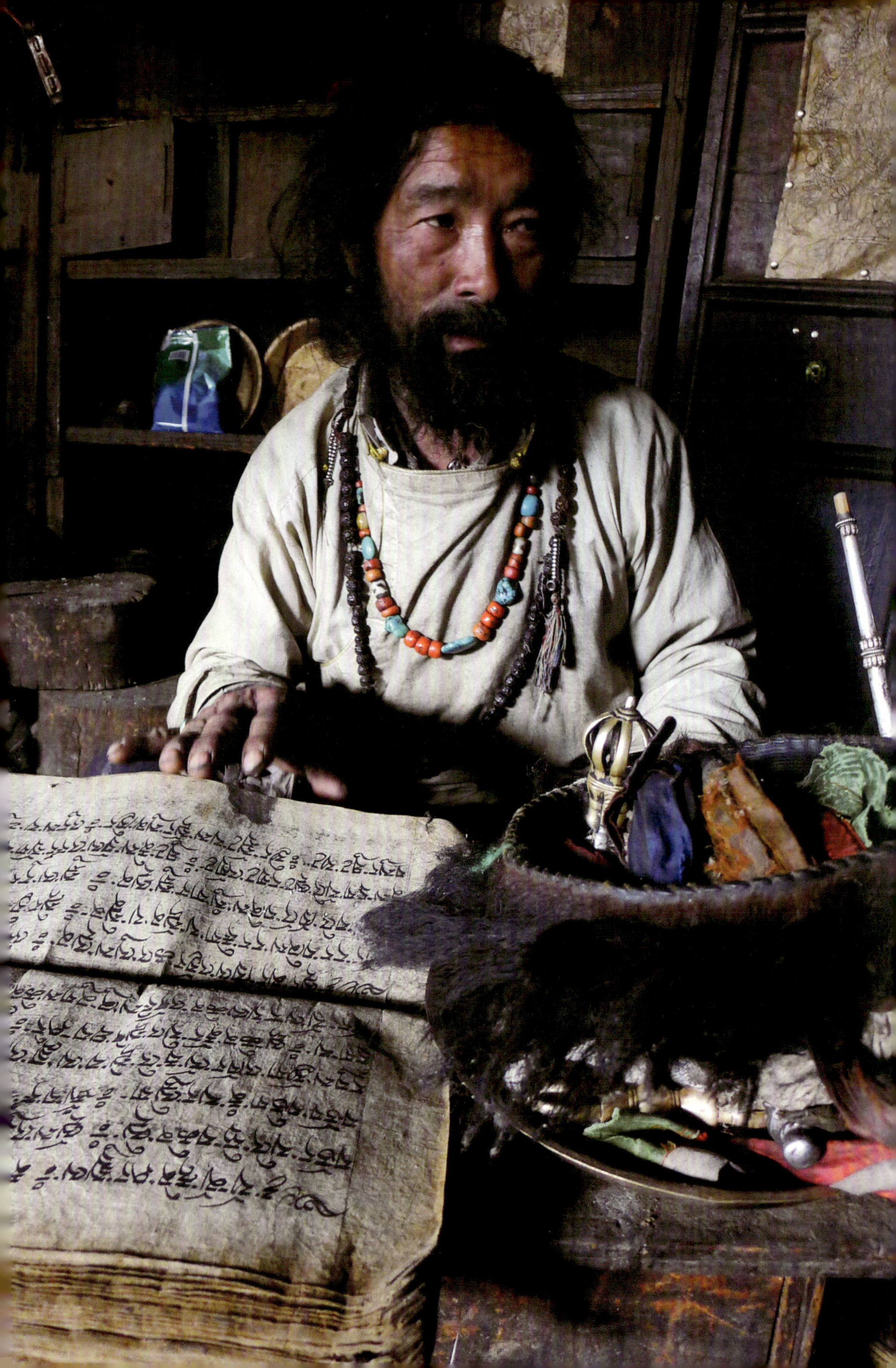

【照片档案 251】

图片说明：洛本法师的经书
拍摄时间：2014 年 2 月
拍摄地点：陈塘镇

【照片口述】

　　洛本法师没有印刷的经本，他们使用的都是以藏文撰写的手抄经本，夏尔巴语中叫"毕加"，有《瑟金》《桑呗》《麻呗》《日呗》《米兴》《松阿麻呗》《哈玛》《麻呗夏热》等多种版本，它们或是单独说一个仪轨，或是一些经文的集大成者。后一种情况只需要念仪式所需要的经书，并不需要全部念诵。

　　因传承不同，一些经本内容也有些差别。在装订方式上，都为与现今书籍类似的"蝴蝶装"样式。与传统的藏族经书[1]不同，有些经本的封面及封底会用獐子或山麂的皮进行包装。而每个洛本法师的情况不同，其手抄经本呈现出来的面貌也就不同，书皮、书写工具、书写方式、所用的纸张，包括抄写年代，这些都让每个手抄本拥有不同的风采。

　　这些手抄经本在日常生活中频繁使用，尤其是老经本，长时间的磨损让字迹模糊不清，还有破损、缺页等现象。而以老经本为蓝本抄写而成的新经本，很可能会出现错误。

---

1 这些经文模仿传统的印度贝叶经，为长形横散页，将散页夹在扁平的木经板之间或用布包裹加以保护。罗伯特·比尔：《藏传佛教象征符号与器物图解》，向红茄译，中国藏学出版社 2014 年版，第 189 页。

【照片档案 252】

图片说明：《松阿查扎》经本
拍摄时间：2014 年 2 月
拍摄地点：陈塘镇

【照片口述】

　　这个经本是专门用来制作护身符的。经本一页上画着三个同心的"圆符"，下面是对这圆符的藏文说明。圆符内层为印度梵文或图案，外圈写着藏文。

　　藏文错误很多，梵文看起来像是"画"上去的，尽管如此，洛本法师们却能按照不同的目的，从《松阿查扎》上找出对应的圆符，誊写在纸片上，按仪轨要求制成陈塘常见的"雄阿"护身符。

喜马拉雅的艺术之花——夏尔巴人口述影像志：2005—2016

【照片档案253–255】

图片说明：符咒
拍摄时间：2013年7月
拍摄地点：陈塘镇

【照片口述】

　　能制作护身符的符咒有很多种图案，包括各种藏文经咒和各种动物，比如野猪、蛇等，有时外围是神灵或动物，比如青蛙、大鹏金翅鸟、交缠的蛇等。它们的四肢上是一圈圆形的经咒。

　　这些符咒也能贴在墙壁、窗户、大门、门框、衣柜、床头等地方。有些符咒因年代久远，呈暗黄色。

【照片档案 256】

图片说明：巴嘎尔印经版

拍摄时间：2014 年 2 月

拍摄地点：陈塘镇

口述者：多吉平措

【照片口述】

  这是祖传的巴嘎尔印经版，为长方形，上面有不同大小的方格，里面刻有不同的文字。方格里的文字用墨水印在尼泊尔产的藏纸上。

第一格能治全身的毛病；

第二格是治疗"胆脏"方面的疾病；

第三格是防止家里闹鬼；

第四格能让人喝不醉；

第五格是治疗食欲不振的；

第六格是治疗便秘的；

第七格是治疗头痛的；

第八格有延年益寿、长命百岁的功效；

第九格有勾取财物的作用；

第十格能保证当官者的权力不受破坏；

第十一格是吃药时能充分发挥药品的功效；

第十二格能帮助妇女怀上男孩；

第十三格能防止别人对自己的有意伤害；

第十四格能防止萨迦派的女鬼巴姆[1]的伤害；

第十五格能防止别人下毒；

第十六格是用来超度亡灵的；

第十七格能让自己看不到不愉快的事；

第十八格能防止受到鬼邪的伤害；

第十九格能有效躲避山上的野人；

第二十格能让做坏了的青稞酒恢复成好酒；

第二十一格能让挤好的牛羊奶不变坏；

第二十二格能让人拥有好运气来实现自己的理想和梦想；

第二十三格能全面防止鬼的伤害。

---

1 又称为萨迦巴姆，为恐怖狰狞的女妖，在萨迦南寺一殿堂有供奉。

【照片档案 257】

图片说明：洛本法师的法器之金刚橛

拍摄时间：2015年2月

【照片档案258】

图片说明：洛本法师的法器之单柄鼓

拍摄时间：2014年1月

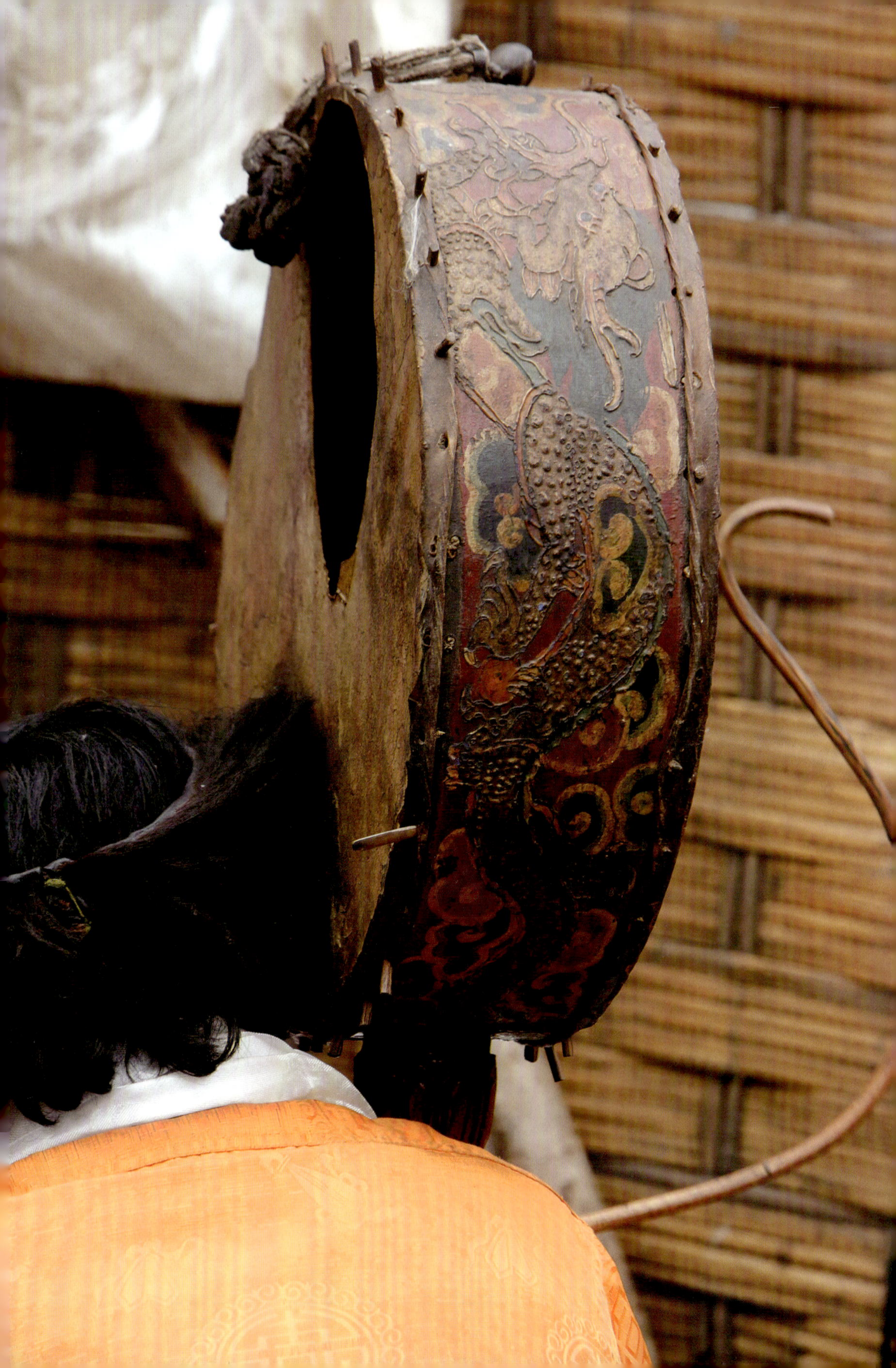

【照片档案 259】
图片说明：洛本法师的法器之单柄鼓与熊皮帽
拍摄时间：2017 年 3 月
拍摄地点：陈塘镇

【照片口述】
若要给洛本法师画个肖像，那他们坐着的时候，应是头戴熊皮帽、左手持单柄单面鼓、右手用鼓槌击打鼓面的形象；站着时，则是头戴熊皮帽，用右手的金刚杵击打左手的单面钹，或是右手的金刚橛刺向虚空，左手摇着单面钹，或是向外射箭、掷长矛的形象。

【照片档案 260】

图片说明：扎侣木偶

绘制时间：2016 年 4 月

绘制者：海明

【照片口述】

　　它为女性的替身偶或赎身物。用鸡爪谷的干草扎成一高二低的三束，下半三束合一，在最高的一束上插上糌粑团，雕出眼、鼻、口等部位，是为人头，头顶上还要插一根野鸡毛；另外两束的两端插上用糌粑捏制的手掌，在底部放两个糌粑捏制的脚掌，中部放入糌粑捏制的女性生殖器及心脏等。捏出的头、脚、手要贴上酥油。最后给草偶戴上女性受益者使用过的帽子，用她穿过的衣物包裹，戴上她戴过的项链，即为扎侣木偶。

——夏尔巴人口述影像志：2005—2016

【照片档案261】

图片说明："跳"扎侣木偶
拍摄时间：2015年2月
拍摄地点：陈塘镇
口述者：多吉平措

【照片口述】

　　抛掷扎侣木偶的人必须是玛巴。他双手抓着木偶，和着鼓点上上下下地来回抖动。三五分钟后，玛巴取下木偶上的帽子、衣服及首饰，只剩下裸露着的躯干，并继续和着鼓点上下抖动。

　　法师把鼓放到右肩，空出左手后，手持金刚橛念诵完经文，扎侣就要被玛巴扔到法师指明的地方，这意味着带走了女性受益者身上所有的疾病、死亡的威胁及招致灾祸的种种魔障。

【照片档案 262】

图片说明：赤垛朵玛

绘制时间：2016 年 4 月

绘制者：海明

【照片口述】

有时候洛本法师要做一种叫赤垛的朵玛法器，其最顶端为涂了白粉的展翅小鸟，下面依次是圆形的太阳、弯弯的月亮、下垂着四条飘条的宝瓶，最下面是数个小圆形的球状朵玛。它们被放在一个圆盘之上。堆垛仪式及哈嘛仪式上，洛本法师要为参与仪式的每个家庭制作一份赤垛朵玛，在仪式结束之后，让他们带回家分食。

喜马拉雅的艺术之花——夏尔巴人口述影像志：2005—2016

【照片档案263】

图片说明：卡赤仪式
拍摄时间：2015年2月
拍摄地点：陈塘镇
口述者：多吉平措

【照片口述】

　　卡赤仪式有时可以作为某个大仪式中的一个环节，有时也可作为一个单独的仪式来举行，一般常在年节中举行，意味着"辞旧迎新"——去除往年的邪秽，以新的面貌迎来新的一年。

【照片档案 264】

图片说明：安宅仪式
拍摄时间：2017 年 3 月
拍摄地点：陈塘镇
口述者：多吉平措

【照片口述】

陈塘夏尔巴人认为，修筑新房子或是对旧房子进行翻新，会有砍伐树木、挖掘田地、破坏岩石等行为，这些都会对土地神、鲁神、年神等神灵造成滋扰或引起它们的怨恨，所以必须尽早尽快地举行安宅仪式来抚慰它们，避免它们的报复。

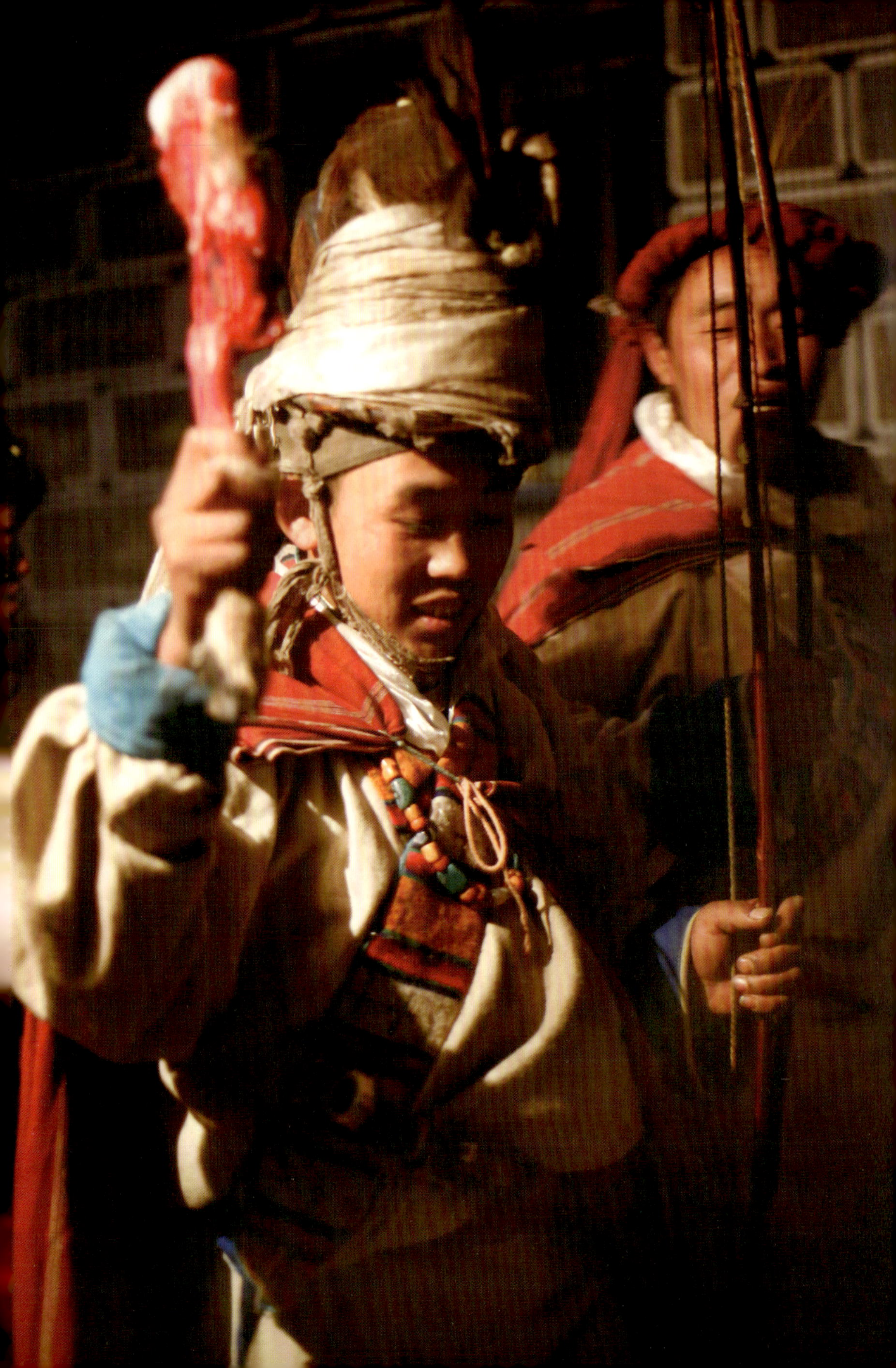

【照片档案 265】

图片说明：夏呀仪式
拍摄时间：2015 年 2 月
拍摄地点：陈塘镇
口述者：多吉平措

【照片口述】

"夏呀"仪式可以理解为"神食"仪式，是为加强版的拉薪仪式。参与的法师有洛本法师、堪卓玛及喇嘛等，但主要由洛本法师来进行。

与拉薪仪式一样，夏呀仪式也要砍拉薪树，搭建祭坛。这祭坛不需要用竹篱笆隔开，两边都要坐不同角色的人员。洛本法师坐的位置与拉薪仪式上相同，其对面坐三个成年男子，都身穿白色藏袍，背上斜挎斧热围巾，腰插长刀。一名男子头戴用羚牛角及鹰毛装饰的头盔，扮成将军玛本，其扮演者一般为主人的叔伯及堂兄弟，夏尔巴语叫"途布"；一男子头戴用红色的布条围成的简易圆形帽，帽子后面挂根长长的红布条，这一角色由男主人的舅舅"相布"扮演；另一位成员头戴用蓝色布条围成的简易圆形帽，帽后面也有长蓝布，这一角色的扮演者是与男主人相同的小族姓或兄弟族姓成员，叫"明沃"；后面两者为将军玛本的"天兵"，在仪式中，跟随在玛本的后面。这三个角色在婚礼中也有出现。

堪卓玛的仪式

陈塘的女性法师俗称桑玛，又称堪卓玛，分为"居必"堪卓玛与"咕汝"堪卓玛两种。

居必堪卓玛的藏文可翻译为"秘密空行母"，意为秘密传承的堪卓玛，只在陈塘境内传承；咕汝堪卓玛可翻译为"上师空行母"，她的仪式源自尼泊尔地方。关于这两种堪卓玛，当地人认为居必堪卓玛之间是师徒之间的秘密传授，所以叫居必堪卓玛。她更多是出于个人的原因，如爱好、慈悲心、父母选择等原因，主观想成为居必堪卓玛，然后被老一辈的堪卓玛看中，并愿意成为她的老师，她才有机会成为居必堪卓玛。

而成为咕汝堪卓玛更多是传说中的"神授"的结果。

虽然在陈塘，居必堪卓玛与咕汝堪卓玛都被统称为"桑玛"，除了长柄鼓及某些器物外，她们在仪式上所用的法器也几乎一致，如贲巴壶、五佛冠、柱那盘、玛米盘、拉加盘、恰尔多、古瓦瓶、措盘、朵玛、颇炯朵玛等以及长弓、箭筒、长矛、长刀等武器，但在仪式中，咕汝堪卓玛大都是用一种特殊的诵唱形式来祈请神灵。"神谕"也是"唱诵"出来的。而居必堪卓玛大都是快速地念诵。很多夏尔巴人认为，她们不是姐妹之间的相似关系，而是类似于不同教派之间的关系。

【照片档案 266】

图片说明：咕汝堪卓玛

拍摄时间：2015 年 2 月

拍摄地点：陈塘镇

【照片口述】

　　有些夏尔巴人认为咕汝堪卓玛的法会太吵闹了。这些人不会请咕汝堪卓玛来举行法事，也不会去参加。

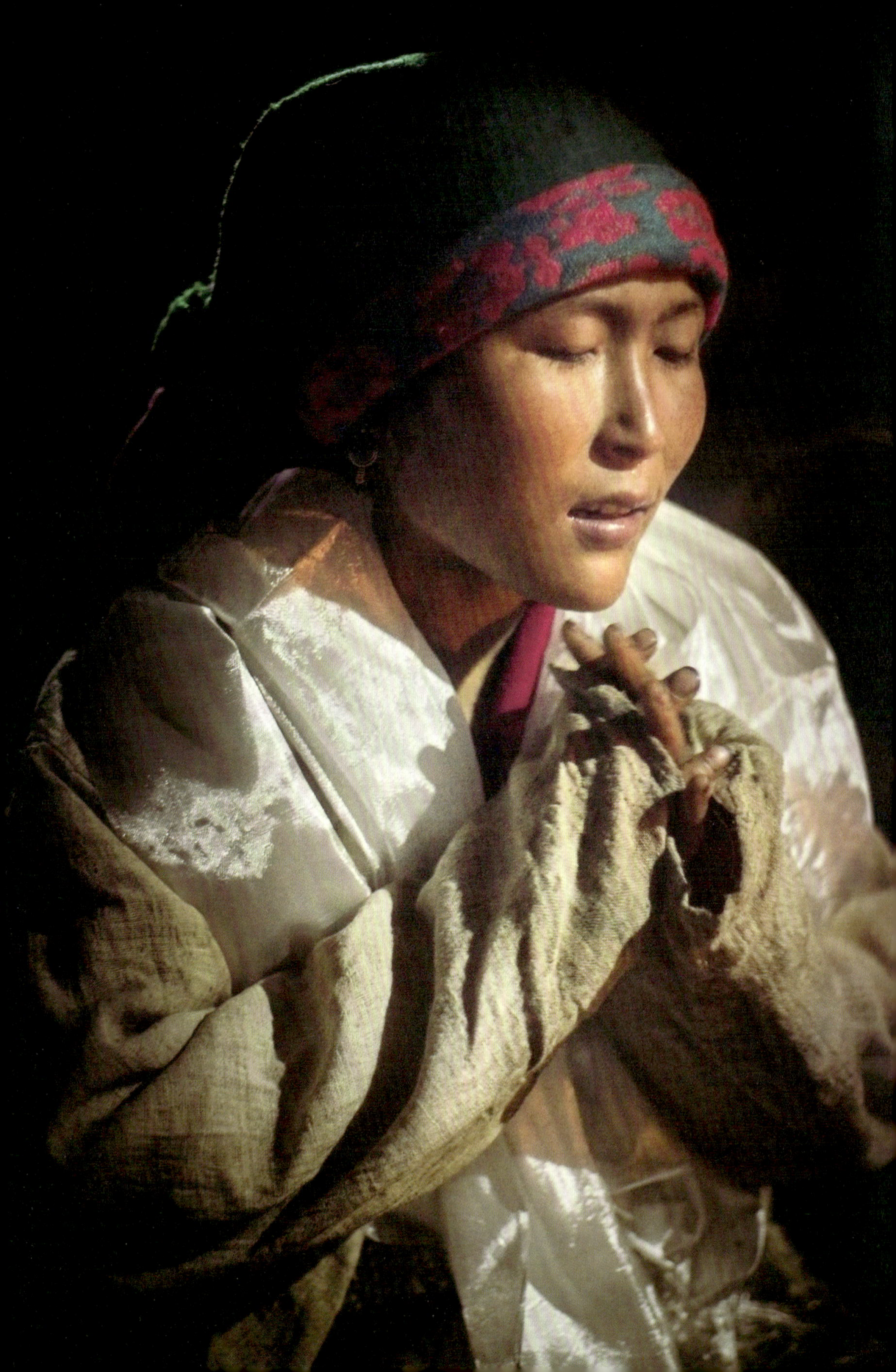

【照片档案 267】

图片说明：居必堪卓玛
拍摄时间：2015 年 3 月
拍摄地点：陈塘镇
口述者：边巴

【照片口述】

而居必堪卓玛法会上则安静很多，因为没有鼓声的喧闹。

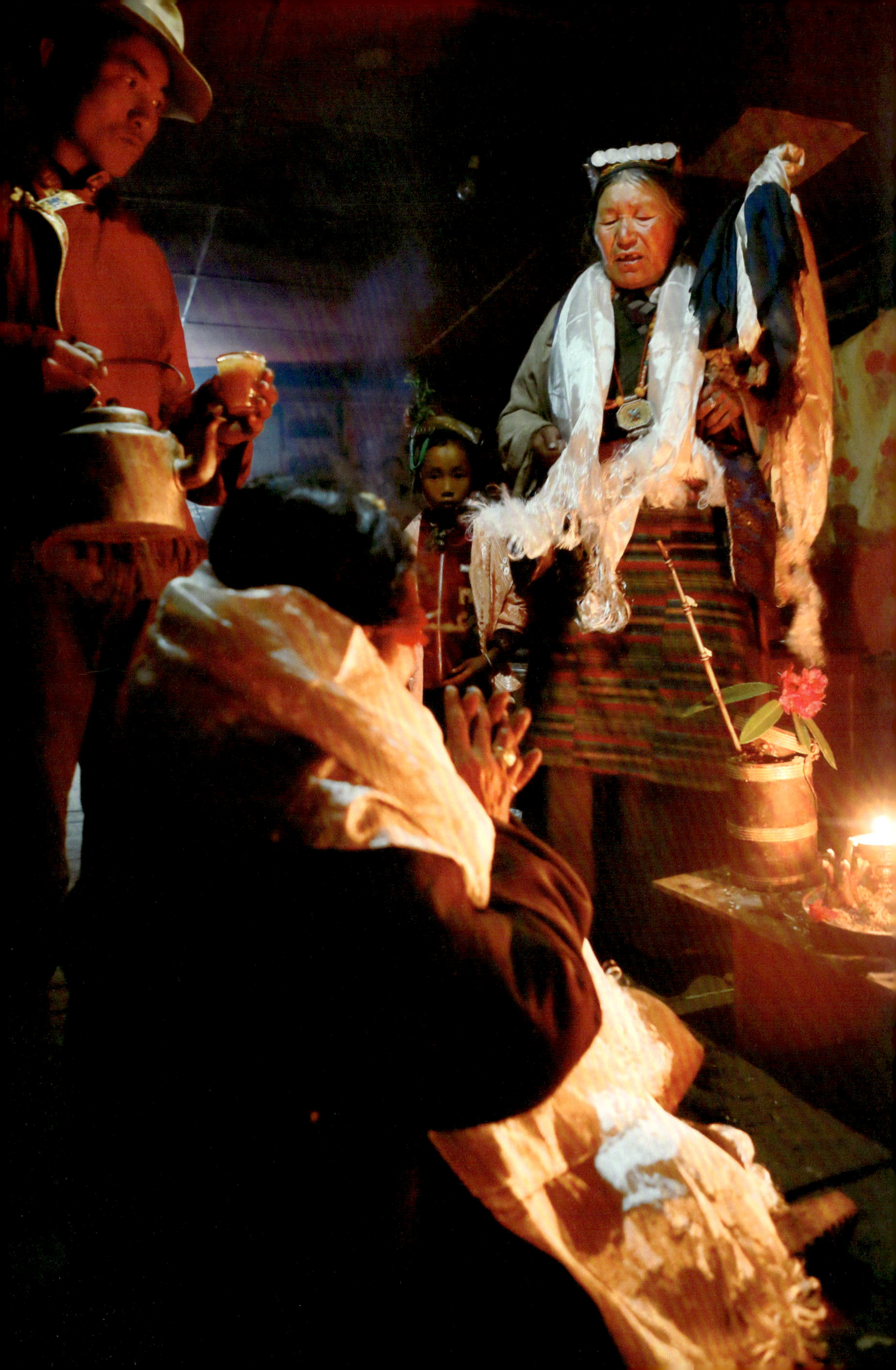

【照片档案 268】

图片说明：居必堪卓玛彭松
拍摄时间：2017 年 3 月
拍摄地点：陈塘镇

【照片口述】

居必堪卓玛沟通神灵的本领都要经过长时间的学习，但也有例外。生于 1952 年的居必堪卓玛彭松就属于这种，她有点类似于咕汝堪卓玛的"神授"。据说其在 25 岁时得了一种"怪病"，后来，洛本法师多吉平措治好了她的病，她拜多吉平措为师，取法名为梅朵孔玛。后来她又学习堪卓玛的知识，成为一名合格的居必堪卓玛。在她举行的仪式中，她可赤脚踩在铁盘的红炭上，神色自若地念诵着经文，说着"神谕"。

338

【照片档案 269】
　　图片说明：米玛与徒弟边巴
　　拍摄时间：2014年2月
　　拍摄地点：陈塘镇
　　口述者：米玛

【照片口述】
　　我6岁时，什么都不懂，不知道是师父阿必次次想把法脉传给我，还是洛本法师的爸爸希望我成为居必堪卓玛，在懵懂中，我开始跟随师父学习了。现在爸爸太老了，敲不了鼓，早已不做大的法事了。我的徒弟边巴之前得过一种"怪病"，我把边巴的病治好后，她便拜我为师。

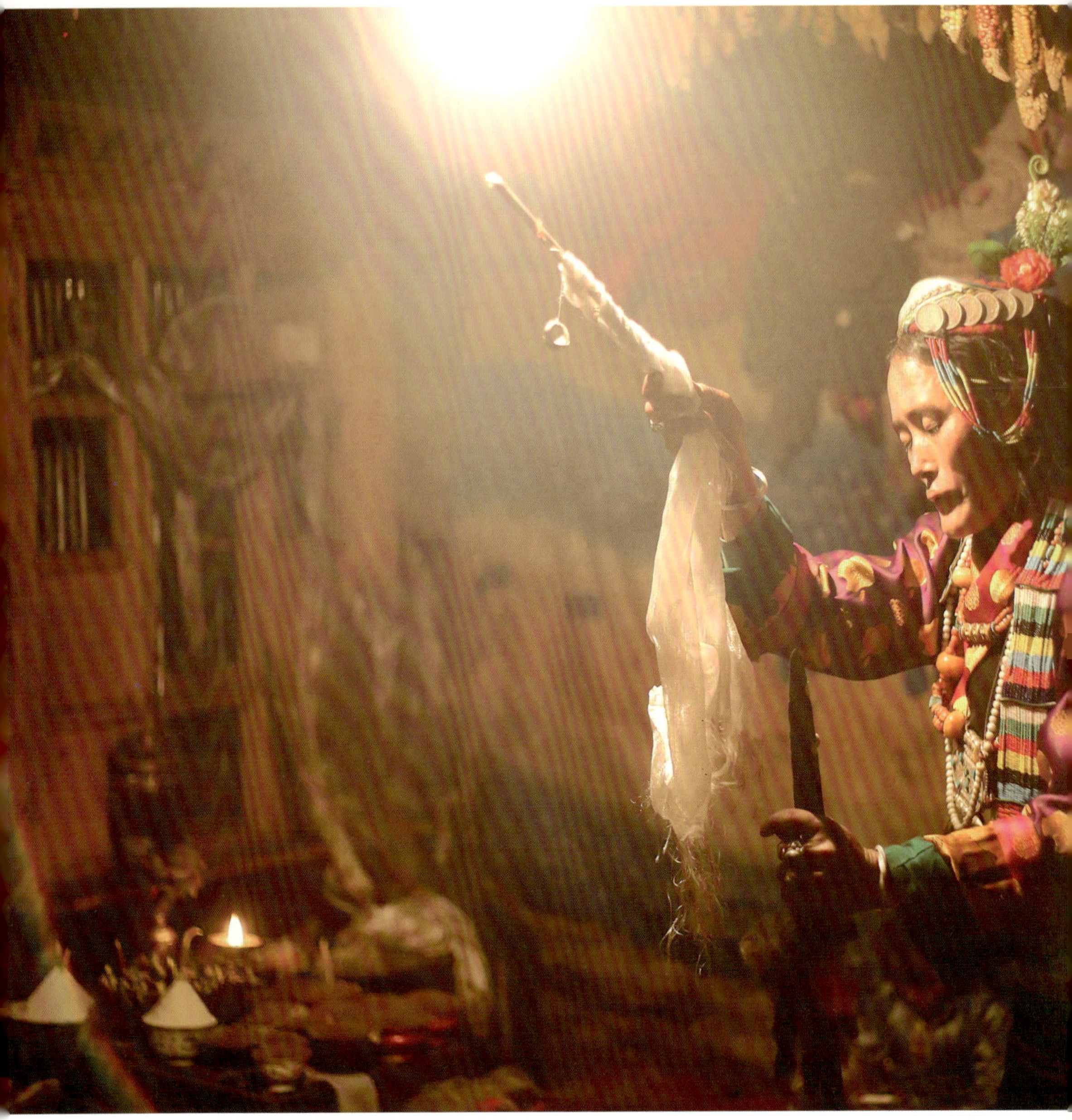

【照片档案270】

图片说明：居必堪卓玛米玛
拍摄时间：2015年3月
拍摄地点：陈塘镇
口述者：米玛

【照片口述】

居必堪卓玛加上我，一共传承了十三代，这些阿必奶奶都是有名字的。第一个是阿必丹玛，其后是阿必英玛、阿必班宗、阿必桑姆、阿必小桑姆、阿必彭松、阿必普赤、阿必尊尊、阿必彭觉、阿必卓玛、阿必桑索、阿必次次，最后一个就是我米玛。等徒弟边巴学会了法术之后，她就是第十四代了。我们的"法脉"十分清晰，阿必奶奶的名字也被我们牢记。

而在这十三个阿必奶奶中，有八个是"贡布日松巴"族姓的。阿必丹玛是族姓中最早的居必堪卓玛，然后是阿必班宗、阿必桑姆、阿必彭松、阿必普赤、阿必彭觉、阿必卓玛，最后一个就是我。老师阿必次次不是"贡布日松巴"，她是"向领啊"族姓，徒弟边巴的族姓是"差格江玛"，但是大家都是梯格巴族姓！因为"冲巴"族姓的女人是成不了堪卓玛的！无论她们如何努力学习，虔诚祈请。老人家都说，梯格巴族姓与冲巴族姓的人"颇拉"不一样，梯格巴族姓的人有神灵"拉"，冲巴没有"拉"，所以他们成不了堪卓玛，更成不了洛本，而且梯格巴族姓的人还能当冲巴族姓特有的"喇嘛"。

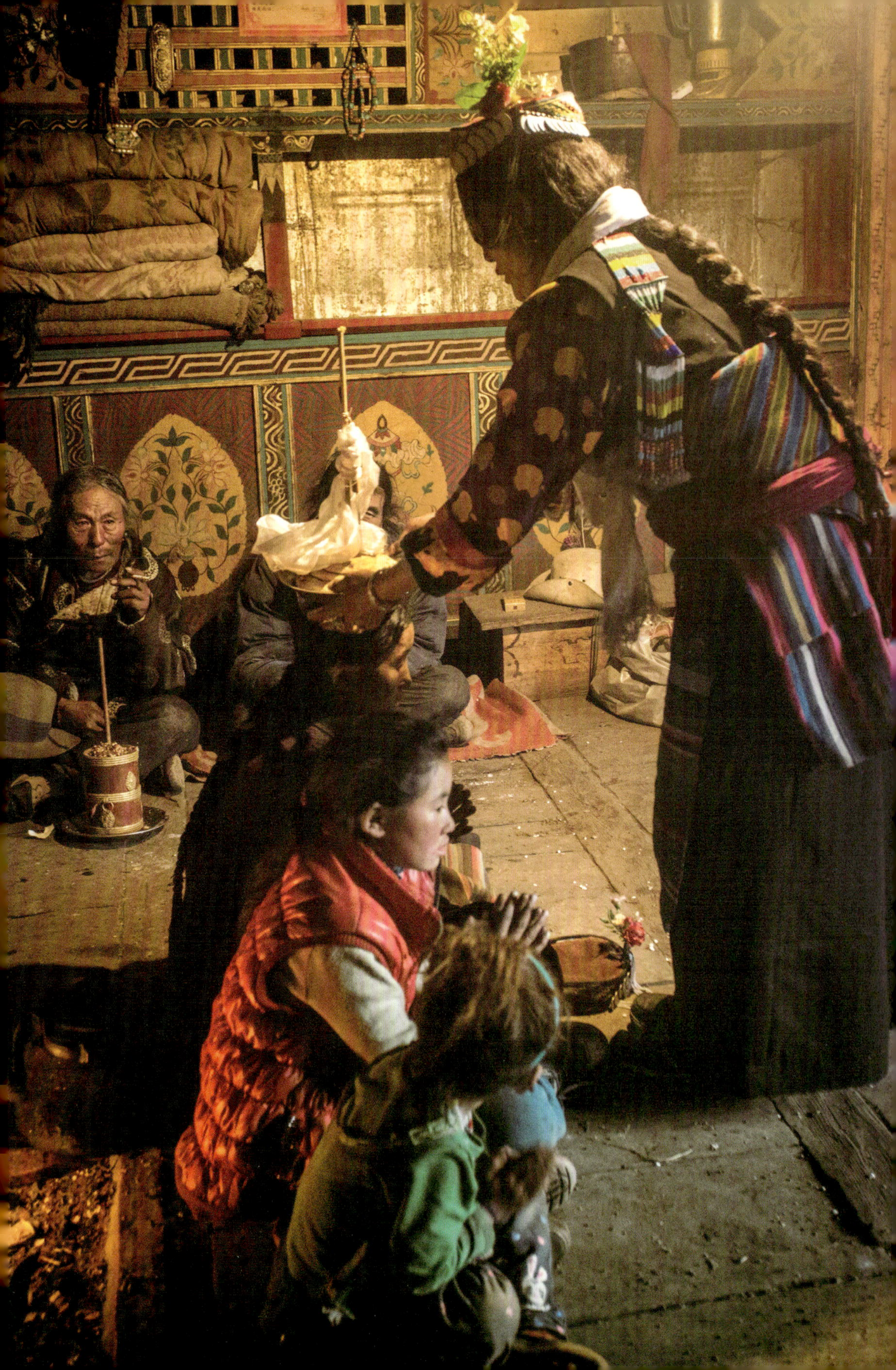

【照片档案271】

图片说明：居必堪卓玛在做法事

拍摄时间：2015年3月

拍摄地点：陈塘镇

【照片口述】

　　最早的阿必奶奶是个阿尼（比丘尼），她在次久神山修行后，来到温泉茶曲玛进行修行，最后到了陈塘。她给陈塘甚至尼泊尔境内的老百姓带来了很大的福祉。如今，米玛也会去茶曲玛里修行、做法事，当然泡温泉的次数更多。

　　阿必奶奶来到陈塘后，找到了多处圣地。奶奶把这些圣地指点给洛本法师。洛本法师后来在这些圣地上建造了房子，修成了米玛称为"贡巴"（藏语寺院之意）的小小房子。其中，较大的有角嘎日贡巴、麻贡贡巴、赤烈林贡巴、米那林贡巴、南萨贡巴、述色贡巴。在陈塘镇的北边，原来有个阿尼贡巴，又叫孜玛贡巴，古时堪卓玛学经的时候，可以在孜玛贡巴跟着阿尼学，现在只能在家中或跟洛本法师学习了。

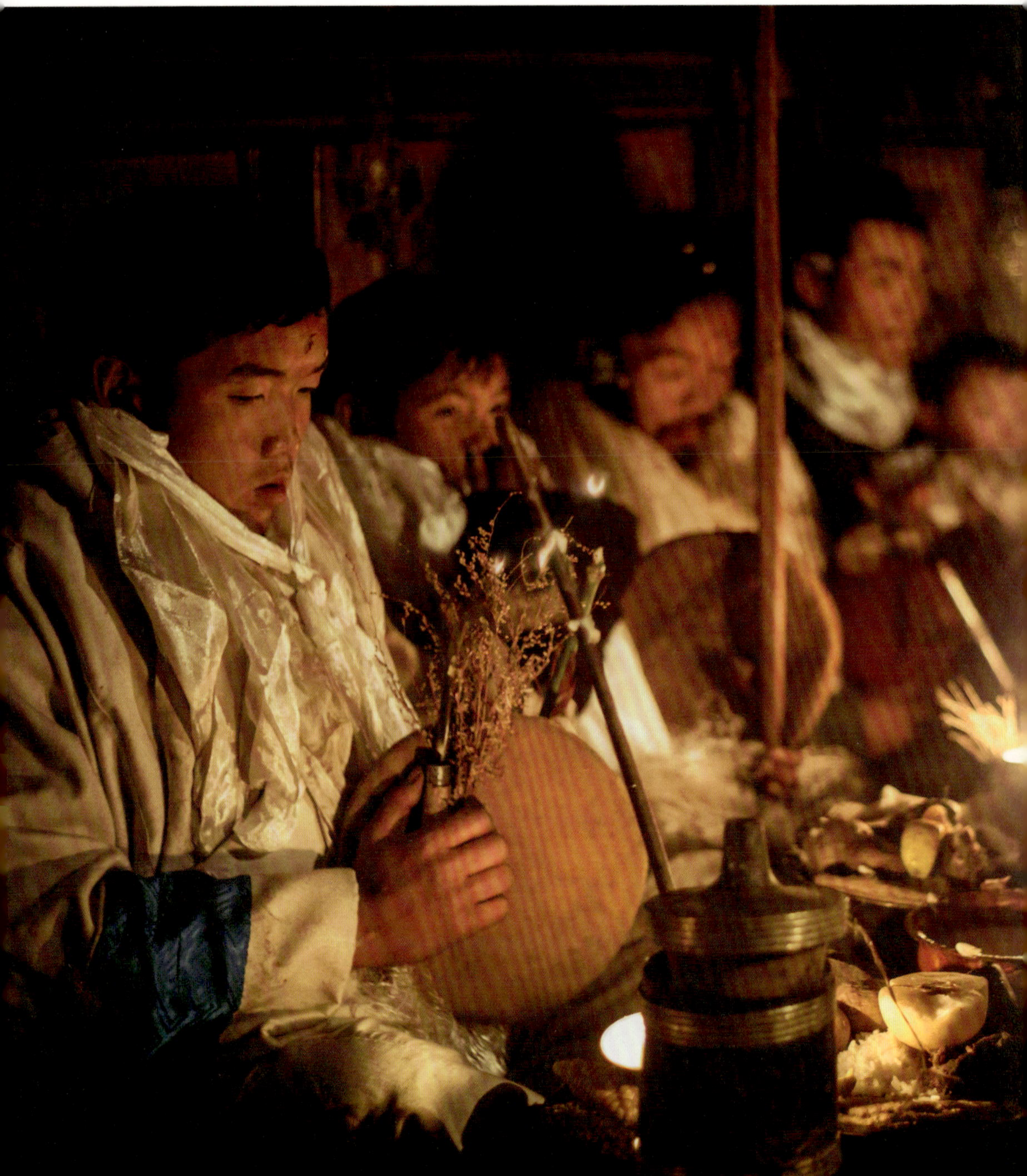

——夏尔巴人口述影像志：2005—2016

【照片档案272】

图片说明：边巴在传"神谕"
拍摄时间：2015年3月
拍摄地点：陈塘镇

【照片口述】

　　当边巴开始作法时，总有很多人向她提出如何祛病、消灾、避难、招财、祈福、求富贵等各种问题，这时她会用一种特殊的腔调来一一解答。

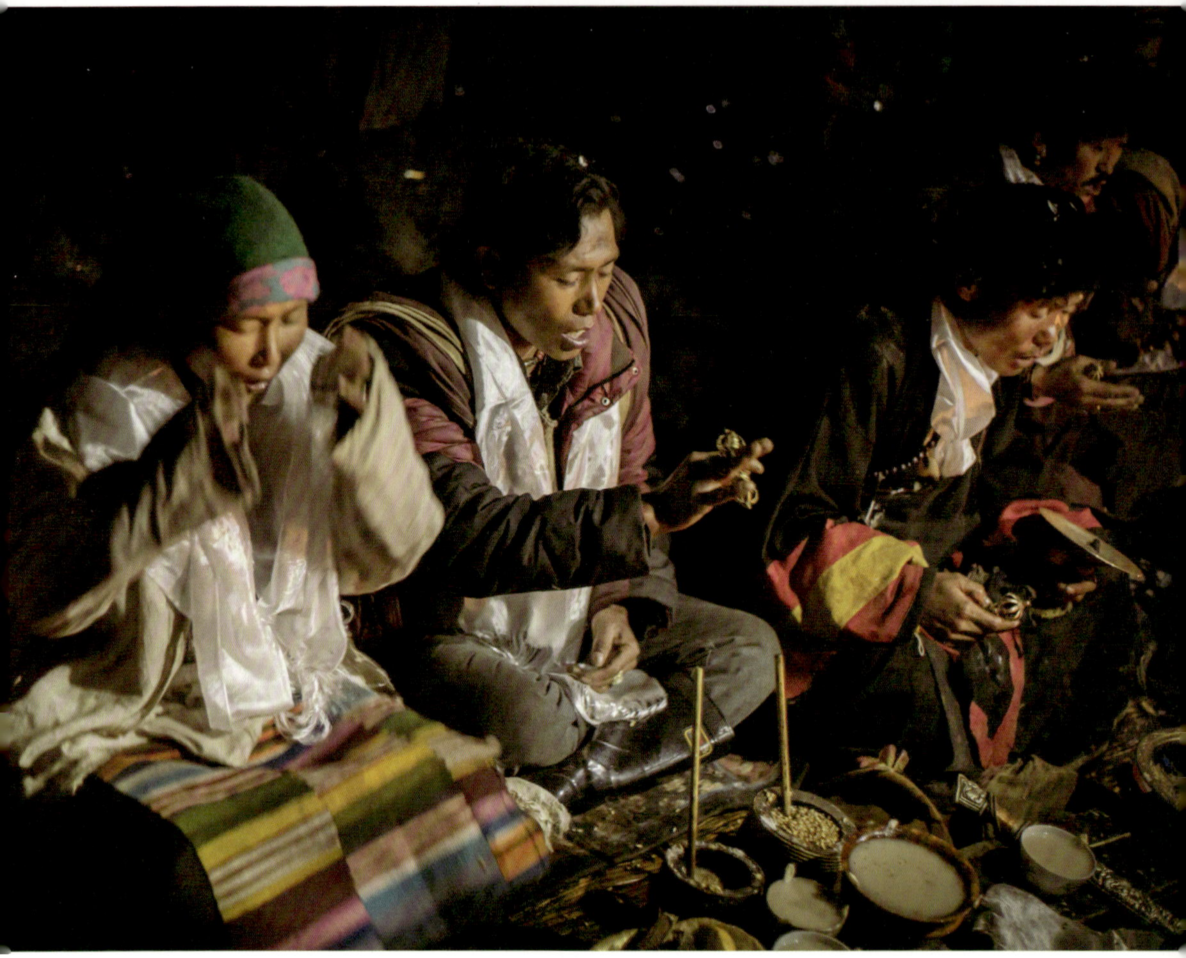

【照片档案 273】

图片说明：边巴在仪式上
拍摄时间：2015 年 3 月
拍摄地点：陈塘镇

【照片口述】

　　边巴的手被米玛治好后，她也借此机会深入接触到居必堪卓玛，加之亲朋好友支持，所以她在 2006 年拜米玛为师，开始学习了。刚开始的时候，她住在师父米玛家中学了四年，之后在自己家里也学了四年，总共学了八年。边巴说每个女人如果愿意学的话都可以去学。然后是看各人的天分，有能力就学得快一点。居必堪卓玛没有经书，也不需要闭关修炼，平时要多利用时间来复习，比如在干活的时候，若是周边无人，则悄悄地把经文念出来。除了自学，跟着师父学，在仪式上观察师父作法，回来再慢慢回味消化也是很重要的方法。

　　洛本法师多吉平措认为咕汝堪卓玛与洛本法师没有关系，居必堪卓玛与洛本法师有一些关系。经书上说，居必堪卓玛是洛本法师的妹妹，洛本法师是大哥哥。有人认为，居必堪卓玛的修行与洛本法师低等级的修行基本上是一样的。

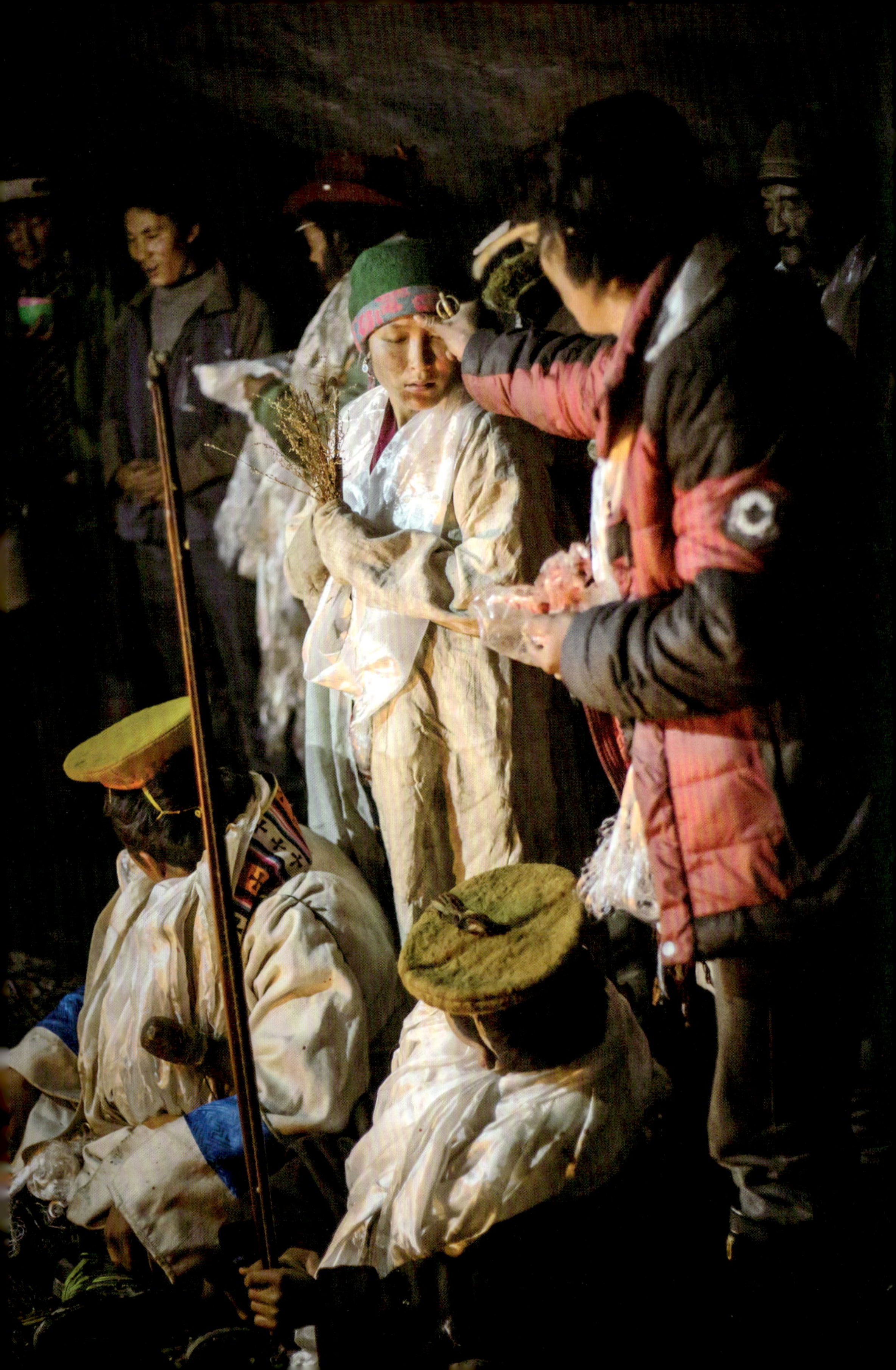

【照片档案274】
图片说明：边巴在仪式上
拍摄时间：2015年3月
拍摄地点：陈塘镇

【照片口述】
　　边巴认为成为一个合格的居必堪卓玛必须要有发自内心的喜欢，若不喜欢就不会去勉强自己。复杂的仪轨与主持仪式时的艰辛是一般女人所忍受不了的。当然，还要有随时随地为其他人祛病作法的慈悲心，这样大家才会相信她的能力。

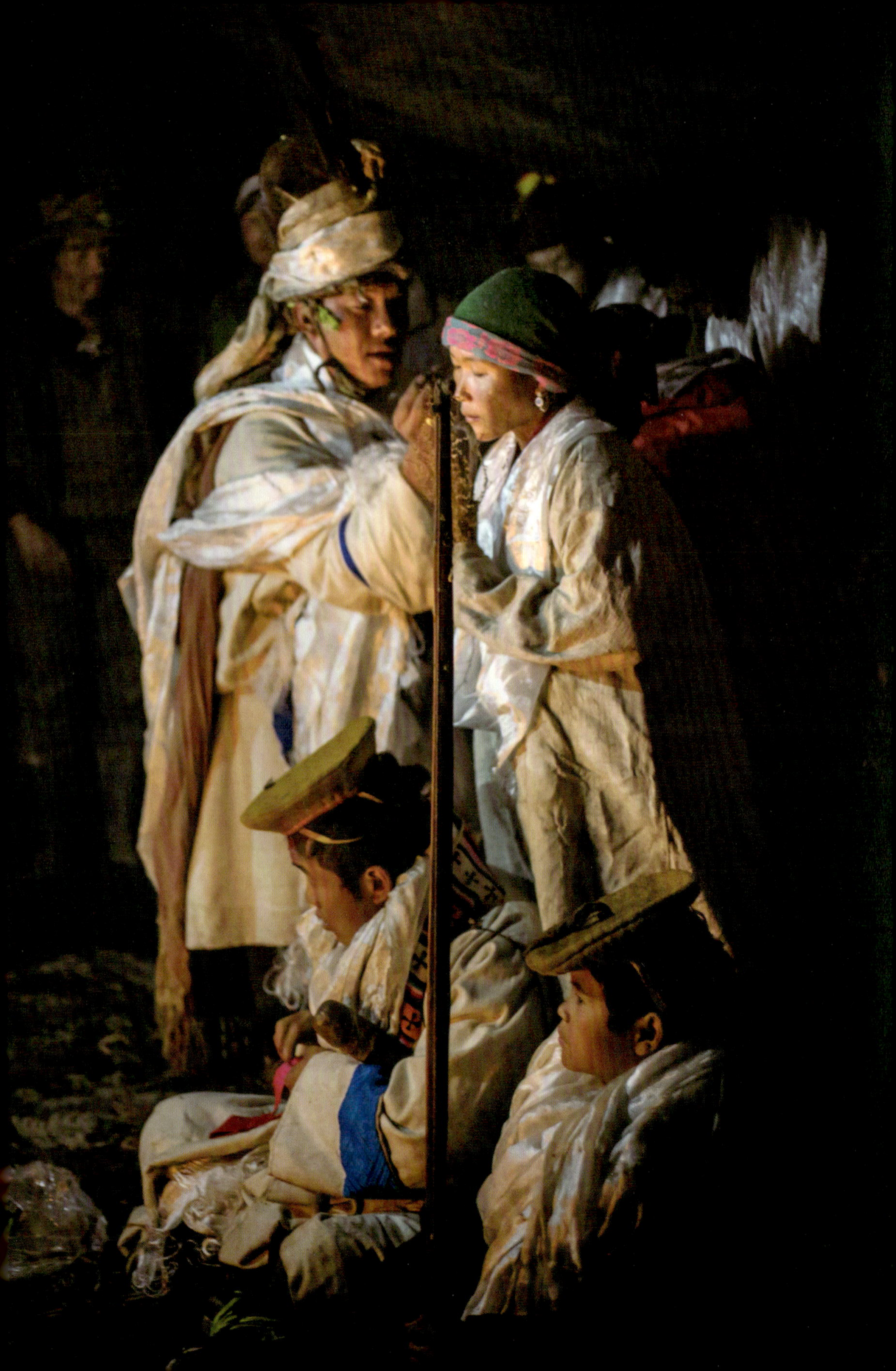

【照片档案 275】

图片说明：边巴在仪式上
拍摄时间：2015 年 3 月
拍摄地点：陈塘镇

【照片口述】

　　如果一家遇到不幸的事，他们若要请边巴去举办相关的仪式，就要提前给她送美酒。当天边巴喝了送过来的美酒，晚上会梦到此人家遇到不幸的事的原因。第二天，边巴要亲自去他们家，正式作法。

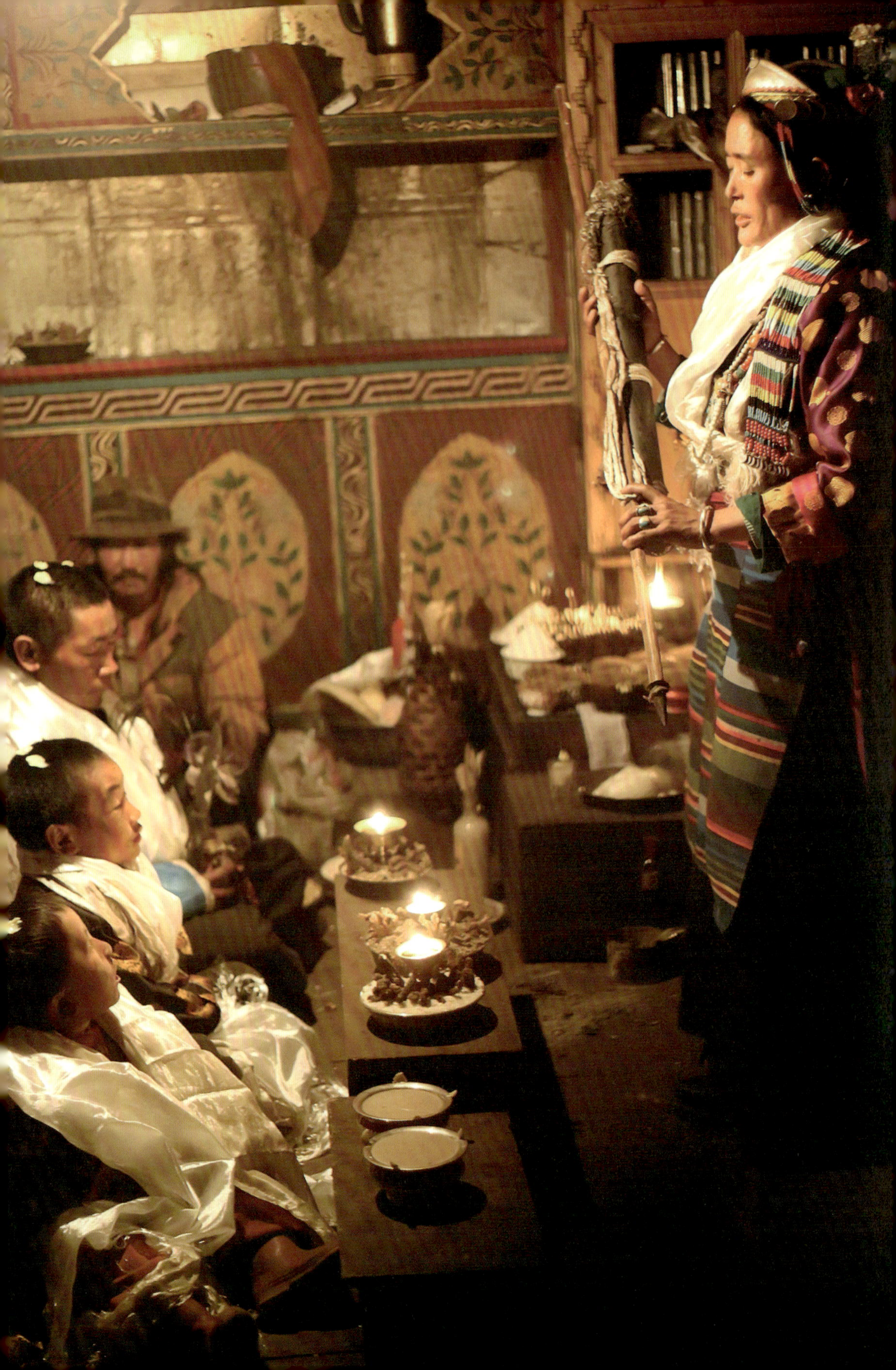

【照片档案 276】
图片说明：居必堪卓玛的"桑"仪式
拍摄时间：2015 年 3 月
拍摄地点：陈塘镇
口述者：米玛

【照片口述】
　　居必堪卓玛举办一个仪式耗时费力，一般是从下午 6 点到次日凌晨的三四点，有时还更长。每次仪式的报酬一般是 120 元，最少也有 100 元，主要是看主人家的情况，就像给寺院的布施，随心随意。

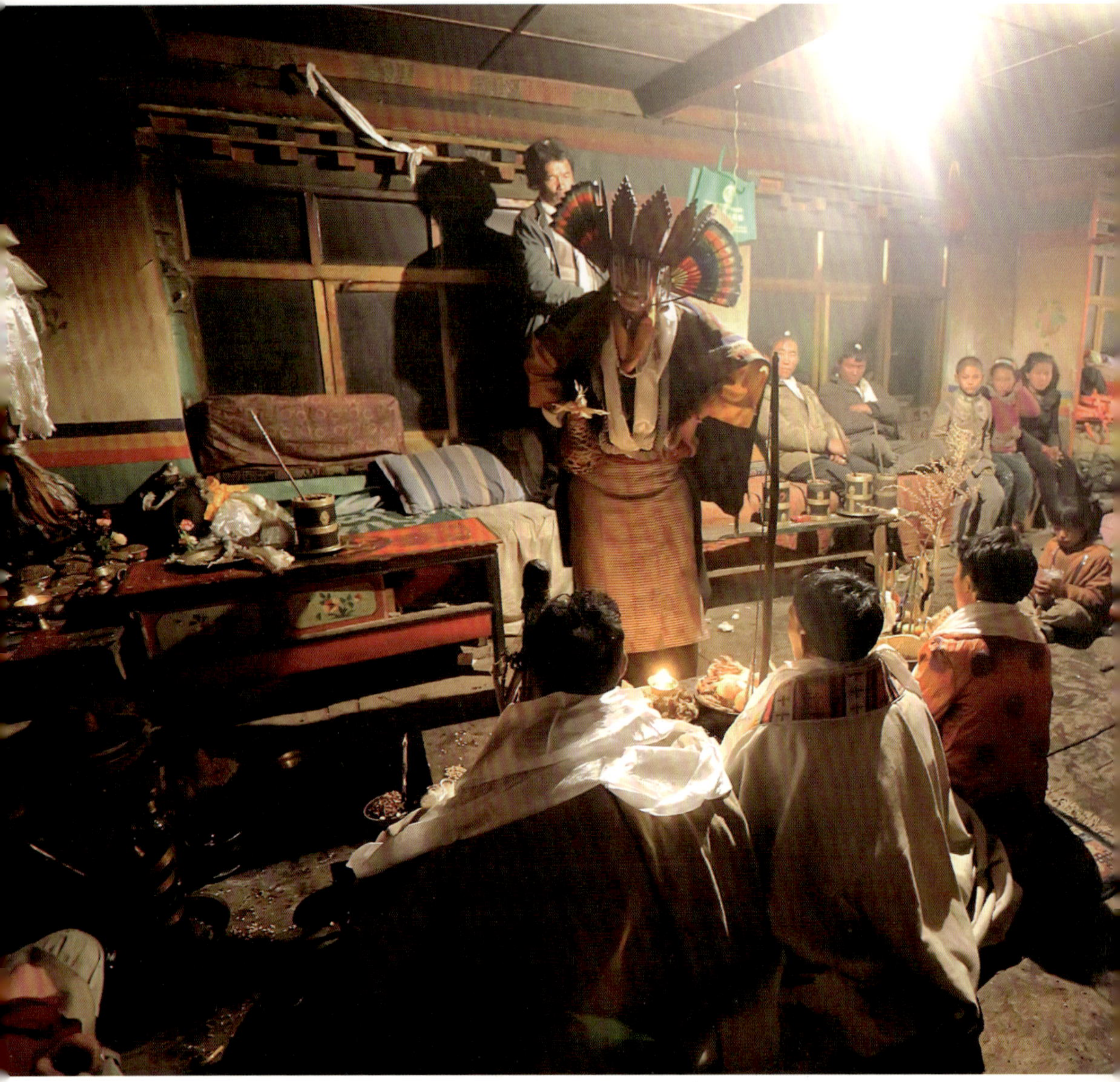

【照片档案 277】

图片说明：咕汝堪卓玛巴姆

拍摄时间：2015 年 2 月

拍摄地点：陈塘镇

【照片口述】

　　有人认为，咕汝堪卓玛中的"咕汝"两字为"咕汝仁波切"的缩略，即莲花生大师之意。居必堪卓玛边巴认为"咕汝"是个看不到、摸不着的神仙，他以前搬过石头，变过木头，有过经典，不过都只是传说，没有人亲眼见过。相传，在次久圣地里，"咕汝"神用手托起了一个山洞，留下手印，并在那里修行。寺内有"咕汝"神仙的形象。当然，"咕汝"神仙也是洛本法师的神，洛本法师就有很多"咕汝"神仙的唐卡。

　　陈塘的咕汝堪卓玛一共有三人，分别是巴姆、次仁玛与拉姆。巴姆是次仁玛的徒弟。

【照片档案 278】

图片说明：咕汝堪卓玛次仁玛
拍摄时间：2015 年 3 月
拍摄地点：陈塘镇

【照片口述】

不知咕汝堪卓玛是否属于萨满的范畴。不过,奥地利学者内贝斯基所著的《西藏神灵和鬼怪》一书提到一位名叫凯诺尔·柯诺爱琳(Knoll Greiling)的学者,在《萨满的委任与委任传承》一文中描述了萨满一生的 4 个重要时期[1],倒是可以与次仁玛的生活经历来套用和对比。

首先是具有成为萨满的灵气——由于与次仁玛相处的时间十分短,她是否有灵气我们不得而知。可是,她能被她老师挑中,成为吉巴老师的传承人,应有其特殊的长处吧。

其次,成为萨满的时机以及她本人对此的反应——1995 年,次仁玛得了一场大病,昏迷了好几天,家人用尽办法也不能让她清醒,最后请了吉巴老师来施法,终于让她恢复正常。老堪卓玛提出要培养她成为堪卓玛,次仁玛想了几天就答应下来。

再次,成为真正的萨满之前的准备时期——次仁玛跟着老师学习相关的仪轨内容。经过了 20 多场仪式,次仁玛终于成为合格的堪卓玛。虽然只跟了老师三年的时间,但吉巴老师在离世之前,把所有的法器、衣裳全送给了次仁玛,让她继承了自己的"衣钵"。

最后是萨满活动的过程。次仁玛自述只记得仪式中的环节,可是具体的过程她都记不起来。可以说,每一场法事都是不同的。一次法事一般要进行 12 个小时,从下午两三点持续到凌晨两三点。这样高强度的体力支出次仁玛并不感觉累,第二天还要负起主妇之责,从事家务劳动。

---

1 勒内·德·内贝斯基·沃杰科维茨:《西藏的神灵和鬼怪》,谢继胜译,西藏人民出版社 1993 年版,第 647 页。

【照片档案279-280】

图片说明：咕汝堪卓玛的仪式

拍摄时间：2015年2月

拍摄地点：陈塘镇

【照片口述】

　　这是咕汝堪卓玛的仪式。其核心内容与居必堪卓玛的"桑"仪式十分相似。

口述者资料

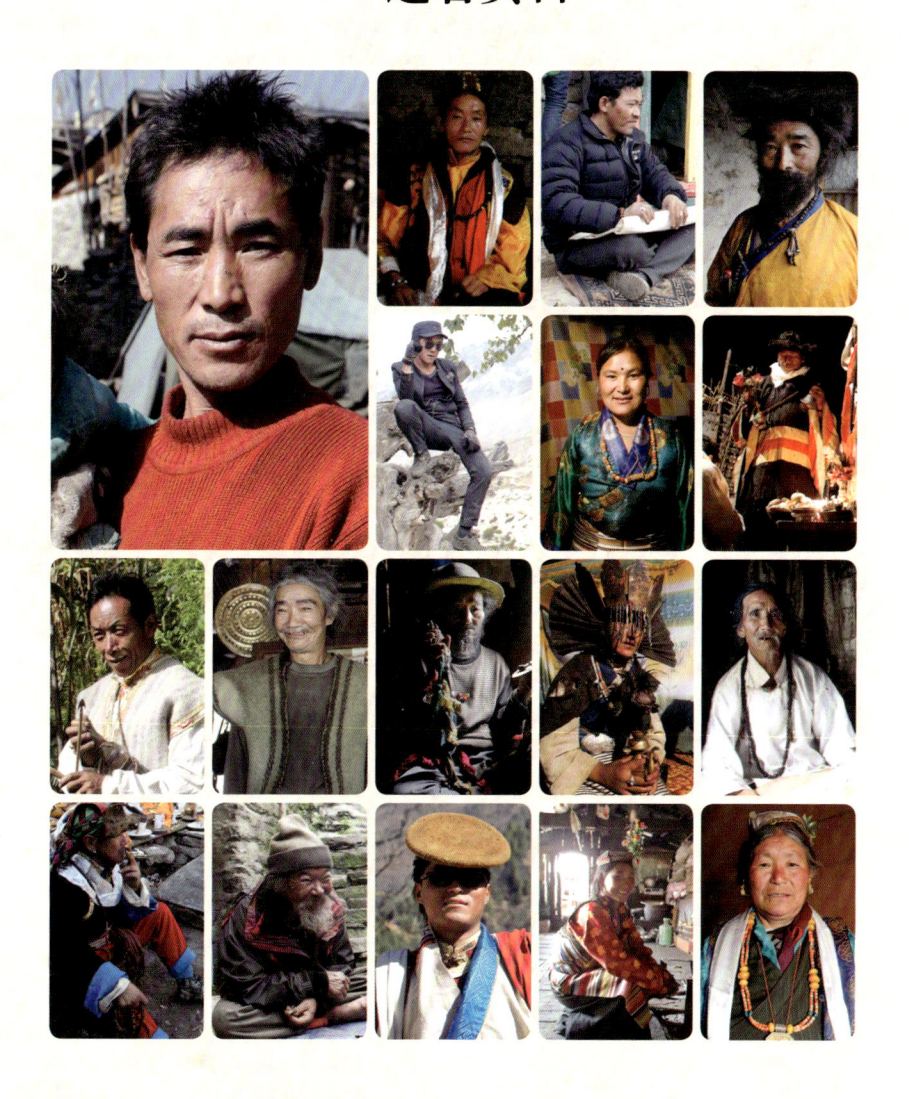

【口述者资料 01】

尼 玛

男，夏尔巴人。

1973年出生，修修玛村村民。20岁被林芝市的武警部队招为内卫。三年期满复员，在拉萨建设银行当保安，后回陈塘做代办员，承包小工程、做小生意。娶尼泊尔籍的妻子后，一起贩卖来自尼泊尔的首饰与牛肉，还利用家里的一楼开了个小卖部，每年5、6月份也会上山挖冬虫夏草及贩卖它们。其族姓为梯格巴族姓下的贡布日松巴小族姓。

【口述者资料 02】

拉巴丹增

男，夏尔巴人。

1972年出生，沃雪村村民。出身于喇嘛"世家"，14岁开始学经。其族姓为冲巴族姓下的哒咕瓦小族姓。

【口述者资料 03】

昂 给

男，夏尔巴人。

1975年出生，比塘村参根加姆组村民。藏文好，常在婚礼或其他仪式中担任记账师。其族姓为冲巴族姓下的嘛呢崩巴小族姓。

【口述者资料 04】

多吉平措

男，夏尔巴人。

1955年出生，比塘村村民。有多种身份：藏医、制帽师、裁缝等，陈塘最著名的洛本法师，是民间组织"陈塘镇洛本联合会"的会长。其父扎西次仁是陈塘的著名人物，人称"陈塘扎西"，曾为陈塘最好的骨科藏医。扎西次仁自1976年开始在定结县委统战部工作，1990年亡于任内。其族姓为梯格巴族姓下的贡布日松巴小族姓。

【口述者资料 05】

拉 巴

男，夏尔巴人。

1978年出生，比塘村村民。具有丰富的野外狩猎经验。其族姓为冲巴族姓下的基姆参玛小族姓。

【口述者资料 06】

尼玛桑姆

女，尼泊尔人。

1981年出生，出生于距陈塘徒步两天路程的尼泊尔堪得巴日县塘木区。

【口述者资料07】

巴 桑

男，夏尔巴人。

1976年出生，比塘村村民。洛本法师，其族姓为梯格巴族姓下的差巴江玛小族姓。

【口述者资料08】

吉 阿

男，夏尔巴人。

1940年出生，沃雪村村民。洛本法师，解放前有去尼泊尔的邦多、堪得巴日县等地打零工的经历。其族姓为梯格巴族姓下的龙牧马小族姓。

【口述者资料09】

拉 加

男，夏尔巴人。

1958年出生，那塘村村民。当了多年的陈塘镇镇长，但他的汉语并不好，当时陈塘建区的时候，没有合适的工作人员，于是就从当地的积极分子中培养（陈塘人说比较特殊）。其族姓为那巴，相传是从定日县卡达溪卡迁徙过来的藏族。

【口述者资料10】

洛 坚

男，夏尔巴人。

1944年出生，藏嘎村村民。1977年，西藏自治区党委、自治区革命委员会组织了一个由边境少数民族组成的参观团赴内地参观学习，洛坚是其中的一员。那是陈塘夏尔巴人第一次以代表的身份去首都北京参观。其族姓为梯格巴族姓下的贡布日松巴小族姓。

【口述者资料 11】

塔 杰

男，夏尔巴人。

1952年出生，修修玛村村民。洛本法师，其持有据传是陈塘镇最古老的洛本法本。其族姓为梯格巴族姓下的贡布日松巴小族姓。

【口述者资料 12】

次仁玛

女，夏尔巴人。

1980年出生，修修玛村村民。陈塘咕汝堪卓玛法师。其族姓为冲巴族姓下的向领啊小族姓。

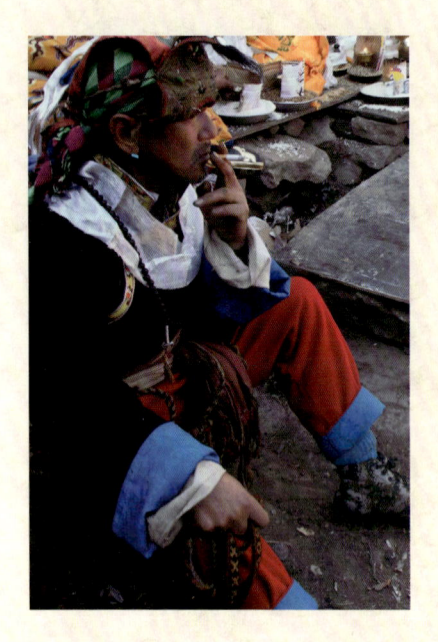

【口述者资料 13】

云丹诺布

男，夏尔巴人。

1953 年出生，比塘村村民。陈塘藏戏表演队负责人，其族姓为冲巴族姓下的优领巴小族姓。

【口述者资料 14】

边 巴

男，夏尔巴人。

1932 年出生，比塘村村民。喇嘛法师，其族姓为冲巴族姓下的嘛呢崩巴小族姓。

【口述者资料 15】

巴 桑

男，夏尔巴人。

1986 年出生，沃雪村村民。2010 年毕业于河北师范大学，是陈塘第一代大学生，现供职于陈塘镇中心小学。其族姓为梯格巴族姓下的龙牧马小族姓。

【口述者资料 16】

边 巴

女，夏尔巴人。

1991 年出生，比塘村村民。居必堪卓玛法师，其族姓为梯格巴族姓下的差巴江玛小族姓。

【口述者资料 17】

彭 松

女，夏尔巴人。

1952年出生，那塘村村民。居必堪卓玛法师，其族姓为梯格巴族姓下的贡布日松巴小族姓。

后 记

  公路终于直达陈塘镇了。自20世纪60年代开始，政府就有意修通到陈塘的公路，可惜几经波折，直到2012年，公路才修到陈塘镇脚下的藏嘎村。

  发生于2015年4月25日的尼泊尔大地震，也让地处高处的陈塘镇受损不少，虽然国家斥巨资进行了灾后重建，但不通公路的现实使灾后重建多了许多艰难。或许是此原因，人们终于对公路开了绿灯。

  2005年，因为某个户外穿越活动，我徒步到陈塘。机缘巧合之下，我生平第一次记录下夏尔巴堪卓玛女法师举行仪式的影像资料，深具魅力的夏尔巴文化令我着迷。随着日后的深入接触，夏尔巴人隐藏的精彩逐渐展现出来，经过这十余年的坚持，我对夏尔巴人也有了一些粗浅的了解。在调查中，我一直把自己当作一个旁观者而非参与者，希望能客观如实记录夏尔巴人的当下，尤其是陈塘镇通公路之前的状态，这是本书写作最大的初衷。奈何我天资愚钝，理论匮乏，若此书某些方面让人感到迷惑，那是因为我笨拙的笔触没能写出夏尔巴人万分之一的精彩，以及浑浊的眼睛只能看到其博大精深文化的沧海一粟。

  我想让这本书打开一扇窗，透露出夏尔巴人在喜马拉雅秘境中关于生存、斗争、力量、和谐及很多很多的其他。在生存的层面上，并没有好与坏、善与恶、对与错。这里的夏尔巴人没有被贴上"珠峰向导、珠峰背夫"的标签，他们孤独地生活在喜马拉雅秘境中的一隅，珠峰的喧嚣与他们无关。在关于狩猎、刀耕、火种、试婚、巫幻、血祭、神谕的传统中，他们存在了数百年。没有外界的侵扰，他们用太阳般的热情、坚韧的双手和嘹亮的歌喉在这里顽强地生存着，并保持及创造着神秘、独特的夏尔巴文化。

我想，追求纯净的文化和追求纯净的种族一样，都是一种闭门造车式的想当然。民俗并不是一种需要被定义的哲学观念，而是生活中一再出现的元素。正是对民俗的接受程度以及由它所产生的影响之强弱，证明了这种文化是否依然存于世。

若从这点上思考，夏尔巴人长期生活于封闭的恶劣环境中，故其文化保存得相对完整。相对弱势的民俗，在逐渐加快的现代化进程中也会不断受到冲击。其变化、变异，抑或某个环节、某个方面消失是有可能的，也是正常的。

需要特别说明的是，书中部分图片的拍摄日期并非 2005—2016 年这个时间段，但因其独特、珍贵的文献价值，我仍决定将其收录于书中。此外，我尽量与书中出现的相关人物取得了联系，获得他们的许可，但由于种种原因，还有一些人没能联系上。如果这些朋友看到本书，可与我或者出版社联系。

此书谨献给陈塘的夏尔巴兄弟姐妹，谢谢你们的信任、无私帮助及甜美绵长的鸡爪谷酒，感谢你们对我敞开心扉并赐予我人生中最好的陈塘时光。它是生命中最深的烙印，在每一个无眠的深夜，你们与我共舞。

感谢给我帮助的所有人！陈兵、杨柳松、仝海明、谢继胜、卢颖、陈乃文、陈明桃、郭虹、王海燕、任传龙、白银、郭星星、龙虎林、张羽芊、李应强、夏吾卡先、德庆多吉等诸多给我无私帮助的兄弟朋友，还有我的家人，因为有你们默默的支持，我才能坚持下来。特别感谢陈塘的洛本法师多吉平措、巴桑、群培，堪卓玛米玛、边巴、次仁玛，喇嘛拉巴丹增，以及所有对我坦诚相待的采访对象。还有兄弟尼玛、巴桑、安吉，谢谢你们耐着性子为我做翻译。

范久辉

2024 年